Lições de Sociologia

Émile Durkheim, sociólogo francês, nasceu em 15 de abril de 1858, em Epinal, e morreu em 15 de novembro de 1917, em Paris. É considerado o fundador da sociologia ou, pelo menos, de uma corrente de estudos sobre a natureza do fato social e as leis da evolução da sociedade. É autor de divers[illegible] obras, entre elas *Da divisão do trabalho social* e *Suicídio*, ambas publicadas por esta editora.

Émile Durkheim

Lições de Sociologia

Introdução à edição brasileira
OLIVEIROS S. FERREIRA
Introdução
GEORGES DAVY

Tradução
MONICA STAHEL

wmf martinsfontes

SÃO PAULO 2019

1ª edição *2002*
3ª edição *2019*

Tradução
MONICA STAHEL

Revisão gráfica
Ana Luiza França
Ivete Batista dos Santos
Produção gráfica
Geraldo Alves
Paginação
Studio 3 Desenvolvimento Editorial

Dados Internacionais de Catalogação na Publicação (CIP)
(Câmara Brasileira do Livro, SP, Brasil)

Durkheim, Émile, 1858-1917.
Lições de sociologia / Émile Durkheim ; introdução à edição brasileira Oliveiros S. Ferreira ; introdução Georges Davy ; tradução Monica Stahel. – 3ª ed. – São Paulo : Editora WMF Martins Fontes, 2019. – (Coleção biblioteca do pensamento moderno)

Título original: Leçons de sociologie.
ISBN 978-85-469-0262-0

1. Civismo – Aspectos morais e éticos 2. Durkheim, Émile, 1858-1917 3. Ética profissional 4. Ética social 5. Sociologia jurídica – Aspectos morais e religiosos I. Ferreira, Oliveiros S. II. Davy, Georges. III. Título. IV. Série.

19-26045 CDD-301

Índices para catálogo sistemático:
1. Sociologia 301
Maria Alice Ferreira - Bibliotecária - CRB-8/7964

Editora WMF Martins Fontes Ltda.
Rua Prof. Laerte Ramos de Carvalho, 133 01325-030 São Paulo SP Brasil
Tel. (11) 3293-8150 e-mail: info@wmfmartinsfontes.com.br
http://www.wmfmartinsfontes.com.br

SUMÁRIO

INTRODUÇÃO À EDIÇÃO BRASILEIRA
O pensamento político de Durkheim

Aqueles que viveram o período lembrar-se-ão das dificuldades que alguns professores de Política enfrentaram, no curso de Ciências Sociais da Faculdade de Filosofia da USP, para convencer alunos e colegas de que aquilo que era chamado de Ciência Política deveria cuidar do Poder e, em cuidando deste, tratar do Estado. Ainda hoje promete ser longo e árduo o caminho a percorrer até que se possa sugerir a reflexão sobre esses temas sem necessidade de um grande esforço para justificá-la. Apesar dos golpes que a realidade desferiu na Academia, convidando-nos a ver que o Poder, mesmo quando nu, é uma realidade da qual não se pode escapar, ainda existem os que não vêem com bons olhos que se privilegiem Poder e Estado nos estudos de Ciência Política.

O Ato Institucional nº 5, de 13 de dezembro de 1968, e a repressão que se seguiu produziram dois efeitos contraditórios na Academia: um, salutar, que foi o de permitir que se lesse e compreendesse *Os donos do poder*, de Raymundo Faoro, até então lido como livro de inspiração weberiana e, portanto, sem importância. Outro foi o de fazer que todos nós, que queríamos estudar o Poder, fôssemos vistos como pessoas de direita, quando não coisa pior. O tempo encarregou-se de demonstrar que o Poder e o Estado existiam, apesar de esse último aproximar-se dos entes abstratos – a tal ponto abstrato que Hermann Heller, no verbete *Estado* publicado em uma edição em inglês da *Enciclopédia de Ciências Sociais*, concluía dizendo que, num certo sentido, poder-se-ia dizer que o Estado não existe. Apesar de toda essa sapiência, a realidade mostrou a quem quisesse ver que Poder e Estado eram dados aos quais não podíamos fugir na nossa vida cotidiana, tanto assim que golpearam a Academia com uma tranqüilidade que se diria lunar, de plenilúnio. Essa demonstração, no entanto, embora contribuindo para que o esforço de convencer os incréus de que o Poder e o Estado eram realidades que nos governam, desviou o debate acadêmico de tema que prometia ser extremamente fecundo, o objeto e o método da Ciência Política, que prefiro chamar de Sociologia Política, pois assim resolvo pelo menos um dos problemas, que é o do método.

Poderá soar fora de propósito trazer essas questões à baila. Cabe ver, no entanto, que é importante definir as coisas para que se possa distinguir, na miríade de estudos produzidos sob o rótulo de Ciência Política, aquilo que é específico dela daquilo que a toda evidência caberia melhor em outras disciplinas. Qual é o objeto da Ciência Política? Ora, responderia o conselheiro Acácio, a *política*; o *fato político*, complementaria um de seus discípulos. Ao senso comum não repugna a afirmação, mas seguramente o cientista gostaria de precisar as coisas para saber do que se está falando quando se diz "fato político". Há quem afirme que são fatos políticos apenas os que se referem ao Estado. A essa afirmação se poderia contrapor a dúvida metódica: então só teríamos fatos políticos a partir do surgimento do Estado moderno? Afirmá-lo, sabemos todos, seria total falta de sentido. Estou convencido de que pelos caminhos da Sociologia, especialmente a francesa clássica, é possível chegar a proposições que poderão ser de grande utilidade para o estudo e a compreensão de situações sociais, ou mesmo, para resolvê-las atendendo ao conselho de Comte: "saber para prever, prever para prover".

Nada melhor do que recorrer a Durkheim, o grande mestre da sociologia clássica francesa, para discutir esses problemas e, o que é importante nos dias que correm, o do Estado. No primeiro capítulo de *As regras do método sociológico**, há uma frase que sugere caminhos de reflexão e de pesquisa: "A estrutura política de uma sociedade não é mais do que o modo pelo qual os diferentes segmentos que a compõem tomaram o hábito de viver uns com os outros. Se suas relações são tradicionalmente estreitas, os segmentos tendem a se confundir; no caso contrário, tendem a se distinguir." Essa caracterização, mais do que uma definição, remete o fato político imediatamente para o âmbito do coletivo, para o modo pelo qual os diferentes segmentos sociais ou grupos vivem uns com os outros, isto é, afastando-se ou aproximando-se uns dos outros. Tem-se, assim, que a *política* não se situa apenas no nível das estruturas estatais, mas sim no nível da so-

---

* Trad. bras., Martins Fontes, São Paulo, 1999.

ciedade. Ora, se assim é, deve-se ter em mente que estamos diante de "maneiras de agir consolidadas". A estrutura política traduz, portanto, ações coletivas, o que permite dizer inicialmente que os fatos políticos, sendo sociais – portanto, coletivos, isto é, "maneiras de ser, agir e pensar" – têm uma característica que os distingue dos demais: eles se exprimem na maneira pela qual se dá a intersecção ou a coalescência dos segmentos. O fato de serem "maneiras de ser, agir e pensar consolidadas" não obriga a se referirem os fatos políticos apenas às organizações, como se poderia ler a partir do "consolidadas". A seguirmos Gurvitch, os fatos políticos se apresentam normalmente no nível das organizações; somos, porém, obrigados a considerar também os fatos que têm sua origem e que são, diríamos, gestados no que ele chamava de correntes livres do psiquismo coletivo. Quando esses fatos se impõem aos indivíduos como necessidade a ser suprida, eles conduzem à ação que rompe as organizações já estruturadas e cria novos símbolos, anunciando o novo. São esses os momentos de insurgência revolucionária. Todavia, não apenas esses momentos devem preocupar o analista de situações e o sociólogo que se dedica à política; também aqueles outros momentos, sempre traduzidos no nível simbólico, que nos dizem das alterações que se estão dando nas maneiras de ser, agir e pensar – apenas que de modo lento, produzindo aquilo que Gramsci chama de "transformações moleculares".

Se tivermos presentes essas ponderações, será fácil compreender o que pretendia dizer Lourival Gomes Machado quando propunha, na década de 1950, na Faculdade de Filosofia da USP, que o fato político fosse compreendido como todo aquele "ajustamento segmentar consciente", por ajustamento se entendendo tanto aproximações como afastamentos (que poderíamos reduzir à "coalescência segmentar" de Durkheim), e a consciência do ajustamento se manifestando quer no nível das consciências individuais tomadas enquanto percepção consciente do real, quer no nível simbólico, quer dos valores coletivos – se pretendermos seguir Gurvitch na sua segmentação da realidade em *paliers en profondeur*.

Não creio necessário insistir na riqueza de perspectivas que a definição de Lourival Gomes Machado, seguramente fundada na caracterização de Durkheim, traz para um estudo da política enquanto uma das expressões em que se manifesta a vida dos homens em sociedade. Aliás, a estrutura política da sociedade rural francesa sob Luís Napoleão não era marcada pela relação aproximação/afastamento imposta pela parcela? A parcela, com efeito, se por um lado permitia o contato entre uma família e outras, por outro as separava, pelo fato de que eram tradicionalmente pobres as relações entre elas, ao contrário daquelas que se estabeleciam entre os dos grupos que viviam nas cidades, fazendo dos camponeses um grande segmento à parte na sociedade geral, incapaz de desenvolver qualquer tipo de ação comum, de representar-se num parlamento e de desenvolver um sentimento de comunidade (*Gemeinsamkeit*, como se lê no original). A descrição que Marx faz desse imenso estrato social é essencialmente morfológica no melhor sentido da Sociologia francesa clássica – e nos mostra como o campesinato não se constitui politicamente em classe, isto é, aproximando-se ou afastando-se das demais pela consciência de seu ser comum –

em decorrência da pobreza das relações sociais, fruto de uma divisão do trabalho não diferenciada e da falta de cultura. Não poderíamos dizer, da mesma maneira, que muito da crise que vivemos hoje no Brasil decorre do fato de que as relações entre os segmentos não são estreitas, isto é, de serem elas mais de afastamento do que de aproximação, o que leva um a se isolar do outro e, com isso, a não trocar experiências vitais, criando, como diria Gurvitch, obras coletivas pela sociabilidade ativa?

A noção de coalescência dos segmentos – de aproximação ou afastamento consciente – é básica para a compreensão do que Durkheim dirá sobre o Estado, sobretudo tendo em conta que o pai da Escola francesa está plenamente consciente de que a complexidade cada vez maior da divisão social do trabalho conduz, inexoravelmente, a que a consciência coletiva recubra cada vez mais um número menor de valores, devendo terminar por abranger tão apenas os direitos individuais. Esse tipo de interação social, em que a consciência coletiva dos grupos se toca apenas tangencialmente, em que os valores que cada grupo tende a fazer seus não são os da sociedade em que se insere, mas os dos indivíduos que o compõem, esse tipo de interação obriga a aceitar que estamos diante de um estado social próximo da anomia, na medida em que, nem mesmo dentro dos grupos particulares a que pertencem, os indivíduos encontram lenimento para as suas dores – criando-se assim as condições para o suicídio anômico, ou então, como indicava Gurvitch, para que as estruturas das organizações formais da sociedade global acabem por sufocar as criações e manifestações do psiquismo coletivo, até mesmo as de suas correntes livres.

Há questões que gostaria de suscitar, mais que resolver. Em *O suicídio**, Durkheim lança a idéia do político que se encontrará nas *Regras do método*: "Com efeito, segundo as partes de que está [o povo] composto sejam mais ou menos numerosas e estejam ordenadas conforme tal ou qual plano, a natureza do ser coletivo varia necessariamente e, por conseqüência, variam suas maneiras de pensar e de agir" (*El suicidio*, trad. arg., Schapire Editor, Buenos Aires, 1971). Atente-se para esta frase perturbadora: "ordenados segundo tal ou qual plano". Se é possível concordar com aqueles críticos que o condenam por, de certa forma, hipostasiar a consciência coletiva, não se encontrará em nenhum deles a objurgatória de Durkheim haver atribuído à sociedade a virtude (no sentido em que se emprega a palavra na Química) de produzir "planos" que a organizam desta ou daquela forma. Todavia, a expressão já está – e são planos dos quais resulta esta ou aquela ordenação da sociedade, *a sua forma política, diferentes maneiras consolidadas de agir*. De onde surgiu, então, esse plano se a sociedade não o fixa para si na sofrida disputa de certos "valores", compreendida a palavra no sentido de Lasswell, em que os segmentos se empenham, aproximando-se ou se afastando? Se não veio de nenhum *deus ex machina*, esse plano deve ser o produto da ação de algum grupo a que a divisão social do trabalho deu origem.

Esse grupo é o Estado, que "algumas vezes chamamos de cérebro social" – como se lê em *Da divisão do trabalho social*** (doravante citada como *DTS*) e como

---

* Trad. bras., Martins Fontes, São Paulo, 2000.

** Trad. bras., Martins Fontes, São Paulo, 1999.

também se encontrará nas últimas aulas ministradas na Sorbonne e publicadas sob o título de *Lições de sociologia* (doravante citada como *LS* nesta edição, seguida do número da página). Estado é um "poder diretor" que "não é mais uma função social mais ou menos importante; é o tipo coletivo encarnado". Cuidando dos momentos "orgânicos", como diria Comte, vê-se que esse "poder diretor" é "capaz por sua ação própria, de criar certos delitos ou de agravar o valor criminológico de outros". Essa criação e esse agravamento fundamentam-se no quê? Tal poder diretor participa da autoridade que o tipo coletivo exerce sobre as consciências: "é daí – dirá Durkheim – que advém sua força". Mesmo, porém, que retire sua força da autoridade que o tipo coletivo exerce sobre as consciências individuais, ela, força, é "um fator autônomo da vida social, capaz de produzir espontaneamente movimentos próprios que não são determinados por qualquer impulsão externa", precisamente por causa dessa supremacia que ela, força, conquistou! (*DTS*, Felix Alcan, Paris, 1932).

Registre-se, pois, que o Estado é um grupo diferenciado e autônomo em relação à sociedade, traduzindo-se essa não-determinação "por [não sofrer] nenhuma impulsão externa". É um grupo social diferenciado "com legalidade própria", como diria Heller.

O Estado, cérebro social, "sistema cérebro-espinal do organismo social" (*DTS*) é autônomo em decorrência da divisão do trabalho. Essa, no entanto, como se sabe, não produz apenas a solidariedade orgânica. Ela pode ser anômica, destruidora dessa mesma solidariedade "desde que ultrapasse um certo grau de desenvolvimento. Nesse caso, o indivíduo [...] isola-se em sua atividade especial; não sente mais os colaboradores que trabalham a seu lado na mesma obra que ele; ele nem mais tem a idéia dessa obra comum" (*DTS*). Na linguagem de Gurvitch, inexistiria, nesse caso, a solidariedade ativa, que permite a criação de coisas espirituais em comum, o que traduziria, no limite, a ausência de um Nós. Para melhor caracterizar esse estado anômico, talvez seja indispensável socorrer-nos de Merton: "Neste contexto a estrutura cultural pode ser definida como o conjunto de valores normativos que governam a conduta comum dos membros de uma determinada sociedade ou grupo. E por estrutura social se entende o conjunto organizado de relações sociais no qual os membros da sociedade ou grupo são implicados de várias maneiras. A anomia é então concebida como uma ruptura na estrutura cultural, ocorrendo, particularmente, quando há uma disjunção aguda entre as normas e metas culturais e as capacidades socialmente estruturadas dos membros do grupo em agir de acordo com as primeiras. Conforme esta concepção, os valores culturais podem ajudar a produzir um comportamento que esteja em oposição aos mandatos dos próprios valores" (Merton, *Sociologia, teoria e estrutura*, Ed. Mestre Jou, São Paulo, 1970).

Talvez a definição de MacIver – que encontramos no próprio texto de Merton – traduza melhor o clima psicossocial que se cria quando há uma ruptura entre a estrutura cultural e a estrutura social, quando as instituições não mais oferecem meios de satisfazer as aspirações dos indivíduos criadas na própria vida em sociedade, e os indivíduos não têm mais como aplacar, recalcando para o subconsciente, o sentimento de autonomia e independência que é próprio deles, como ensinava Gramsci. Em outras palavras, o clima que se cria quando a estrutura cultural não oferece resposta aos anseios nascidos das transformações ocorridas na estrutura social. Diz MacIver: "Anomia significa o *estado de espírito* de alguém que foi arrancado de suas raízes morais, que já não segue nenhum padrão, mas somente necessidades avulsas, que já não tem nenhum senso de continuidade, de grupo e de obrigação. O homem reage somente diante de si mesmo, não é responsável para com ninguém. Ele ri dos valores dos outros homens. Sua única fé é a filosofia da negação. Vive sobre a débil linha da sensação entre nenhum futuro e nenhum passado. A anomia é um *estado de espírito* no qual o senso de coesão social – mola principal da moral – está quebrado ou fatalmente enfraquecido" (grifos de MacIver. *Apud* Merton). Em outras palavras, numa situação de anomia, os indivíduos não se unem por sociabilidade ativa, criadora de valores coletivos novos, para repetir Gurvitch.

Voltemos, contudo a Durkheim. No mesmo diapasão, ele prossegue, em trecho assaz elucidativo: "A divisão do trabalho exerceria então, em virtude de sua própria natureza, uma influência dissolvente que seria sobretudo sensível onde as funções são muito especializadas. Comte, entretanto, não conclui de seu princípio que seja preciso fazer voltar as sociedades ao que ele próprio chama de idade da generalidade, isto é, a este estado de indistinção e de homogeneidade que foi o ponto de partida delas. A diversidade dos fenômenos é útil e necessária; mas como a unidade, que não é menos indispensável, não surge dela espontaneamente, o cuidado de realizá-la e de a manter deverá constituir no organismo social uma função especial, representada por um órgão independente. Esse órgão é o

Estado ou o governo. 'A destinação social do governo – diz Comte – parece-me sobretudo consistir em conter, de modo suficiente, e em prevenir, na medida do possível, esta fatal disposição à dispersão fundamental das idéias, dos sentimentos e dos interesses, resultado inevitável do próprio princípio do desenvolvimento humano, e que, pudesse ela seguir sem obstáculo seu curso natural, terminaria inevitavelmente por deter a progressão social vista da perspectiva de todas as relações importantes. Essa concepção constitui a meus olhos a primeira base positiva e racional da teoria elementar e abstrata do governo propriamente dito, visto na sua mais nobre e mais completa extensão científica, isto é, como caracterizado em geral pela universal reação necessária, primeiro espontânea, depois regularizada, do conjunto sobre as partes. Está claro, com efeito, que o único meio real de impedir tal dispersão consiste em erigir essa indispensável reação em uma nova função especial, susceptível de intervir convenientemente na realização habitual de todas as diversas funções da economia social, para a ela recordar sem cessar o pensamento do conjunto e o sentimento da solidariedade comum'. O que o governo é para a sociedade em sua totalidade, a filosofia deve ser para as ciências". (*DTS*)

É assim que, voltando a *O suicídio*, poderá ser dito que o "plano" que ordena desta ou daquela maneira a coalescência segmentar é fruto das representações coletivas desse órgão autônomo no organismo social, o Estado ou o governo. A idéia do "plano", que se depreende da longa citação acima, é de Comte. Ela está contida na "destinação social do governo", que é recordar, a cada indivíduo e a todos os segmentos, o "pensamento do conjunto".

Como vê, pois, Durkheim o Estado – afora tê-lo definido antes como cérebro social, sistema cérebro-espinal do organismo social? Antes de lá chegar, creio necessário lembrar a lição de Kelsen, ainda que situada em plano totalmente distinto deste em que a investigação se dá. Na *Teoria geral do direito e do Estado**, ao iniciar o estudo das relações entre o Direito e o Estado, afirma: "A definição do 'Estado' resulta muito difícil, dada a multiplicidade dos objetos que o termo comumente designa. A palavra é às vezes usada em um sentido muito amplo, para designar a 'sociedade' como tal, ou uma forma especial de sociedade. Com grande freqüência, porém, o vocábulo é também empregado em um sentido muito mais restrito, para designar um determinado órgão da sociedade – o governo, por exemplo, ou os a ele submetidos, a 'nação' ou o território em que aqueles habitam". E faz essa advertência que toca diretamente aos cientistas da Política: "A insatisfatória situação da teoria política – que é essencialmente uma teoria do Estado – deve-se em grande medida precisamente ao fato de que diferentes autores tratam sob o mesmo termo de problemas completamente distintos, e à circunstância de que inclusive um mesmo autor dá inconscientemente diversas acepções à mesma palavra" (*TGDE*, Albetros, Buenos Aires, 1973). Na verdade, os doutrinadores e os teóricos da política sempre se referiram ao Estado seja tendo em vista seus elementos constitutivos (território e povo), seja vendo-o como uma relação de dominação, isto é, referindo-se aos governantes e sua vontade, ou como fato de organização, como se vê

---

* Trad. bras., Martins Fontes, São Paulo, 1998.

desde Maquiavel em *O príncipe** e nos *Comentários sobre a primeira década*. Essa utilização não unívoca do conceito muitas vezes causa dificuldades ao entendimento, embora se tenha presente, ainda que inconscientemente (para voltar a Kelsen), a definição jurídica que se encontra na *Teoria geral do direito e do Estado*: "O Estado é a comunidade criada por uma ordem jurídica nacional", sendo que ordem é um sistema de normas. Não cabe aqui discutir o problema da precedência do Estado sobre o Direito ou vice-versa; o importante é que a definição de Kelsen nos permite começar a compreender que coisa seja o Estado, e porque o Governo com ele não se confunde, pois é um órgão (um sistema de órgãos, se quisermos) que só existe em decorrência da existência dessa comunidade da ordem jurídica nacional. Com isso, podemos voltar a Durkheim, guardando esta proposição: a ordem jurídica, enquanto sistema de normas, seria, nos termos da sociologia durkheimiana, um sistema de representações coletivas. A distinção que se deve especialmente reter é que esse sistema de representações coletivas, criado por um grupo social concreto, não cria nenhuma "comunidade", embora possa estabelecer comportamentos.

Registre-se que, para Durkheim, a oposição entre governantes e governados, entre a autoridade e aqueles que lhe estão submetidos é elemento essencial que entra na definição de todo grupo político. A "estrutura política de uma sociedade" é, pois, determinada pela forma pela qual se afastam ou se aproximam governantes e governados. Esse registro, feito já na quarta lição das *Lições de sociologia*,

* Trad. bras., Martins Fontes, São Paulo, 1990

nos leva a outro: a sociedade política. Descartando como elementos distintivos dela o território e a população maior ou menor, Durkheim define a *sociedade política* a partir da articulação dos grupos sociais e, nota importante, conforme seja ou não *soberana*. A sociedade política é aquela "formada pela reunião de um número mais ou menos considerável de grupos sociais secundários, submetidos a uma mesma autoridade, que por sua vez não depende de nenhuma autoridade superior regularmente constituída" (*LS*, 63). A presença desses grupos secundários é essencial para a existência da sociedade política que dá origem ao Estado: "Longe de estarem [grupos sociais secundários] em oposição ao grupo social encarregado da autoridade soberana e que chamamos mais especialmente de Estado, é este que supõe sua existência; ele só existe onde eles existem. Não há grupos secundários, não há autoridade política, pelo menos, não há autoridade que possa, sem impropriedade, ser chamada por esse nome " (*LS*, 63-4).

Temos já alguns pontos a assinalar, na linha, aliás, do que ficou visto atrás. O primeiro é que a sociedade política é uma sociedade polissegmentada. Durkheim é explícito a esse respeito: "Não quer dizer que nunca tenha havido sociedades feitas de apenas um e único segmento, mas elas constituem uma outra espécie, não são políticas" (*LS*, 66). O segundo refere-se à relação entre a sociedade política e o Estado. São realidades distintas e antagônicas. O próprio Durkheim encarrega-se de estabelecer a distinção entre uma e outro: "Porém, como é bom que haja termos especiais para realidades tão diferentes quanto a sociedade e um de seus órgãos, chamaremos mais especialmente de Estado os agentes da autoridade soberana, e de sociedade política o grupo complexo de que o Estado é o órgão eminente" (*LS*, 67). Na lição sobre a Democracia, lê-se a distinção que se estabelece entre o Estado e a sociedade: "Com efeito, o Estado não é nada ou é um órgão distinto do resto da sociedade. Se o Estado está em toda parte, ele não está em lugar nenhum. Resulta de uma concentração que destaca da massa coletiva um grupo de indivíduos determinado, em que o pensamento social é submetido a uma elaboração de um tipo particular e chega a um grau de clareza excepcional. Se essa concentração não existe, se o pensamento social permanece inteiramente difuso, ele permanece obscuro, e a característica distintiva das sociedades políticas inexiste" (*LS*, 115). Desde logo é possível concluir, como já antecipamos passos atrás, que o Estado é um grupo social diferenciado e, mais, se leio corretamente o que está nas *Lições*, que a *sociedade política* tende a confundir-se com a sociedade global *tout court* – única forma de podermos dizer que o Estado é o "órgão eminente" da "sociedade política". Conclusão, aliás, que não aberra do que vem sendo dito, pois o que temos em vista, quando nos referimos à "sociedade política", é a maneira pela qual os segmentos se articulam na sociedade global.

O Estado é concreto, mas, apesar disso e na linha do Direito, não pode ser confundido com "os órgãos secundários que recebem mais imediatamente sua ação e que são, com relação a ele, apenas órgãos de execução" (*LS*, 68). Daí se segue a definição de Estado da perspectiva de ser ele um "poder diretor", o "cérebro social": "Eis o que define o Estado. É um grupo de funcionários *sui generis*, no seio do qual se elaboram representações e volições que envolvem a coletividade, embora não sejam obra da coletividade" (*LS*, 70). Note-se que aquele grupo, que resumia o "tipo coletivo", agora já não encarna a consciência coletiva da sociedade geral, pois ela o deborda de todos os lados. "A consciência coletiva é em grande parte difusa; a cada instante há uma infinidade de sentimentos sociais, de estados sociais de todo tipo de que o Estado só percebe o eco enfraquecido" – e Durkheim admitiria que tende a recobrir cada vez mais menos setores da vida comum. Já o Estado, ele é a "sede de uma consciência especial, restrita, porém mais elevada, mais clara, que tem de si mesma um sentimento mais vivo. Nada de obscuro e vago como as representações coletivas que se espalham em todas as sociedades: mitos, lendas religiosas ou morais, etc. Não sabemos de onde vêm, nem para onde vão; não as deliberamos. As representações que vêm do Estado são sempre mais conscientes de si mesmas, de suas causas e seus objetivos" (*LS*, 70). Antes, Durkheim estendera-se sobre as representações coletivas desse grupo social diferenciado, que muitas vezes sofre a pressão daquilo que chamava de correntes sociais – e discorria: "Assim, com freqüência acontece que haja até uma discordância entre esse meio e o conjunto da nação e que as resoluções governamentais, os votos parlamentares, embora valham para a comunidade, não correspondam ao estado desta última. Nesse caso, portanto, há vida coletiva, mas essa vida não está difusa por toda a extensão do corpo social; embora coletiva, ela está localizada num órgão determinado. E essa localização não provém de uma simples concentração num ponto determinado de uma vida que tem origem fora desse ponto. É em parte nesse próprio ponto que ela nasce. Quando o Estado pensa e decide, não se deve dizer que é a sociedade que pensa e decide por ele, mas que ele pensa e decide pela sociedade. Ele não é um simples instrumento de canalizações e concentrações. É, num certo sentido, o centro organizador dos próprios subgrupos" (*LS*, 69). O que, convenhamos, concorda com o que se leu em *O suicídio* sobre o "plano".

Registre-se que o fato de o Estado ser "o centro organizador" e de ele pensar e decidir pela sociedade não significa "que todo o pensamento social emana do Estado". O "pensamento social" pode ser visto de duas perspectivas. Por um lado, "vem da massa coletiva e está difuso nela; é feito dos sentimentos, das aspirações, das crenças que a sociedade elaborou coletivamente e que estão disseminados em todas as consciências". Por outro, "ele é elaborado no órgão especial que chamamos de Estado ou governo" (*LS*, 111). Durkheim insiste em que um e outro tipo de pensamento estão em estreita relação, que os sentimentos difusos na sociedade afetam as decisões do Estado e que aquilo que se passa nos diferentes órgãos estatais repercute em toda a sociedade. Apesar disso, faz questão de ressaltar que uma dessas formas de vida psicológica coletiva "é difusa, outra é organizada e centralizada". E acrescenta, permitindo, de outro prisma, melhor compreensão de como se manifesta essa vida psicológica coletiva: "Uma, em virtude dessa difusão, permanece na penumbra do subconsciente. Dificilmente nos damos conta de todos os preconceitos coletivos a que somos submetidos desde a infância, de todas as correntes de opinião que se formam aqui ou ali e nos arrastam num sentido ou no outro. Em tudo isso, não há nada que seja deliberado. Toda essa vida tem algo de espontâneo e de automático, de irrefletido. Ao contrário, a deliberação, a reflexão, é a característica de tudo o que se passa no órgão governamental" (*LS*, 112). Gostaria de deixar bem marcada para o leitor esta idéia de que o Estado, para ser tal, deve estar afastado da sociedade, pois, quando "está perto demais dos particulares, ele cai sob sua dependência ao mesmo tempo que os incomoda" (*LS*,133).

É preciso observar – e daí a referência que fizemos ao Direito, citando Kelsen – que, havendo caracterizado o Estado como um grupo de funcionários *sui generis*, Durkheim tem a preocupação de deixar claro que o Estado não executa coisa alguma – os funcionários que integram esse grupo dão ordens para ser executadas. E exemplifica: "Toda a vida do Estado propriamente dito se passa não em ações exteriores, em movimentos, mas em deliberações, ou seja, em representações" (*LS*, 71).

Há um ponto relevante a assinalar. Essa idéia de que o Estado pensa pela sociedade e até certo ponto a organiza, é simultânea – sem que Durkheim nisso veja contradição – ao registro de que o individualismo é decorrência da expansão das atividades do Estado e da negação do Direito Natural. A negação do Direito Natural dá-se pela rejeição da tese, segundo a qual os direitos do indivíduo são dados com ele, isto é, que, ao vir ao mundo, o ser humano é dotado de direitos inerentes e inalienáveis. Para Durkheim, essa é posição teórica que repousa sobre "postulado de um simplismo artificial". Os direitos do homem – tal é a tese – derivam do fato de ser ele uma pessoa moral. Ora, o bom entendimento da tese nos diz que "esse caráter moral torna-o inviolável; tudo o que atenta contra essa inviolabilidade é uma violação desse direito. É assim que os partidários do que chamamos de direito natural, ou seja, da tese segundo a qual o direito individual é derivado da natureza individual, o concebem como algo universal, como um código que pode ser estabelecido de uma vez por todas e que vale para todos os tempos e todos os lugares. E o caráter negativo que eles tentam conferir a esse direito torna-o, aparentemente, mais facilmente determinável" (*LS*, 93). Na linha daquilo que se poderia dizer ser o realismo mais frio, afirma que "a instituição desses direitos é obra do próprio Estado" (*LS*, 80). E, mais adiante, reafirma sua crítica ao Direito Natural: "O que está na base do direito individual não é a noção do indivíduo tal como ele é, mas a maneira pela qual a sociedade o pratica, o concebe, a apreciação que faz dele. O que importa não é o que ele é, mas o que ele vale e, inversamente, o que ele deve ser" (*LS*, 93-94) .

Em suma, esse direito que a sociedade atribui ao indivíduo – isto é, a avaliação, pela sociedade, do que é preciso que o indivíduo seja – só se imporá se for conforme as representações coletivas do grupo diferenciado que é o Estado. É por isso que se pode compreender como "as funções do Estado se ampliam sem que por isso resulte uma diminuição do indivíduo, ou que o indivíduo se desenvolve sem que por isso o Estado recue, uma vez que o indivíduo seria, em certos aspectos, o próprio produto do Estado, pois a atividade do Estado seria essencialmente libertadora do indivíduo". E afirma taxativamente: "Ora, o que se depreende dos fatos é que a história autoriza efetivamente a admitir essa relação de causa e efeito entre o avanço do individualismo moral e o avanço do Estado" (*LS*, 80).

O raciocínio é extremamente sedutor. Para compreendê-lo, é necessário recorrer às lições de toda a sociologia durkheimiana sobre as relações entre o fato social – exterior, anterior e superior – e os indivíduos; sobretudo, a referente à coerção que os grupos exercem sobre os indivíduos. "Exatamente porque o grupo é uma força moral tão superior à das partes, o primeiro tende necessariamente a subjugar as segundas. [...] Trata-se aí de uma lei de mecânica moral, tão inelutável quanto as leis da mecânica física. Todo grupo que dispõe de seus membros sob coação se esforça para modelá-los à sua imagem, para impor-lhes suas maneiras de pensar e de agir, para impedir as dissidências. Toda sociedade é despótica, a menos que algo exterior a ela venha conter seu despotismo. Não quero dizer, por outro lado, que esse despotismo tenha algo de artificial; ele é natural uma vez que é necessário e que, além do mais, em certas condições, as sociedades não podem se manter de outro modo. Tampouco quero dizer que ele seja insuportável; pelo contrário, o indivíduo não o sente, assim como não sentimos a atmosfera que pesa sobre nossos ombros. A partir do momento em que o indivíduo foi elevado dessa maneira pela coletividade, ele naturalmente quer o que ela quer, e aceita sem dificuldade o estado de sujeição a que se encontra reduzido. Para que ele tenha consciência disso e lhe resista, é preciso que aspirações individualistastenham surgido, e elas não podem surgirnessas condições" de submissão (*LS*, 84-5).

Durkheim descreve com atenção as condições necessárias para que o individualismo moral possa manifestar-se. Sem dúvida, a extensão da sociedade é uma das condições para que o indivíduo possa ser livre – e a frase em que o pensamento se resume é curta e precisa: "Somos muito mais livres em meio a uma multidão do que num pequeno grupo" (*LS*, 85).

Neste passo, dá-se o grande corte lógico, que cabe registrar, examinar e tentar compreender. Que foi dito antes? Que a sociedade política, que possui um órgão diferenciado, que é o Estado, é necessariamente uma sociedade polissegmentada. Que se diz agora? Que para que o indivíduo possa afirmar seu individualismo moral em decorrência de causas exclusivamente sociais, como, por exemplo, a extensão da sociedade, vale dizer, o aumento do número dos indivíduos que a compõem, "é preciso que no interior dessa sociedade não se formem grupos secundários que desfrutem de uma autonomia suficiente para que cada um deles se torne, de certo modo, uma pequena sociedade no seio da grande. Pois então cada uma delas se comporta para com seus membros mais ou menos como se fosse única, e tudo acontece como se a sociedade total não existisse. Cada um desses grupos, envolvendo muito estreitamente os indivíduos que o formam, irá atrapalhar sua expansão; o espírito coletivo irá se impor às condições particulares. Uma sociedade formada por clãs justapostos, por cidades ou por aldeias mais ou menos independentes, ou por grupos profissionais numerosos e autônomos uns com relação aos outros, será quase tão opressora da individualidade quanto se fosse formada por um só clã, uma só cidade, uma só corporação" (*LS*, 86).

Quem ler o artigo *Economia política*, que Rousseau escreveu para a *Enciclopédia*, notará a semelhança das proposições e da concepção de sociedade – talvez por isso mesmo Durkheim tenha considerado Rousseau um seu precursor, na medida em que foi, com Montesquieu, "um precursor da Sociologia". Apesar de longo o trecho, creio que a comparação será útil e esclarecerá muito do que Durkheim pretende dizer. Escreve Rousseau: "Toda a sociedade política se compõe de outras sociedades menores de espécies diferentes, cada uma das quais tem seus interesses e máximas; mas essas sociedades, que cada um percebe, porque possuem uma forma exterior e autorizada, não são as únicas que existem realmente no Estado; todos os particulares reunidos por um interesse comum compõem outras tantas, permanentes ou passageiras, cuja força, por ser menos aparente, não é menos real, e cujas várias relações, bem observadas, dão o verdadeiro conhecimento dos costumes." *Não será o caso de se confrontar essa passagem com a citação das* Regras do método *com que iniciei a discussão do problema da Política em Durkheim?* Mas continuemos com Rousseau: "São todas essas associações, tácitas ou formais, que, de tantos modos, modificam as aparências da vontade pública por influência da sua. A vontade dessas associações particulares apresenta sempre duas relações: para os membros da associação é uma vontade geral, para a grande sociedade é uma vontade particular, que freqüentemente parece justa à primeira vista e, depois, corrupta. Um dado indivíduo pode ser um padre devoto, um bravo soldado ou um patrício zeloso e mau cidadão" (Rousseau, J.-J., *Obras*, trad. de Lourdes Santos Machado, Editora Globo, Porto Alegre, s/d.).

Voltemos às *Lições de sociologia*. É verdade que Durkheim matiza as coisas, pois arrola, como vimos, sucessivamente, entre as sociedades que sufocam o progresso do individualismo moral, as formadas por clãs compostos, por cidades ou aldeias mais ou menos independentes, ou por grupos profissionais autônomos uns em relação aos outros. O que não impede que se registre a dúvida: na medida em que a sociedade política deve ser polissegmentada, se essa segmentação impede o progresso do individualismo moral, como podem os grupos profissionais a que se referirá mais tarde, os grupos intermediários, servir de proteção ao indivíduo contra o Estado?

Deixemos registrada a dúvida e procuremos ver como o individualismo moral nasce e se desenvolve com a expansão do Estado. Segundo Durkheim, para que tenhamos o desenvolvimento individual, "não basta portanto que uma sociedade seja ampla, é preciso que o indivíduo possa mover-se com certa liberdade por uma ampla extensão; é preciso que ele não seja retido e açambarcado pelos grupos secundários, é preciso que estes não possam tornar-se donos de seus membros e moldá-los à sua vontade. É preciso portanto que haja, acima de todos esses poderes locais, familiares, enfim, secundários, um poder geral que faça a lei para todos, que lembre a cada um deles [grupos] que ele é, não o todo, mas uma parte do todo, e que ele não deve reter para si o que, em princípio, pertence ao todo. O único meio de prevenir esse particularismo coletivo e as conseqüências que ele implica para o indivíduo é que um órgão especial seja encarregado de representar junto a essas coletividades particulares a coletividade total, seus direitos e seus interesses. E esses direitos e esses interesses se confundem com os do indivíduo. Eis como a função essencial do Estado é libertar as personalidades individuais" (*LS*, 87). Libertar, bem entendido, da coerção dos grupos sociais secundários, especialmente aqueles relacionados na evolução histórica: a igreja, o feudo, a cidade, a corporação.

O raciocínio é cerrado: esse grupo especial que representa a coletividade total, ele também pode oprimir os indivíduos, seguindo a mesma lei mecânica que leva os grupos secundários a fazer isso com seus integrantes. Assim, impõe-se uma conclusão: "para ser libertadora do indivíduo, a força coletiva que é o Estado tem necessidade de contra-pesos; ela deve ser contida por outras forças coletivas, a saber, por esses grupos secundários de que falaremos mais adiante. Se não é bom que eles existam sozinhos, é preciso que existam, ainda assim. E é desse conflito de forças sociais que nascem as liberdades individuais". Esses grupos, prossegue, têm "um papel mais geral: são uma das condições indispensáveis da emancipação individual" (*LS*, 88). E prossegue nesta linha a um tempo lúcida e estranha ao pensamento atual: "A verdade é que o Estado não é por si mesmo um antagonista do indivíduo. O individualismo só é possível por meio dele, embora ele só possa servir 'a sua realização em condições determinadas. [...] Foi ele que subtraiu a criança à dependência patriarcal, à tirania doméstica, foi ele que livrou o cidadão dos grupos feudais, mais tarde comunais, foi ele que livrou o operário e o patrão da tirania corporativa, e, se ele exerce sua atividade com muita violência, ela só é viciada, em suma, porque se limita a ser puramente destrutiva. [...] Essa concepção do Estado é, portanto, individualista, sem todavia confinar o Estado à administração de uma justiça totalmente negativa; reconhece-lhe o direito e o dever de desempenhar um papel dos mais extensos em todas as esferas da vida coletiva, sem ser místico" (*LS*, 88).

Esses grupos secundários que Durkheim coloca como contrapeso ao Estado e como indispensáveis, são as corporações. No Prefácio da segunda edição de *Da divisão do trabalho social*, havia retomado idéia lançada em *O suicídio*, de que a criação das corporações era o único caminho capaz de conduzir à superação da crise moral que, vislumbrava, levaria a sociedade a uma crise de anomia. Insistia, mesmo, que o problema da corporação era o de solução mais urgente, porque "nenhuma modificação, por pouco importante que seja, não poderá ser introduzida na ordem jurídica se não se começar por criar o órgão necessário à instituição do novo direito" (*DTS*, XXXVI). Para ele, não se trata de "ressuscitar artificialmente a velha corporação tal qual existiu na Idade Média. Não é assim – prossegue – que a questão se coloca. Não se trata de saber se a instituição medieval pode convir a nossas sociedades contemporâneas da mesma maneira que serviu às necessidades do passado; trata-se de saber se as necessidades às quais respondia não são próprias de todos os tempos, ainda que deva, para satisfazê-las, transformar-se segundo os meios" (*DTS*, VII). E escreve mais adiante: "Do momento em que, no seio de uma sociedade política, um certo número de indivíduos verificam ter em comum idéias, interesses, sentimentos, ocupações que o resto da população não divide com eles, é inevitável que, pela influência das similitudes, eles sejam atirados uns em direção aos outros e que assim se forme pouco a pouco um grupo restrito, tendo sua fisionomia especial, no seio da sociedade geral. Mas, uma vez que esse grupo se formou, depreende-se dele uma vida moral que traz naturalmente a marca das condições particulares em que ela foi elaborada. [...] Que esse sentimento [os conteúdos da vida moral] se precise e se determine, que ao se aplicar às circunstâncias as mais ordinárias e as mais importantes da vida ele se traduza em fórmulas definidas, eis um corpo de regras morais em via de se constituir" (*DTS*, XVI/XVII). Para mostrar que a corporação que tem em mente nada tem em comum com a medieval, nem mesmo com as que existiram em Roma, afirma: "O que a experiência do passado demonstra antes de mais nada é que os quadros do grupo profissional devem estar sempre em relação com os quadros da vida econômica; foi por não ter atendido a essa condição que o regime corporativo desapareceu. Já que o mercado, de municipal como era, tornou-se nacional e internacional, a corporação deve ter a mesma extensão" (*DTS*, XXVII). É esta antiga forma de organização social a partir da profissão que ele considera a mais capaz de, como grupo secundário, defender os indivíduos da omnipresença do Estado. Por isso, as corporações constituem, da forma como Durkheim coloca o funcionamento do Estado e seu relacionamento com a sociedade, o colégio eleitoral por excelência: "Já surge a idéia de que tem uns aos outros derivam de nossa profissão muito mais do que de nossas relações geográficas, é natural que a estrutura política reproduza essa maneira pela qual nos agrupamos espontaneamente" (*LS*, 144-5).

Nas *Lições*, Durkheim vai demorar-se na discussão do que seja a democracia, que é caracterizada como uma das formas de governo. Para bem seguir seu raciocínio, é preciso não esquecer os pontos essenciais das postulações anteriores, especialmente aquele em que afirma que o Estado é um órgão diferenciado da sociedade. Sem essa diferenciação, as sociedades políticas (polissegmentadas complexas) perderiam sua significação enquanto tal. Nessa concepção, como visto, as representações que se criam no Estado guardam distância daquelas que se formam no seio da sociedade. Recorde-se, ademais, que, para ele, "nossa concepção do Estado nada tem de mística, no entanto ela é essencialmente individualista". Ainda que essa maneira de ver as coisas nada tenha de mística, o Estado tem um "dever fundamental", que é o de "chamar progressivamente o indivíduo à existência moral". Vai mais longe: não sendo "destinado a tornar-se nem, como pretendem os economistas, um simples espectador da vida social em cujo jogo ele só interviria negativamente, nem, como pretendem os socialistas, uma simples engrenagem da máquina econômica", o Estado é "antes de tudo um órgão por excelência da disciplina moral. Ele desempenha esse papel hoje como outrora, embora a disciplina tenha mudado. Erro dos socialistas" (*LS*, 97, 100-1).

É importante reter o "hoje como outrora".

Ao discutir as formas de governo, Durkheim retoma a tradição clássica apenas para orientar o raciocínio. A tradição, desde Aristóteles, classifica os Estados "de acordo com o número dos que participam do governo": monarquia, o governo de um só, segundo leis fixas e estabelecidas (pois do contrário estaríamos diante do despotismo); aristocracia, "quando o poder soberano está nas mãos de uma parte do povo", e democracia, "quando o povo como corpo tem o poder soberano" segundo as lições de Montesquieu (*LS*, 107). Sucede, porém, que "essa maneira de definir as diferentes formas políticas é tão difundida quanto superficial". Na verdade, não se conseguirá jamais dizer com precisão "onde começa e onde acaba o órgão governamental, cujas variações determinariam a forma dos Estados". Na medida em que um monarca está sempre cercado de um corpo de funcionários, "muitas vezes tão ou mais poderosos do que ele", há apenas uma diferença de grau entre a monarquia e a aristocracia. Ou, por acaso, tem-se em vista apenas a figura do chefe de Estado? "Nesse caso, será preciso distinguir os Estados conforme tenham por chefe uma só pessoa, um conselho de pessoas ou todo o mundo. Mas, por esse critério, seria preciso incluir numa mesma categoria e qualificar igualmente como monarquia a França do século XVII, por exemplo, e uma república centralizada como nossa França atual ou a República americana. Em todos esses casos, há no cume da monarquia dos funcionários uma só pessoa, que apenas tem nomes diferentes nessas diferentes sociedades" (*LS*, 108). A dificuldade persiste se invertermos a questão ou se a colocarmos de outra maneira: "que se entende pela palavra governar? Governar é, sem dúvida, exercer uma ação positiva sobre o andamento dos negócios públicos. Ora, nesse aspecto, a democracia pode ser indistinta da aristocracia. Com efeito, muitas vezes é a vontade da maioria que constitui lei e sem que os sentimentos da minoria tenham [sobre ela] a menor influência. Uma maioria pode ser tão opressora quanto uma casta" (*LS*, 109).

Na linha daquilo que, mais atrás, chamei de "realismo frio", Durkheim não hesita em mostrar que, na França de 1893, com 38 milhões de habitantes, havia apenas 10 milhões de eleitores, dos quais apenas 7 milhões fizeram uso do direito de voto – os deputados eleitos por esses 7 milhões não representando senão 4.592.000 eleitores. O que significa que o número de eleitores não representados era maior (5.930.000) do que aqueles que haviam sufragado os deputados. Daí, avança a conclusão formidanda para os que vivem a ilusão democrática: "Portanto, se nos ativermos às considerações numéricas, será preciso dizer que nunca houve democracia". E, friamente, acrescenta que o máximo que se poderia dizer para diferenciar a democracia da aristocracia é que, nessa última, "a minoria que governa está definida de uma vez por todas, ao passo que numa democracia a minoria que venceu hoje pode ser derrotada amanhã e substituída por uma outra. E a diferença é mínima" (*LS*, 110).

Essas considerações, curiosamente, Durkheim as tem por um tanto "dialéticas". Prefere ir à história, que lhe diz que, se chamamos de democracia estas sociedades onde todo o mundo participa da direção da vida comum, "a palavra convém perfeitamente às sociedades políticas mais inferiores que conhecemos. É o que caracteriza a organização que os ingleses chamam de tribal". Disso tudo, conclui ele, impõe-se definir os tipos de Estado de outra maneira (*LS*, 110).

É "impossível definir a democracia e os outros tipos de Estado pelo número de governantes" pela razão muito simples de que o fato histórico aponta para a circunstância de que "não há sociedades em que o governo seja imediatamente exercido por todo o mundo; está sempre nas mãos de uma minoria, designada aqui por nascimento ali por eleição, que é, conforme o caso, mais extensa ou menos extensa, mas que inclui apenas um círculo restrito de indivíduos". É tendo em vista este fato que Durkheim afirma: "Quanto a esse aspecto, só há nuanças entre as diferentes formas políticas." Para concluir, realisticamente: "Governar é sempre função de um órgão definido, portanto delimitado. Porém o que varia de modo muito sensível conforme as sociedades é a maneira pela qual o órgão governamental se comunica com o resto da nação" (*LS*, 119). Nisso radica o ponto central de sua definição das formas de governo.

A definição se faz sobre as premissas já lançadas. "O Estado" – diz Durkheim – "é o órgão do pensamento social. Isso não quer dizer que todo o pensamento social emana do Estado." É para a "vida psicológica coletiva" que devemos estar atentos. Na sociedade, ela "tem algo de espontâneo e de automático, de irrefletido", e as assembléias "dos conselhos deliberativos" são "os únicos dispositivos de que a coletividade dispõe para prevenir a ação irrefletida, automática, cega". No Estado, ou governo, "ao contrário, a deliberação, a reflexão, é a característica" do que nele se passa. "Nele tudo é organizado, e, principalmente, tudo se organiza cada vez mais com vistas a prevenir os movimentos irrefletidos". Levando em conta essas duas vidas psicológicas coletivas e compreendendo aquilo que a "vida" do governo, se assim se pode dizer, "tem de particular", pois "não se trata de um simples reflexo da consciência coletiva obscura", é fácil indicar a diferença que separa as formas de Estado (*LS*, 112-3).

O "realismo frio" a partir do qual Durkheim definirá, defendendo, a democracia, encanta e seduz. Como vimos, há dois tipos de Estado: um em que a "consciência governamental pode estar concentrada nos órgãos mais restritos", e outro em que ela, ao contrário, pode ser "mais difundida no conjunto da sociedade" (*LS*, 113). Esta será a distinção fundamental que Durkheim estabelecerá entre as formas de governo: a abertura do "órgão diferenciado" à coletividade. De um lado, temos aquelas formas em que "as massas inferiores da sociedade" recebem a ação do Estado, isto é, do grupo de funcionários *sui generis*, "sem perceber os motivos que determinam os governantes nas medidas que decretam [*mesures qu'ils arrêtent*]. Por conseguinte, o que chamamos de consciência governamental permanece estritamente localizado nessas esferas especiais, sempre de pouca extensão" (*LS*, 113-4). O outro tipo de Estado é aquele em que grande parte dos procedimentos que se adotam nos círculos governamentais são decididos "abertamente; que as palavras trocadas sejam pronunciadas de modo que todos as ouçam. Todo o mundo, então, pode se dar conta dos problemas que se colocam, das condições em que se colocam, das razões pelo menos aparentes que determinam as soluções adotadas" (*LS*, 119). Assim, a diferença entre as duas formas de governo – *e são apenas duas* – se estabelece pela "maneira pela qual o órgão governamental se comunica com o resto da nação", como visto acima. "Ora as relações são raras, irregulares; o governo se furta aos olhares, vive recolhido em si mesmo e, por outro lado, ele mesmo só tem contatos intermitentes e insuficientemente multiplicados com a sociedade. Não a sente de maneira constante e não é sentido por ela. É de indagar em que, nessas condições, ele emprega sua atividade. Ela se volta, em sua maior parte [do tempo], para fora. Se ele se envolve tão pouco na vida interna, é porque sua vida está em outro lugar; ele é, antes de tudo, agente das relações exteriores, agente das conquistas, órgão da diplomacia. Em outras sociedades, ao contrário, as comunicações entre o Estado e as outras partes da sociedade são numerosas, regulares, organizadas. Os cidadãos são mantidos a par do que o Estado faz, e o Estado é, periodicamente, ou mesmo ininterruptamente, informado do que ocorre nas profundezas da sociedade. Seja por via administrativa, seja por meio das consultas eleitorais, ele é informado sobre o que ocorre até mesmo nas camadas mais longínquas e mais obscuras da sociedade, e estas, por sua vez, são informadas sobre os acontecimentos que se produzem nos meios políticos. Os cidadãos assistem de longe a algumas das deliberações que ocorreram neles, sabem as medidas decretadas; e seu julgamento e o resultado de sua reflexão voltam ao Estado por vias especiais. É nisso, verdadeiramente, que consiste a democracia" (*LS*, 120).

Por isso, Durkheim retoma o que dissera na lição anterior: "Entre as sociedades de forma aristocrática ou monárquica talvez seja difícil fazer uma distinção. Quanto mais estreita se torna a comunicação entre a consciência governamental e o resto da sociedade, mais essa consciência se estende e abrange coisas, mais a sociedade tem um caráter democrático." E conclui: "A noção de democracia é definida, portanto, por uma extensão máxima dessa consciência, e, por isso mesmo, decide essa comunicação" (*LS*, 118).

Ao longo das *Lições*, Durkheim insiste em que a democracia se caracteriza por essa troca de experiência entre a vida psicológica coletiva do grupo de funcionários *sui generis* e a vida coletiva da sociedade, mesmo de suas camadas mais profundas. E insiste em que se devem abandonar concepções correntes, que só podem obscurecer as idéias. "É preciso – afirma com dureza – deixar de lado o número de governantes, mais ainda os títulos que eles têm. Também não se deve crer que uma democracia seja necessariamente uma sociedade em que o poder do Estado é fraco. Um Estado pode ser democrático e ser fortemente organizado. A verdadeira característica [da democracia] é dupla: 1) A extensão maior da consciência governamental; 2) As comunicações mais estreitas das consciências individuais com essa consciência da massa" do Estado (*LS*, 123-4). E avança: "Desse ponto de vista, a democracia nos aparece então como a forma política pela qual a sociedade chega à mais pura consciência de si mesma. Um povo é tanto mais democrático quanto mais considerável o papel que a deliberação, a reflexão, o espírito crítico desempenham no andamento dos assuntos públicos. Ele o é tanto menos [democrático] quanto mais a inconsciência, os hábitos inconfessos, os sentimentos obscuros, os preconceitos, enfim, subtraídos ao exame são preponderantes" (*LS*, 125).

Para Durkheim, a democracia só poderá existir enquanto forma histórica de governo se tiverem sido criados aqueles "órgãos secundários colocados entre o Estado e o resto da sociedade". É importante ter em mente que a função desses órgãos – *que, por ser fruto da vontade política dos homens associados, têm, em meu entender, natureza diversa dos demais grupos ou órgãos sociais* – é dupla. Nessa duplicidade repousa a estrutura do edifício erguido por Durkheim. É curioso ver como em duas lições ele repete praticamente a mesma frase – com uma pequena diferença na ênfase colocada sobre o papel opressor do Estado. Na oitava lição, diz: "Nosso mal político está ligado, portanto, à mesma causa que nosso mal social: à ausência de quadros secundários intercalados entre o indivíduo e o Estado. Já vimos que esses grupos secundários são indispensáveis para que o Estado não seja opressor do indivíduo; vemos agora que eles são necessários para que o Estado seja suficientemente liberado do indivíduo" (*LS*, 134). Na nona lição, afirma: "Assim, o mal político tem a mesma causa que o mal social de que sofremos. Ele também está ligado à ausência de órgãos secundários localizados entre o Estado e o resto da sociedade. Esses órgãos já nos pareceram necessários para impedir o Estado de tiranizar os indivíduos; vemos agora que eles são igualmente indispensáveis para impedir os indivíduos de absorver o Estado" (*LS*,148). A idéia se compreenderá melhor se tivermos presente uma observação que antecede essas duas: "Quando o Estado está perto demais dos particulares, ele cai sob sua dependência ao mesmo tempo que os incomoda. Sua vizinhança os incomoda, pois, apesar de tudo, ele procura regulamentá-las diretamente, ao passo que, como sabemos, ele é incapaz de desempenhar esse papel. Mas essa mesma vizinhança faz com que ele dependa estreitamente dos particulares, pois, sendo numerosos, estes podem modificá-lo conforme lhes agrade" (*LS*, 133). Ao mesmo tempo, creio que é neste "*impedir os indivíduos de absorver o Estado*" que reside a chave do pensamento de Durkheim sobre o Estado, em geral, e também sobre a democracia.

A organização política atual [a da III República francesa], diz ele, faz-se de tal forma que "o Estado e a massa dos indivíduos se relacionam diretamente, sem que nenhum intermediário se intercale entre eles. Pois, em conseqüência dessa proximidade, é automaticamente necessário que a força coletiva mais fraca, ou seja, a do Estado, não seja absorvida pela mais intensa, a da nação. [...] Na medida em que os arranjos políticos colocam os deputadose, mais geralmente, os governos em contato imediato com a multidão dos cidadãos, é materialmente impossível que estes não façam a lei. Esse contato imediato não permite, pois, ao Estado ser ele mesmo" (*LS*, 133).

Ora, os grupos secundários que antigamente existiam, não existem mais. "As formas sociais que antes enquadravam os particulares e serviam como que de ossatura à sociedade ou desapareceram ou estão em via de se extinguir, sem que novas formas as substituam. Portanto, restou apenas a massa fluida dos indivíduos. Pois o próprio Estado foi absorvido por eles." E avança a conclusão nada tranqüilizadora: "Só a máquina administrativa manteve sua consistência e continua funcionando com a mesma regularidade automática" (*LS*, 148). Essa última reflexão, como a anterior sobre as sociedades particulares e a sociedade geral, remete-nos a Rousseau, no capítulo X do Livro III de *O contrato social**: "Assim como a vontade particular age sem cessar contra a vontade geral, assim o governo faz um esforço contínuo contra a soberania. Mais esse esforço aumenta, mais a constituição se altera; e, como não há, aqui, outra vontade de corpo que, resistindo à do príncipe, estabeleça equilíbrio com ela, deve acontecer cedo ou tarde que o príncipe oprima enfim o soberano e rompa o tratado social. Eis aí o vício inerente e inevitável que, desde o nascimento do corpo político, tende sem cessar a destruí-lo, da mesma maneira que a velhice

* Trad. bras., Martins Fontes, São Paulo, 1996.

e a morte destroem, enfim, o corpo do homem" (Rousseau, J.-J., *Oeuvres complètes, I*, 674, edição Petitain, Ches Furne, Libraire-Éditeur, Paris, 1835) Nesse texto do "precursor da sociologia" encontramos os temas caros a Durkheim: a autonomia da máquina administrativa (o governo) e o soberano sendo usurpado pela burocracia porque não há, entre o "príncipe" e o povo nenhuma "vontade" (sociedade particular, grupo intermediário) que defenda o soberano.

Os órgãos intermediários – voltando ao assunto – são indispensáveis para impedir que, na crise da passagem de uma forma social para outra, a vida social seja obrigada a apoiar-se apenas nos indivíduos. Ao terminar essa parte das *Lições*, Durkheim afirma: "Mas hoje a situação é completamente diferente. Vimos o que ela tem de anormal; por essa razão, ela cria deveres muito especiais. É sobre a massa dos indivíduos que repousa todo o peso da sociedade. Esta não tem outro suporte. Portanto, é legitimamente que cada cidadão, de certa forma, se transforma em homem de Estado. Não podemos nos confinar em nossas ocupações profissionais porque, por enquanto, a vida pública já não tem outros agentes senão a multidão de forças individuais. Apenas, as próprias razões que tornam essa tarefa necessária a determinam. Ela se atém a um estado anômico ao qual não nos devemos submeter; devemos trabalhar para que ele cesse. Em vez de apresentar como um ideal essa inorganização erradamente qualificada como democracia, é preciso lhe pôr fim. Em vez de nos empenhar em conservar ciosamente esses direitos e esses privilégios, é preciso remediar o mal que os torna provisoriamente necessários. Em outras palavras, o primeiro dever é preparar o que nos dispensará cada vez mais de um papel para o qual o indivíduo não é feito. Para isso, nossa ação política consistirá em criar os órgãos secundários que, à medida que se formam, libertam ao mesmo tempo o indivíduo do Estado e o Estado do indivíduo, e dispensam cada vez mais este último de uma tarefa para a qual ele não é feito" (*LS*, 151-2).

Não gostaria de concluir deixando a impressão de que estamos apenas diante de um pensamento que vai além dos limites do conservantismo ilustrado do século XIX francês. Diria, sem mais, que, ao postular que o Estado tem o dever fundamental de chamar progressivamente o indivíduo à existência moral, Durkheim faz das representações desse conjunto de funcionários *sui generis* o ponto de fuga, isto é, de convergência das consciências individuais sem destino numa sociedade marcada pelos efeitos anômicos da divisão social do trabalho. Marcel Mauss havia visto o problema: "Ora, um dos problemas gerais da vida social é o chamado problema da autoridade. [...] Contentei-me, havendo renunciado quase de maneira definitiva – ainda que tenha duvidado durante muito tempo e ainda duvide – a considerar o Estado como a única forma de coesão nessas sociedades [polissegmentadas]. Em conseqüência, pelo momento, embora apenas atribua ao Estado seu caráter jurídico – e apesar de pensar que a noção de soberania é aplicável a toda a vida social –, tenho a impressão de que o Estado é o aparato jurídico da coesão social unicamente em nossas sociedades" (Mauss, Marcel, *Sociedad y Ciencias Sociales, Obras III*, Editorial Paidós, Buenos Aires, 1969, pag. 14).

O Estado é o aparato da coesão social, o cérebro social, porque, como dizia Comte citado por Durkheim, a "destinação social do governo [...] consiste em erigir esta indispensável reação" à "fatal disposição à dispersão fundamental das idéias, dos sentimentos e dos interesses, resultado inevitável do próprio princípio do desenvolvimento humano". Aquilo que devemos ter sempre presente é que o Estado é dado, seja em Comte seja em Durkheim, como um órgão independente da sociedade – e em Durkheim fica claro que as representações elaboradas no seio do grupo de funcionários *sui generis* guardam pequena relação com a sociedade, ainda que sejam elaboradas como se fossem dela.

Com isso se chegaria, por absurda que pareça a afirmação, a Gramsci, no caderno 1, § 89 dos "*Cadernos do cárcere*", edição Gerratana: "O Estado tem uma concepção de vida sua e procura difundi-la: é a sua tarefa e o seu dever." Durkheim acrescentaria, porém: essa concepção de vida é dele, Estado, com a condição de que ele seja um órgão independente da sociedade e não esteja mergulhado no conjunto dos indivíduos dispersos pela divisão anômica do trabalho, que é o estado da sociedade em que vivemos, hoje.

OLIVEIROS S. FERREIRA, 1997.

PREFÁCIO DA PRIMEIRA EDIÇÃO

Esta obra, publicada pela Faculdade de Direito da Universidade de Istambul, reúne algumas aulas inéditas de Émile Durkheim.

Os leitores decerto se perguntarão como essa Faculdade pôde ter o privilégio de levar ao conhecimento do mundo científico esta obra inédita do grande sociólogo francês. É uma curiosidade compreensível. Proponho-me aqui satisfazer-lhe em algumas palavras.

Em 1934, em Paris, eu preparava uma tese de doutorado em direito sobre A idéia de Estado nos precursores da Escola sociológica francesa. *Parecera-me então indispensável conhecer antes de mais nada o pensamento exato de Émile Durkheim, fundador dessa escola, sobre o problema do Estado.*

Como esse sociólogo não fizera do problema objeto de um estudo especial, limitando-se, em suas obras já publicadas, a evocar certas questões referentes a ele, fui levado a pensar que seria possível encontrar explicações adequadas e detalhadas em seus inéditos, se é que existiam. Na espe-

rança de consegui-lo, dirigi-me ao célebre etnólogo Marcel Mauss, sobrinho de Émile Durkheim. Recebendo-me da maneira mais cordial e expressando sua grande simpatia pela Turquia, que ele havia visitado em 1908, mostrou-me alguns manuscritos intitulados Física dos costumes e do direito. *Eram, disse-me ele, "as aulas ministradas por Émile Durkheim entre os anos 1890 e 1900 em Bordeaux e repetidas na Sorbonne, primeiro em 1904, depois em 1912, e retomadas em conferências alguns anos antes de sua morte". Marcel Mauss, que não hesitou em confiá-las a mim, o que recordo com satisfação, enviou-me, a meu pedido, uma cópia datilografada de uma parte dos manuscritos que poderiam me interessar especialmente. Faço questão de homenagear, nesta oportunidade, a memória do saudoso erudito que, assim, prestou-me ajuda inestimável.*

Marcel Mauss me dissera, por ocasião de nossa conversa, de sua intenção de publicar esses manuscritos em Les Annales sociologiques, *de cujo Conselho editorial ele era membro. Mas só publicou, em 1937, na* Revue de Métaphysique et de Morale, *a primeira parte, constituída por três lições sobre a moral profissional. Ele o fez, conforme escreve em sua nota introdutória, para atender às instruções redigidas em 1917, poucos meses antes de morrer, por Émile Durkheim, que destinava alguns de seus manuscritos, em sinal de sua amizade, antes de qualquer outro a Xavier Léon, fundador da* Revue de Métaphysique et de Morale. *Marcel Mauss anunciava então que publicaria mais tarde, com essas três lições, as lições de moral e física que as seguiam.*

Em 1947, publiquei na Revista da Faculdade de Direito de Istambul *uma tradução turca de seis lições de moral cívica que eu tinha em meu poder. Mas, embora não a tivesse encontrado em nenhum lugar, eu quis antes saber com certeza se a publicação projetada por Marcel Mauss fora realizada. Escrevi a ele, então, pedindo que me informasse. Como não obtive resposta, recorri, graças à informação obtida pelo sr. C. Bergeaud, conselheiro cultural da Embaixada da França na Turquia, à sra. Jacques Halphen, filha de Émile Durkheim. A sra. Jacques Halphen teve a atenção de me comunicar que Marcel Mauss, debilitado pelas provações pessoais sofridas durante a Ocupação, não estava em condições de dar nenhuma informação. Disse-me depois que os manuscritos em questão, que ela pudera identificar com ajuda da cópia que eu lhe enviara, encontravam-se no Museu do Homem com todas as obras e documentos que constituíam a biblioteca de Marcel Mauss. Esses manuscritos incluíam, acrescentava, além das três lições de moral profissional já publicadas, quinze lições de moral cívica ainda não publicadas na França.*

Alguns meses depois, pensei na possibilidade de realizar a publicação do conjunto dessas lições através da Faculdade de Direito de Istambul. Ao ser consultada, a sra. Jacques Halphen houve por bem dar seu acordo ao projeto, que a Faculdade de Direito aprovou de bom grado.

Essas são as circunstâncias em que foram descobertos os manuscritos que constituem, segundo afirma Marcel Mauss na Revue de Métaphysique et de Morale, *o único texto escrito de forma definitiva de novembro de 1898 a junho de 1900, e que são publicados agora nesta obra. Essas são também as circunstâncias graças às quais se deve o êxito da iniciativa que me era tão cara.*

Devo portanto, em primeiro lugar, expressar aqui à sra. Jacques Halphen a profunda gratidão da Faculdade de Direito de Istambul e também a minha, pela gentil autorização que nos concedeu de publicar essa obra inédita de seu ilustre pai. Em seguida, devo agradecer vivamente a meu distinto colega, o decano Georges Davy, por ter assumido a difícil tarefa de fazer a leitura final dos manuscritos e por ter redigido uma introdução. Como discípulo e amigo de Émile Durkheim, ninguém estaria mais autorizado do que o sr. Georges Davy a nos prestar esse precioso auxílio. Faço questão, também, de agradecer especialmente ao sr. Charles Crozat, professor de nossa Faculdade, e ao sr. Rabi Koral, docente dessa mesma Faculdade, por terem contribuído com a revisão das provas e com o acompanhamento cuidadoso da impressão da obra.

A publicação na Turquia dessa obra póstuma do grande sociólogo francês não se deve, de modo algum, ao acaso. É, antes, resultado de uma espécie de determinismo cultural, pois na Turquia a sociologia de Émile Durkheim, ao lado da de Le Play, de Gabriel Tarde, de Espinas e outros, foi a única a adquirir direito de cidadania, sobretudo a partir dos trabalhos de Ziya Gökalp, o conhecido sociólogo turco. De fato, em nosso país são muitos os que, como eu, trazem com maior ou menor intensidade a marca da Escola durkheimiana. Não é de surpreender, portanto, que a Turquia se considere, atrevo-me a dizer, um dos herdeiros por direito dessa sociologia. Nessa qualidade, ela saudará com legítima satisfação a publicação desta obra e, certamente, apreciará devidamente o fato, sem precedente na história, de ver publicada em seu ter-

ritório, sob a responsabilidade de uma de suas instituições científicas, a obra inédita de um cientista europeu de reputação mundial.

Por sua vez, a Faculdade de Direito da Universidade de Istambul sente-se orgulhosa, e com justiça, por ter contribuído assim para o estreitamento dos laços tradicionais de cultura e amizade entre a Turquia e a França. Sente-se igualmente orgulhosa por ter ajudado, com a publicação de uma obra dessa importância, a enriquecer o patrimônio científico comum e por ter, finalmente, prestado a homenagem que devia à memória de Émile Durkheim.

Quanto a mim, estou profundamente feliz por ter sido o humilde iniciador dessa realização, servindo assim simultaneamente ao meu país e à irradiação da ciência francesa à qual tanto devo.

Istambul, 15 de maio de 1950.

HÜSEYIN NAIL KUBALI
Reitor da Faculdade de Direito de Istambul

INTRODUÇÃO

Para facilitar o entendimento desse curso inédito de Durkheim, e para compreender o que o autor entendia por física dos costumes, por que ele conferia, no estudo da moral, uma prioridade à descrição dos costumes, e, mais geralmente, em sociologia, à definição e à observação dos fatos, gostaríamos de destacar aqui, brevemente, quais foram os temas principais da doutrina e os preceitos essenciais do método do fundador reconhecido da sociologia francesa.

Em primeiro lugar, há dois temas que aparecem como sendo de igual importância e que é preciso sucessivamente dissociar, para perceber em que eles se opõem, e associar, para compreender como se conciliam e fornecem à sociologia sua base de partida e a direção de seu avanço: o tema da ciência e o tema do social, o primeiro remetendo ao que é mecânico e quantitativo, o segundo ao que é específico e qualitativo.

Quem abre o breviário do sociólogo em que consiste o pequeno livro publicado em 1895 sob o título *As regras* *do método sociológico** e dá naturalmente, de início, com o primeiro capítulo: "O que é um fato social?", e vê nele, também naturalmente, sem nenhuma surpresa, definido em primeiro lugar o objeto do novo estudo, o fato social, afirmado como específico e irredutível a qualquer elemento mais simples que o contenha em germe, não poderá hesitar em apresentar como primordial o tema do social ou da socialidade. Não é o fato, com efeito, entendido sob o ângulo em que é propriamente social, o que responde pelo próprio nome da sociologia e, ao mesmo tempo, lhe oferece seu objeto? Se no entanto, sem menosprezar em nada essa importância do "social", enunciamos em primeiro lugar o tema da ciência, é porque o tema da ciência esclarece a intenção primordial da doutrina e define o caráter do método.

Primeiro a intenção: e, digamos de maneira mais completa, a intenção e a ocasião. Nem uma nem outra, na verdade, são novas. Ambas, ao contrário, vinculam nosso autor a uma linhagem filosófica ao mesmo tempo próxima, a de Auguste Comte e de Saint-Simon, e longínqua, a de Platão. Platão, cuja filosofia não se afastava mais da política do que esta da moral; Platão, para quem os títulos *Do Estado* e *Da Justiça* eram sinônimos, sonhava em subtrair a *cité*** à desordem e ao excesso por meio da mais

---

* Trad. bras. Martins Fontes, São Paulo, 1999.

** Neste texto, é nítida a distinção entre *cité* (a cidade como unidade administrativa, como o conjunto de instituições jurídicas, religiosas e políticas comuns sob o qual se reúne uma população, podendo assumir características de Estado, como é o caso da cidade-estado grega) e *ville* (a cidade em seu aspecto físico, de aglomerado urbano). Para conservar esta distinção, manteremos na tradução o termo *cité*, reservando "cidade" para traduzir *ville*. (N. da T.)

sábia constituição; e só a concebia baseada na ciência – e não na simples opinião –, na ciência que para ele, sem dúvida, ainda não era a ciência dos fatos, como será a sociologia positiva do século XIX, mas que, ciência das idéias como ele a concebia, nem por isso deixava de ser, a seus olhos, a ciência, a única verdadeira ciência e o único meio de salvação para o homem e para a *cité*. Mais perto de nós e diante da mesma ocasião de uma crise política e moral, desta vez aberta pela Revolução francesa e pelas reconstruções invocadas por suas negações, Auguste Comte solicita à ciência, mas que ele pretende positiva, o segredo da reorganização mental e moral da humanidade. E é sempre a mesma salvação pela ciência que Durkheim busca apaixonadamente depois do abalo dos espíritos e das instituições, consecutivo na França à derrota de 70, e diante do abalo de outro tipo, mas acompanhado de uma necessidade análoga de reorganização, o abalo provocado pelo desenvolvimento industrial. As transformações das coisas invocam as reconstruções dos homens. Só à ciência deve caber inspirar, dirigir e executar essas reconstruções necessárias; e, como a crise é das sociedades, a ciência que irá resolvê-la deve ser a ciência das sociedades: essa é a convicção da qual surge e na qual se apóia a sociologia durkheimiana, filha da mesma fé absoluta na ciência que a política de Platão e do positivismo de Auguste Comte.

Diremos como essa ciência das sociedades é ao mesmo tempo, e em que medida, ciência do homem, e como o conhecimento do homem, na verdade sempre ponto de mira da filosofia, desde suas origens, pretende elevar-se, com as ciências humanas, a um nível de objetividade análogo ao das ciências propriamente ditas. Todavia é à ciência das sociedades, ou sociologia *stricto sensu*, que primeiro será conferida essa objetividade que Durkheim, aliás, e talvez sem verdadeira razão, recusará estender a todos os aspectos do homem, mas reservará a um deles, ao que nos propomos chamar sua dimensão social. Esta é, diga-se, apenas uma parte do humano, mas, aos olhos do nosso autor, é a única, e com exclusão da individual, suscetível de explicação científica.

Daí a prioridade dominante do tema ciência tanto na execução como na intenção primordial. Mas é preciso ainda, para que seja possível tratar a sociedade cientificamente, que esta ofereça à ciência uma verdadeira realidade, um dado que seja o objeto próprio da ciência social. E eis que aparece, em sua igual e solidária importância, o tema do "social", definido, para estabelecer a especificidade desse objeto, pelo primeiro capítulo das *Regras*, ao qual nos referimos acima. Esse "social" é reconhecido por alguns sinais: pela *exterioridade* sob a qual ele aparece e pela *coerção* que ele exerce sobre os indivíduos; porém sua verdadeira essência está além desses sinais, no fato originário, a tal ponto que necessário, do grupamento como tal, e especialmente do grupamento humano.

Com efeito, foi possível descrever sociedades animais, mas sem conseguir encontrar nelas, apesar das analogias incontestáveis, o segredo das sociedades humanas. Portanto, há apenas comparação e não razão a extrair da biologia, que só fornece à sociologia a sua base. Durkheim estava convencido de que não há sociedades propriamente ditas que não as sociedades de homens, o que ao mesmo tempo confirma a especificidade do social em que ele tanto insistia e faz da ciência das sociedades uma ciência essencialmente humana: a sociedade é uma aventura humana. É na ordem do humano, portanto, que se deve apreender o fato fundamental do grupamento. É aí que se apreende o caráter imediatamente unificante, estruturante e significante do fenômeno grupamento, seu caráter primordial, por conseguinte, e que não permite reduzi-lo a nada mais elementar ou originário do que ele mesmo. Mas, se o fato do grupamento não é posterior à existência do indivíduo, também não é, na verdade, anterior, pois nem os indivíduos existiriam sem ele, nem ele sem os indivíduos. Uma sociedade vazia é tão quimérica quanto um indivíduo estritamente solitário e estranho a qualquer sociedade. Os indivíduos devem ser concebidos como os órgãos do organismo. Do mesmo modo, de seu todo eles recebem sua regulação, sua posição, seu ser, enfim, que deve ser qualificado ser-no-grupo. A humanidade do homem só é concebível na agregação humana e, pelo menos num sentido, por ela.

A afirmação da realidade específica do social solidariza, assim, o todo social com suas partes, mas não o hipostasia de maneira nenhuma fora delas, como poderiam levar a crer as qualificações de exterioridade e de coerção em que muitas vezes se pretendeu ver mais do que simples sinais. Sabe-se que Durkheim, na introdução à segunda edição das *Regras* e em muitas outras ocasiões, negou a este respeito ter traído seu projeto de positividade e dado a realidade a uma simples ficção. E, quando o social assumir a configuração da consciência coletiva, ele também não lhe dará outro suporte que não as consciências associadas e as estruturas segundo as quais as consciências se associam.

Não é necessário esperar o célebre artigo sobre as representações individuais e as representações coletivas para perceber que, embora a análise do fato social às vezes force a expressão para destacar a realidade específica do social, ela não exclui todo componente psíquico.

*Da divisão do trabalho social** (*De la division du travail social*, 2.ª ed., p. 110) já reconhece que os fatos sociais são produzidos por uma elaboração *sui generis* de fatos psíquicos que não deixa de ter analogia com a que se produz em cada consciência individual e que "transforma progressivamente os elementos primários (sensações, reflexos, instintos) de que é originalmente constituída". Em outro trecho do mesmo livro (p. 67) e a propósito da consciência coletiva que o crime ofende como um atentado a seu próprio ser e que pede vingança, encontramos a análise psicológica seguinte: "Certamente essa representação (de uma força que sentimos mais ou menos confusamente fora e acima de nós) é ilusória. É em nós e só em nós que estão os sentimentos ofendidos. Mas essa ilusão é necessária. Como, em conseqüência da sua origem coletiva, da sua universalidade, da sua permanência no tempo, da sua intensidade intrínseca, esses sentimentos têm uma força excepcional, *eles se separam radicalmente do resto da nossa consciência* (destaque nosso) cujos estados são muito mais fracos. Eles nos dominam, têm, por assim dizer, algo de sobre-humano e, ao mesmo tempo, nos prendem a objetos que estão fora de nossa vida temporal. Apresentam-se a nós, portanto, como o eco em nós de uma força que nos é estranha e que, ademais, é superior à que somos. Necessitamos, assim, projetá-los fora de nós, referir a algum objeto exterior o que lhes diz

1. Trad. bras., Martins Fontes, São Paulo, 1999.

respeito." A propósito, o autor chega até a falar em alienações parciais da personalidade, em miragem inevitável. Depois disso, a conclusão de sua análise retorna do aspecto psicológico ao aspecto sociológico: "De resto", ele escreve, "o erro é apenas parcial. Uma vez que esses sentimentos são coletivos, não somos nós que eles representam em nós, mas a sociedade." Da consciência coletiva assim constituída ele dirá ainda (*ibid.*, p. 46): "Sem dúvida, ela não tem por substrato um órgão único. Ela é, por definição, difusa em toda a extensão da sociedade, mas tem, ainda assim, características específicas que fazem dela uma realidade distinta. De fato, ela é independente das condições particulares em que os indivíduos se encontram: eles passam, ela permanece... É, pois, bem diferente das consciências particulares, conquanto só seja realizada nos indivíduos. Ela é o tipo psíquico da sociedade, tipo que tem suas propriedades, suas condições de existência, seu modo de desenvolvimento, do mesmo modo que os tipos individuais, embora de outra maneira." Estamos longe, como se vê, da suposta definição do fenômeno social que faria dele uma simples coisa, pois vemos aqui, ao contrário, a definição durkheimiana abrir-se para uma verdadeira psicologia social, que também encontramos enfocada tanto no importante prefácio a uma reedição das *Regras* como no artigo sobre as representações coletivas, citado acima.

Esse é, portanto, o tipo de realidade que se deve atribuir ao que é chamado fato social ou consciência coletiva: fato totalitário de grupo, eco nas consciências, mas que só é ouvido nas consciências agrupadas, imanência sempre do todo a cada uma das partes e que só por projeção assume aspecto de transcendência, e em conseqüência do sentimento mais ou menos consciente que cada parte tem de ser, por sua própria participação em seu todo, arrancada da passividade que só pode se repetir indefinidamente, e chamada, no concerto comum, para um papel próprio e que recebe sentido da unidade superior do conjunto.

Mas, se o social tem de fato essa realidade própria que acabamos de definir e que não lhe pode ser roubada, dissolvendo sua complexa unidade, nem pela biologia nem pela psicologia, se portanto a sociologia não carece de objeto, ela não deve, contudo – se pretende ser ciência –, carecer de objetividade. E eis que volta o tema da ciência que dissemos indissociável do tema da socialidade e que impõe à sociologia, justamente para que ela seja ciência, este preceito: tratar os fenômenos sociais como coisa. Com isso, novamente uma ambigüidade a ser evitada a propósito da palavra coisa. Não se trata de ver no fenômeno social nada mais que um dado material – Durkheim sempre se protegeu de tal materialismo –, mas apenas de considerá-lo como um fato dado, *dado* como uma coisa que encontramos tal como ela é, e não imaginado ou construído segundo o que se acredita que possa ser ou se deseja que seja. Dito isso, ser dado como uma coisa não presume em nada que ele seja apenas uma *coisa* e não exclui de modo algum que seja também ou ao mesmo tempo *idéia*, crença, sentimento, hábito, comportamento, que, tanto quanto a matéria, são realidades existentes e eficazes, portanto objetivamente observáveis.

Ora, é justamente essa observabilidade que desejamos enfatizar quando, a propósito do "social", destacamos a exterioridade que é dada como seu sinal. E é também para não deixar escapar ou comprometer essa possibilidade de observação objetiva que Durkheim propõe abordar o social, pelo menos de início, por seu aspecto mais exterior, símbolo talvez de um foro interior não diretamente acessível, não obstante realidade que não se furta à observação. Essa realidade consiste em um comportamento, ela é coletiva e, portanto, comporta manifestações repetidas e maciças – presas oferecidas então à comparação e à estatística. A mesma realidade é uma instituição, sendo então cristalizada em formas políticas ou em códigos ou rituais, isto é, transformada em coisas facilmente observáveis. Assim procede Durkheim em sua *Da divisão do trabalho social*, quando, por um método exatamente análogo ao que será o da psicologia do comportamento, ele tenta apreender através de suas manifestações observáveis – sanções do direito repressivo ou restitutivo – e através dos comportamentos que ela inspira – comunhão ou cooperação – a solidariedade social e suas diversas formas. Assim ele procede também em outra obra sua, quando quer medir, graças às taxas variáveis do suicídio ou do homicídio reveladas pela estatística, o apego à vida, o respeito da pessoa ou a necessidade de integração que reinam num determinado tempo, numa determinada sociedade ou numa determinada classe.

Esse ponto de partida do método é por demais importante para que não demos a palavra ao próprio autor: "Para submeter à ciência uma ordem de fatos", ele declara, "não basta observá-los com cuidado, descrevê-los, classificá-los; mas, o que é muito mais difícil, é preciso, além disso, segundo as palavras de Descartes, encontrar o meio pelo qual eles são científicos, ou seja, descobrir neles algum elemento objetivo que comporte uma determinação exata e, se possível, a medida. Nós nos esforçamos por satisfazer a essa condição de toda ciência. Ver-se-á, principalmente, como estudamos a solidariedade social através do sistema de regras jurídicas; como, na busca das causas, afastamos tudo o que se presta em demasia aos juízos pessoais e às apreciações subjetivas, a fim de alcançar certos fatos de estrutura social bastante profundos para serem objetos de entendimento e, por conseguinte, de ciência" (*De la division du travail social*, prefácio, p. XLII). E, ainda mais explicitamente, lemos algumas páginas adiante: "A solidariedade social é um fenômeno inteiramente moral que, por si mesmo, não se presta à observação exata nem, sobretudo, à medida. Para proceder tanto a essa classificação quanto a essa comparação, é necessário, portanto, substituir o fato interno que nos escapa por um fato exterior que o simbolize e estudar o primeiro através do segundo. Esse símbolo visível é o direito. De fato, onde existe a solidariedade social, apesar de seu caráter imaterial, ela não permanece no estado de pura potencialidade, mas manifesta sua presença por efeitos sensíveis... Quanto mais os membros de uma sociedade são solidários, mais mantêm relações diversas, seja uns com os outros, seja com o grupo tomado coletivamente; pois, se seus encontros fossem raros, eles só dependeriam uns dos outros de maneira intermitente e fraca. Por outro lado, o número dessas relações é necessariamente proporcional ao das regras jurídicas que as determinam. De fato, a vida social, onde quer que exista de maneira duradoura, tende inevitavelmente a tomar uma forma definida e a se organizar; e o direito nada mais é que essa própria organização no que ela tem de mais estável e de mais preciso. A vida geral da sociedade não pode se estender num ponto sem que a vida jurídica nele se estenda ao mesmo tempo e na mesma proporção. Portanto, podemos estar certos de encontrar refletidas no direito todas as variedades essenciais da solidariedade social" (*De la division du travail social*, pp. 28-9).

Daí, enfim, esta conclusão: "Nosso método já está traçado, pois. Uma vez que o direito reproduz as formas principais da solidariedade social, só nos resta classificar as diferentes espécies de direito para descobrirmos, em seguida, quais são as diferentes espécies de solidariedade social que correspondem a elas. É provável, desde já, que haja uma que simbolize a solidariedade especial cuja causa é a divisão do trabalho. Feito isso, para medir a importância desta última, bastará comparar a quantidade de regras jurídicas que a exprimem com o volume total do direito" (*ibid.*, p. 32).

Vemos que, para atingir a objetividade, trata-se de substituir a idéia que se faz das coisas abstratamente pela realidade que a experiência e a história obrigam a reconhecer nelas. Só assim a sociologia evitará construir-se no ar e seguirá escrupulosamente todas as ligações com o real que lhe são reveladas pelo estudo da física dos costumes: assim, neste curso, os vínculos entre a moral profissional e a evolução econômica, entre a moral cívica e a estrutura do Estado, entre a moral contratual e a estrutura jurídico-social em sua variabilidade. Assim, em outras partes e nos cursos que permanecem inéditos, os vínculos que ligam os sentimentos e os deveres familiares às formas variáveis de família e estas às diversas estruturas de sociedades. Em suma, solidariedade, valor atribuído à pessoa, estado, classes, propriedade, contrato, troca, corporação, família, responsabilidade, etc. – são fenômenos dados, materiais ou espirituais, pouco importa, mas que se oferecem a nós com sua natureza própria, que devemos tomar apenas como ela é, em sua complexidade móvel, muito freqüentemente revestida de uma falsa aparência de simplicidade.

Não menos do que às construções arbitrárias, renunciemos portanto, em face deles, às assimilações demasiado fáceis e tentadoras que acreditam dar conta deles de imediato ou pelo *a priori* ou pelo instinto ou necessidade – constantes supostamente da natureza humana. A referência à natureza que parece nos salvaguardar do arbitrário não basta para nos dar a verdadeira objetividade. Pois, se a natureza forma, a história transforma. A observação só é válida sob o ângulo do relativo e quando recoloca o fato observado em suas condições de existência. Estas, por certo como a natureza, comportam compatibilidades e incompatibilidades de que dependem o equilíbrio e o desempenho da função. Mas esse próprio equilíbrio não é mais que um patamar da transformação, e a adaptação da função não é adquirida de imediato e não é atribuição apenas da explicação horizontal pelo ambiente presente. Seqüências verticais temporais a preparam. A realidade social dada, que é preciso não construir mas observar como coisa, deve portanto ao mesmo tempo ser observada na experiência e na história. Só o funcionamento se observa no puro presente.

Mas funcionamento não é função, nem função é natureza. Esses três elementos são distintos, e os três devem ser observados como dados no tempo e, repitamos, desta vez sem ambigüidade possível, "tratados como coisas".

Assim o quer o tema da ciência que dissemos comandar o método da sociologia. Mas o tema do social que coloca sua existência também tem suas exigências. Resta saber se e como estas podem se ajustar às da ciência.

As exigências da ciência que impedem de transpor os limites da imanência conferem por isso mesmo um privilégio à noção de "normal", distinta da de "patológico" e habilitada, por esta própria distinção, a servir de critério para apreciar a realidade observada. Vê-se até essa noção de fato ou de tipo normal substituir a noção de ideal ou de dever-ser e oferecer-se como apta a reger nossa conduta em vez de se limitar a esclarecer seus meios. Numa tal perspectiva, um fenômeno é apresentado como normal se aparece em primeiro lugar como suficientemente geral numa dada sociedade em que ele constitui um tipo médio, mas sobretudo, e mais profundamente, se oferece uma correlação exata com a estrutura da sociedade no seio da qual ele surgiu. Essa correspondência que fundamenta a normalidade é mais do que a generalidade, que é apenas sinal. Assim definida, essa normalidade constitui a saúde, identificada com o bem da sociedade, e portanto destinada a orientar seu esforço de adaptação. – Dito isso, não podemos deixar de observar que a generalidade pode ser um sinal enganador, se é que é possível que uma conduta de sobrevivência, ou seja, que permanece a mesma a despeito de uma modificação da estrutura à qual normalmente correspondia, possa, durante um certo tempo, conservar sua generalidade. E podemos observar também que a correspondência exata entre uma conduta e a estrutura correlata é coisa bem difícil de apreciar, como se vê, aliás, nos exemplos alegados pelo autor no capítulo sobre a distinção entre o normal e o patológico, dos quais alguns parecem bastante arbitrários. Essa dificuldade é agravada, além do mais, pelo fato de que cada tipo normal só o é para uma sociedade definida, e não para a sociedade humana em geral, e que ele implica, portanto, para ser estabelecido, uma classificação das sociedades cujo esboço proposto nas *Regras* peca por um excesso de sistematização e, por seu caráter ao mesmo tempo mecânico e *a priori*, contraria o ponto de vista relativo sob o qual, no entanto, o princípio de correspondência, cuja aplicação ela deve permitir, a obriga a se colocar.

Quem ousará afirmar enfim que, se a estrutura à qual nos referimos para julgar da normalidade é, como deve ser, a de uma determinada sociedade bem definida, situada e datada, o sistema de crenças e de comportamentos, a mentalidade e as instituições que normalmente nela devem surgir e se impor se encontram por isso mesmo determinados? Ao apelo da estrutura só há, então, uma única resposta possível? Por que a adaptação – pois no fundo trata-se mesmo de uma adaptação – não comportaria modalidades diversas e, talvez, pelo menos em parte, de acordo com os desejos e escolhas mais ou menos conscientes dos agentes humanos, que afinal, coletivamente ou individualmente, sempre a operam? Assim como, se aqui acontece o sítio geográfico impor a cidade ao homem, lá também acontece, ao contrário, o homem impor a cidade ao sítio.

A referência à normalidade única definida como acaba de ser dito nos restringe, não obstante, em Durkheim, aos limites estritos da experiência, excluindo qualquer apelo à transcendência, e o vínculo causal que pretende estabelecer, por assim dizer mecanicamente, a correspondência com cada estrutura social pertence, por conseguinte, ao tema imperativo da ciência que destacamos e parece assim reduzir a sociologia, desenvolvida sob esse sinal, a um puro cientificismo. No entanto, não é nada disso. Além de que Durkheim não tardará em superar essa primeira atitude que assimila a distinção ideal-real à distinção normal-patológico, esta vem acompanhada, desde o tempo de seu mais estrito rigor, da afirmação que desenvolvemos acima e que limita singularmente seu cientificismo: ou seja, a afirmação da especificidade do social com relação tanto ao próprio psíquico como, sobretudo, ao biológico. Basta dizer que, ao contrário do tipo de explicação do mecanicismo e do cientificismo, o tipo aqui proposto exclui a redução a elementos simples e a pretensão de sempre partir do inferior para dar conta do superior. A sociologia, cujo objeto está na natureza e não fora dela, deve ser ciência como a ciência da natureza, mas, diferentemente desta, sem no entanto deixar de ser ciência, não deve permitir que nada escape da qualidade própria do objeto social que é o seu e que é ao mesmo tempo e irredutivelmente objeto humano, pois os fenômenos sociais que ela apreende são fenômenos de sociedades humanas e, segundo nosso autor, é por seu caráter social que o homem se humaniza. E tanto isso é verdade que a sociologia pode, à vontade, partir do homem para encontrar na análise de sua natureza a presença da sociedade, ou da sociedade, cujo estudo a encaminhará necessariamente ao Homem. "O homem-na-sociedade" ou "A sociedade-no-homem": as duas fórmulas são equivalentes e ambas podem servir para definir a sociologia, se é verdade que o homem tem necessariamente uma dimensão social e a sociedade, não menos necessariamente, uma composição humana.

Assim se vê amenizado o rigor cientificista da distinção entre o normal e o patológico que recebia do tema diretor da ciência uma espécie de monopólio para, ao mesmo tempo, definir o conhecimento objetivo e dar à ação seus fins e igualmente seus meios. E a servidão cientificista se tornará menos pesada ainda na medida em que, a seguir, o autor passar a distinguir mais o real do puro e simples normal. A consciência coletiva então cada vez mais considerada, quanto a sua natureza e a sua ação, como uma consciência, soltará suas amarras com relação a estruturas morfológicas das quais nascia: bem estabelecida, ela ganhará altura e um caráter de quase universalidade para assumir a função de transcendência em seu papel cada vez mais de foco de ideal.

Portanto, não há rigor de método que se mantenha: o humano não se deixa absorver nem pelo mecanicismo nem pelo materialismo. Mas o humano só se salva, graças a sua dimensão social e em favor da consciência, à custa do individual. Aqui reaparece a tirania metodológica do tema ciência e surge, sob sua pressão, o monopólio conferido à explicação por causas exclusivamente sociais, simétrico ao monopólio anteriormente ligado à noção de "normal".

Com efeito, é apanágio e, diga-se, também estreiteza da sociologia durkheimiana o fato de, uma vez reconhecida a dimensão social do homem, querer lançar mão apenas dela para definir a humanidade, e pela suposta razão de que só a dimensão social pode ser objetivamente apreendida. Daí se segue que essa especificidade do social afirmada como tema principal ao lado do tema da ciência, e que em certo sentido limita seu privilégio, em outro sentido venha de novo reforçá-lo, uma vez que o arma de um veto com relação a tudo o que seria espontaneidade individual pura cuja essencial subjetividade negaria toda determinação objetiva. Assim o autor acredita que deve sacrificar o individual pelo social para permitir que o social salve o humano diante da ciência.

Sacrifício no entanto que, tal como o de Abraão, não está isento de esforço, hesitação e concessão. Podemos julgá-lo pelo lugar dado e pelo papel atribuído à individualidade, em que se vê – ao lado de uma vontade de restrição, para não dizer de negação, incontestavelmente a mais freqüente e a mais nitidamente afirmada – uma tendência, às vezes e cada vez menos proibitiva. Daí, ao lado de um convite certo para fechar o durkheimismo sobre si mesmo e em sua exclusiva e estrita socialidade, a possibilidade também, sem dúvida, de abri-lo, um pouco contra ele mesmo, por certo, porém mais o prolongando do que o renegando. Vamos tentar examinar esse aspecto mais detidamente.

Em primeiro lugar, não há como querer negar as condenações, que, como é natural num regulamento de método objetivo, portanto rigorosamente científico, são abundantes em *As regras do método sociológico*. Quem acaba de proclamar que "todas as vezes que um fenômeno social é diretamente explicado por um fenômeno psíquico pode-se ter certeza de que a explicação é falsa" vê-se naturalmente levado, mesmo que concorde que não se pode abstrair o homem e suas faculdades, a sustentar, pelo menos, e a sublinhar que "o indivíduo não pode ser mais que a matéria indeterminada que o fator social determina e transforma". E a mesma lógica levará a afirmar que os sentimentos "resultam da organização social e não são, nem de longe, sua base". Para nosso rigoroso sociólogo, até a socialidade será, a partir do mesmo ponto de vista, recusada inicialmente ao instinto do indivíduo para ser colocada, a título de efeito, por conta da influência da vida social.

Não refratária, sem dúvida, mas tampouco espontaneamente predisposta à vida em sociedade, a individualidade humana, portanto, é apenas matéria indeterminada e plástica, que, tal como a matéria aristotélica, não seria capaz de passar ao ato por si mesma, pois sua passividade aparece como desprovida de todo princípio próprio de determinação: e também aqui, correlativamente, como em Aristóteles, não há ciência que não do geral, entenda-se do tipo social, ou, como dissemos acima, que não da dimensão social do indivíduo. Não deve haver, de fato, nenhum equívoco quanto ao sentido da palavra geral. Pois, se tomarmos geral no sentido não mais de genérico, como acabamos de fazer, por analogia com Aristóteles, mas no sentido de "indeterminado", o geral assim entendido servirá, pelo contrário, por sua sinonímia com a indeterminação, para qualificar e relegar a individualidade. As *Regras* esclarecem de fato que, embora as características gerais da natureza humana entrem "no trabalho de elaboração do qual resulta a vida social", sua contribuição "consiste exclusivamente em estados muito gerais, em predisposições vagas e por conseguinte plásticas que, por si mesmas, não poderiam tomar as formas definidas e complexas que caracterizam os fenômenos sociais se outros agentes não interferissem".

Entenda-se que esses outros agentes são os fatores sociais, pois, como nos é repetido, a explicação pelo indivíduo só poderia deixar escapar a especificidade do social. Eis, portanto, o que finalmente somos convidados a pensar das assim-chamadas inclinações psicológicas individuais incessantemente invocadas para explicar tudo: é que, "longe de serem inerentes à natureza humana, ou elas estão totalmente ausentes em certas circunstâncias sociais, ou de uma sociedade para outra apresentam tais variações que o resíduo que se obtém eliminando todas essas diferenças e que só pode ser considerado como sendo de origem psicológica se reduz a algo vago e esquemático que deixa a uma distância infinita os fatos que se trata de explicar".

No entanto, um efeito mais próximo e mais preciso pode ser atribuído, segundo nosso autor, aos fenômenos psíquicos de ordem individual então suscetíveis de produzir conseqüências, quando estão tão intimamente unidos a fenômenos sociais que a ação de uns e outros necessariamente se confunde. Esse é o caso do funcionário cujo prestígio, e também eficácia, é constituído pela força social que ele encarna; é ainda o caso do homem de Estado ou do homem de gênio aos quais só se concede que "extraem dos sentimentos coletivos de que são objeto uma autoridade que é também uma força social e que eles podem colocar, em certa medida, a serviço de idéias pessoais". E, como se essa concessão tão mínima ainda fosse excessiva, Durkheim se apressa em acrescentar de maneira um pouco desconcertante: "Mas esses casos se devem a acidentes individuais e por conseguinte não podem afetar as características constitutivas da espécie social que só é objeto da ciência" (*Les règles de la méthode sociologique*, 2ª ed., p. III, n.1). E, para acabar com qualquer falsa esperança que possa ter suscitado do lado individualista, ele confirma essa observação já tão pouco animadora com esta conclusão, que o é ainda menos: "A restrição ao princípio enunciado acima não é, portanto, de grande importância para o sociólogo." E aí está como, pelo veto da sempre mesma censura metodológica, empenhado contra todo retorno de chama subjetiva, é reprimida toda veleidade de amenizar o rigor do monopólio atribuído à explicação puramente social.

Dessa explicação, o indivíduo não pode romper a trama para nela inserir, mesmo que a título de aparte, sua própria causalidade. Sua razão, sem dúvida, não será dispensada. Mas só poderá trazer sua adesão esclarecida, nunca sua eficácia criadora, ao esquema explicativo reconstituído com a ajuda de fatores sociais e de exigências de estrutura. Esse é o papel limitado de nossa autonomia que será definido, na mesma linha estritamente rigorosa, por *Educação moral*: registro lúcido e deliberado, mas não legislação: "Está fora de questão considerar a razão humana como a legislação do universo físico. Não é de nós que ele recebeu suas leis... não fomos nós que fizemos o plano da natureza: nós o descobrimos pela ciência; nós o repensamos e compreendemos por que ele é o que é. Então, na medida em que nos asseguramos de que ele é o que deve ser, ou seja, tal como o implica a natureza das coisas, podemos submeter-nos a ele não simplesmente porque somos materialmente coagidos a isso, mas porque julgamos que é bom." E, dessa analogia com a livre, porque racional, adesão estóica à ordem cósmica, nosso autor conclui: "Na ordem moral, há lugar para a mesma autonomia e para nenhuma outra" (*Éducation morale*, pp. 130-2). Mas é preciso ir até o fim da análise durkheimiana da autonomia da razão tal como ele a define para compreender que ela não confere ao indivíduo como tal nenhum papel específico. É o que resultará de muitas declarações fáceis de coletar na célebre comunicação sobre a determinação do fato moral (reproduzida em *Sociologie et philosophie*, pp.

95 ss.): "No reino moral assim como nos outros reinos da natureza", lê-se, "a razão do indivíduo não tem privilégio enquanto razão do indivíduo. A única razão pela qual vocês poderão reivindicar legitimamente, aqui como alhures, o direito de intervir e de se elevar acima da realidade moral histórica a fim de a reformar, não é minha razão nem a sua, é a razão impessoal que só se realiza verdadeiramente na ciência... Essa intervenção da ciência tem como efeito substituir o ideal coletivo de hoje não por um ideal individual, mas por um ideal igualmente coletivo e que expressa não uma personalidade particular, mas a coletividade mais bem compreendida."

A tomada de posição, como se vê, não poderia ser mais nítida e categórica. E, para que não haja perigo de engano, o autor acrescenta ainda, levando-se de fato ao extremo: "Alguém dirá que, essa consciência mais elevada de si mesma, a sociedade só atinge de fato em um espírito individual e por ele? De modo nenhum, pois essa consciência mais elevada de si a sociedade só alcança pela ciência; e a ciência não é coisa de um indivíduo, é uma coisa social, primordialmente impessoal." E finalmente: "Se se entende que a razão possui em si mesma, em estado imanente, um ideal moral que seria o verdadeiro ideal moral e que ela poderia e deveria opor a quem persegue a sociedade em cada momento da história, digo que esse apriorismo é uma afirmação arbitrária que todos os fatos contradizem."

Uma tal condenação, que dissemos e que é de fato tão nítida e categórica, de toda iniciativa verdadeiramente individual e uma tal limitação, muito mais estóica do que kantiana, da autonomia da razão, uma vez reconhecida e admitida em seu papel, são no entanto, em sua nitidez, isentas de ambigüidade, e de grave ambigüidade? Não se pode pensar nisso. Há em primeiro lugar essa assimilação, sem dúvida mais aparente do que verdadeira, entre o que é chamado aqui "a razão humana impessoal que só se realiza verdadeiramente na ciência" e a ciência "coisa não de um indivíduo mas coisa social, primordialmente impessoal", assimilação que pretende nos fazer entender evidentemente que a ciência e a razão de que ela é obra só são impessoais, e por conseguinte objetivas, porque são coletivas, porque são coisas sociais. Essertier, em seu livro *Les formes inférieures de l'explication* [As formas inferiores da explicação], já havia justamente denunciado essa confusão do coletivo e do impessoal em matéria de ciência e em matéria de razão. "O pensamento impessoal", escrevia ele, "é ora o pensamento que não é o de nenhum indivíduo em particular e ora o pensamento objetivo e verdadeiro que se opõe ao pensamento subjetivo. Daí uma tríplice equação que pode conter todo o sistema: o pensamento impessoal é o pensamento verdadeiro, mas é também o pensamento coletivo. O pensamento coletivo portanto criou o pensamento verdadeiro. De fato, o que vem a se expressar na impersonalidade do pensamento verdadeiro é a personalidade inteira. Ele não representa nada menos do que a vitória do indivíduo sobre sua própria subjetividade. Ora, esta compõe-se precisamente, antes de tudo, de representações coletivas. Em resumo, a impersonalidade implicada na verdade supõe por parte daquele que a descobriu ou que a enuncia com todo conhecimento de causa o mais alto desenvolvimento da personalidade e a mais completa libertação com respeito às maneiras coletivas de pensar... para dar lugar ao objeto, ou seja, ao impessoal."

Crítica justa. Pois, se a impersonalidade, que é de fato marca e critério de objetividade, tem seu papel na ciência, esse papel não é o de descobrir a explicação mas o de sancionar sua exatidão pela adesão coletiva que lhe é atribuída ou não por parte da comunidade científica. A descoberta da explicação pertence, em contrapartida, a este ou aquele cientista – as invenções simultâneas não sendo, afinal, fato corrente. Não se poderia, portanto, sob o pretexto falacioso da sanção coletiva da objetividade, dispensar o cientista da ciência, em benefício da sociedade. Além do mais, se a ciência é coletiva, de fato, e impessoal, é, mais do que pela adesão coletiva que serve como sanção à descoberta individual, pela acumulação das descobertas individuais oferecidas à verificação comum. A ciência por certo não é, Durkheim tem razão de observar, a coisa de um indivíduo. Mas o fato de ela ser a coisa de muitos não implica que seja não individual e, portanto, coisa social a ser oposta ao indivíduo. Enfim, o último argumento segundo o qual reivindicar o papel de uma razão puramente individual na explicação equivaleria a fazer dessa razão uma espécie de mônada que conteria já de início em si mesma a totalidade da explicação ou do ideal propostos vê facilmente voltar-se contra ele a acusação de arbitrário que ele brande. Bachelard mostrou suficientemente que a ciência não se faz inteiramente dentro da razão e que a atividade racionalista só é fecunda quando é corpo-a-corpo e diálogo perpétuo com a experiência. Diálogo instituído por seu iniciador individual que está em expectativa e não em oposição com respeito à coletividade dos que o repetirão para verificá-lo ou retificá-lo. Por que justamente onde a verificação é de regra se oporia o perigo de subjetividade à razão individual e se privilegiaria a razão coletiva, supostamente a única científica, como se essa própria razão coletiva estivesse totalmente ao abrigo das perversões subjetivas, e como se a razão individual, quando, como no mais das vezes, é ela que cria ou inventa, fosse por outro lado necessariamente suspeita de arbitrária subjetividade?

O fato é que um rigor tende a acarretar um outro. Assim, o primeiro rigor metodológico reforçado por nosso primeiro tema da ciência parece-nos acarretar, com a condenação do finalismo e do psiquismo, o monopólio do critério da normalidade, que em seguida um segundo rigor, resultante do primeiro, conferiu monopólio à explicação apenas pelas causas sociais, excluindo toda causa individual. E agora um terceiro rigor, por sua vez resultante do segundo, virá lançar, ou pelo menos parecer lançar, sobre a explicação histórica um descrédito análogo ao que atingiu a explicação individual. Há aqui um deslocamento tanto mais curioso de ser observado porque, por um lado, não é irreversível e, por outro lado, mostra o perigo de um excesso de lógica. É o que evidencia a análise desse meio interno que permanece o único terreno em que a explicação por fatos sociais pode ser buscada, uma vez descartado o fator individual, como vemos que acaba de ser.

Tal como é definido, de fato, esse meio interno apenas deverá incluir, com exclusão de todo fator individual, fatores morfológicos de estrutura, atinentes à maneira pela qual estão amarradas ao solo ou agrupadas entre elas as partes constituintes da sociedade. Enfim, o que entra em jogo, aqui, para explicar os processos sociais são, para a sociedade considerada, suas condições *presentes* de existência e suas forças motrizes *atualmente* em ação, ou seja, segundo nosso autor, o volume e a densidade demográficos, ao que se deve acrescentar, sempre a cada momento, a influência das sociedades vizinhas. Essas causalidades, além do mais, devem ser observadas em mais de um nível, pois não há apenas um meio social a ser considerado, mas todos aqueles, familiar e outros, que existem no interior da sociedade em questão.

Essa concepção do meio social como fator determinante da evolução coletiva é, declara nosso autor, da mais alta importância. Pois, se a rejeitarmos, a sociologia estará impossibilitada de estabelecer qualquer relação de causalidade. Com efeito, "descartada essa ordem de coisas, não há condições concomitantes de que possam depender os fenômenos sociais". E vemos como a ênfase assim colocada na concomitância, à qual a causalidade está ligada, apenas exclui a sucessão, portanto a explicação histórica, como o monopólio do que Durkheim chama os *circumfusa* leva, pelo menos nas *Regras*, à desqualificação dos *praeterita*. Mas por que essa condenação, a qual o autor, em suas próprias pesquisas, será o primeiro a não levar em conta? Falamos de um excesso de lógica que encadeia um rigor a outro. Deve-se acrescentar uma espécie de terror da filosofia da história o qual, porque ele viu uma tal filosofia perder Auguste Comte, leva-o a banir, ao mesmo tempo que ela, a história propriamente dita. Seria preciso ignorar toda a obra de Durkheim para levar ao pé da letra essa declaração (*Les règles de la méthode sociologique*, 2ª ed., pp. 116-7) que expressa o que acabamos de comentar: "Compreende-se que os progressos realizados numa determinada época tornem possíveis novos progressos. Mas em que eles os predeterminam? Seria preciso então admitir uma tendência interna que impele incessantemente a humanidade a ultrapassar os resultados adquiridos... e o objeto da sociologia seria descobrir a ordem segundo a qual se desenvolveu essa tendência. Mas, sem voltar às dificuldades que uma tal hipótese implica, em todo caso a lei que exprime esse desenvolvimento não poderia ter nada de causal." Que seu alvo sejam a pseudolei da Evolução de Spencer ou a lei dos três estados de Comte, vá lá. Mas por que derivação, depois de ter exorcizado, nas linhas que se seguem, a "faculdade motora que imaginamos sob o movimento", pode Durkheim enunciar sem reservas o princípio de que "o estado antecedente não produz o conseqüente, mas a relação entre ambos é exclusivamente cronológica"? O que pensar, então, entre mil outros exemplos possíveis, da crise econômica de 1929? É de acreditar que abrir os olhos para as condições antecedentes, como se a necessária solidariedade horizontal das condições de existência do momento presente devesse ser desligada da solidariedade vertical que os liga ao equilíbrio precedente, como se a função nada devesse à gênese?

Tomada ao pé da letra, toda a passagem que examinamos levaria a crer que não se podem buscar causas na história sem as admitir todas encadeadas sob o único rigor de uma só lei que determinasse todas elas: "Se", lemos, "as principais causas de acontecimentos sociais estivessem todas – (mas quem diz: todas!) – no passado, cada povo não seria mais do que o prolongamento daquele que o precedeu, e as diferentes sociedades perderiam sua individualidade para tornar-se apenas os diversos momentos de um só e mesmo desenvolvimento." Não é, exatamente ao contrário, da variabilidade histórica das condições de existência que depende justamente a individualidade em questão? Se a história não é tudo, isso não significa que ela não seja nada.

É, aliás, ao próprio Durkheim que pedimos que retifique Durkheim, sobre esse ponto. O que lemos, de fato, nas primeiras linhas da primeira lição do curso inédito aqui publicado? O seguinte: "A física dos costumes e do direito tem como objeto o estudo dos fatos morais e jurídicos. Esses fatos consistem em regras de conduta sancionada. O problema que a ciência se coloca é pesquisar: 1.º Como essas regras se constituíram historicamente, ou seja, quais são as causas que as suscitaram e os fins úteis que elas preenchem. 2.º A maneira pela qual elas funcionam na sociedade, ou seja, pela qual são aplicadas pelos indivíduos. – Mas, embora distintas, as duas espécies de perguntas são intimamente solidárias. As causas de que resulta o estabelecimento da regra e as causas que fazem com que ela reine sobre um número maior ou menor de consciências, sem ser identicamente as mesmas, são no entanto de tal natureza que se controlam e se esclarecem mutuamente."

O que houve para que pareça possível, assim, perguntar ao próprio Durkheim o meio de refutar ou, pelo menos, de retificar Durkheim? Por certo ele foi vítima do rigor intransigente de um raciocínio que se preocupou mais em excluir as doutrinas que ele rejeitava do que em seguir o real que ele queria explicar. Daí o que chamamos acima de uma cadeia de rigores que se engendram e a cujo respeito deve-se acrescentar que ela vem acompanhada por uma série de assimilações e de oposições muito rapidamente polêmicas: oposição entre o objetivo e o subjetivo, que não é mais que uma outra forma da oposição entre o mecanicismo e o finalismo, ou ainda entre o científico e o místico. Daí exclusão do individual como se só pudesse confundir-se sempre com o subjetivo puro, rebelde a qualquer determinação. Daí naturalmente, em seguida, oposição entre um tal individual assim entendido e excluído e o meio social, único privilegiado. – Assimilação, em seguida, de meio a ambiente, depois de ambiente a concomitância e de concomitância a presente, para chegar finalmente, por oposição a esse presente, à eliminação, quase que por preterição, do passado visto sob a forma não de simples sucessão tão naturalmente complementar do concomitante, mas sob a forma de uma totalidade supostamente orientada por uma lei única. E eis como, afinal de contas, o recurso à história, para contribuir para a explicação, vê-se condenado por razões que só são válidas contra a filosofia da história, e, quase ousaríamos dizer, num movimento de humor que exaspera a lógica, mas não é tal que não possa, sem demora, voltar atrás. Ele vem acompanhado, com efeito, por esta declaração de espírito contrário: "A causa determinante de um fato social deve ser buscada entre os fatos sociais *antecedentes* (destaque nosso), e não entre os estados da consciência individual" (*Les règles de la méthode sociologique*, 2.ª ed., p. 109).

Sob a reserva desse princípio, que restabelece o necessário equilíbrio entre a explicação pelo meio e a função e a explicação pela história, nada impede que se admita, no entanto com um subentendido de finalidade que nosso autor recusaria, mas que aqui parece indispensável, este preceito de método propriamente sociológico: "A conveniência e a desconveniência das instituições só podem ser estabelecidas com relação a um meio dado", e, como os meios são diversos, "há uma diversidade de tipos qualitativamente distintos uns dos outros que são todos igualmente baseados na natureza dos meios sociais" (*Les règles de la méthode sociologique*, 2ª ed., pp. 118-9).

Não dissimulemos, no entanto, que Durkheim foi censurado por logo ter abandonado a análise metódica dos diversos tipos de meios e de costumes, por conseguinte da constituição de uma tipologia propriamente experimental dos grupos e da correspondência entre suas instituições e suas estruturas particulares, para se tornar, de certo modo, o metafísico da sociologia. Teria passado – sinal inequívoco – do plural *das* sociedades e *das* representações coletivas ao singular da Sociedade e da consciência coletiva. Decerto não há dúvida, como já escrevi em outra parte e como terei ocasião de repetir um pouco adiante, de que a consciência coletiva viu-se pouco a pouco aureolada e como que personificada, de que ela se alçou, por assim dizer, para assumir o papel cada vez mais nítido de verdadeiro foco de ideal. Também não há dúvida de que Durkheim viu na sociologia mais do que uma ciência das sociedades, que ele pensou que a sociologia se perfazia como filosofia, no entanto como filosofia positivamente fundamentada. Mas, se por um lado ele esperou demais da consciência coletiva, se magnificou demais e até divinizou a sociedade, por outro lado essas ambições, talvez essas ilusões, que o aparentavam ao Comte doutrinário que às vezes lhe escondeu muito e o fez deixar de lado o outro, nunca o levaram a subestimar ou abandonar o estudo minucioso das sociedades e das instituições na pluralidade variável de suas formas e nas diversas modalidades de seu ser, de sua função e de seu funcionamento. Durkheim nunca deixou de proclamar que a Moral que ele pretendia estabelecer solidamente exigia múltiplas pesquisas prévias sobre os diversos grupos e sobre a vida e o papel dos grupos de todo tipo que podem existir no seio das sociedades e condicionar a eles a mentalidade e a moralidade dos indivíduos.

É justamente essa diversidade dada pela natureza e desenvolvida pela história que as presentes lições de física dos costumes irão levar em conta para a partir delas determinar as condutas morais em função dos tipos múltiplos de sociedades ou de instituições a que elas correspondem.

Quanto ao curso sobre a moralidade profissional, constataremos que ele é tão interessante do ponto de vista do método quanto do ponto de vista da doutrina.

Do ponto de vista do método, vemos a análise da função do grupamento profissional sem excluir, mas pelo contrário invocando, ao lado do estudo do meio considerado com suas condições presentes de existência (*circumfusa*), o estudo da gênese indagada à história (*praeterita*) e à etnografia. Vemos a estatística revelar seu funcionamento. Sentimos finalmente, e talvez sobretudo, a preocupação do autor em extrair da experiência e da história lições para a organização do presente. A moral profissional achase assim ligada à própria natureza do grupamento social – a corporação – em cujo seio ela regula o comportamento dos indivíduos.

O problema, portanto, é procurar saber o que devem ser as corporações para que estejam em harmonia com as condições atuais da existência. "Está claro", responde nosso autor, "que não poderia tratar-se de restaurá-las tais como eram antigamente. Se elas morreram, é porque já não podiam viver tais como eram. Mas que formas foram convocadas a tomar? O problema não é fácil. Para resolvê-lo de maneira um pouco metódica e objetiva seria preciso determinar de que maneira o regime corporativo evoluiu no passado, quais as condições que determinaram essa evolução. Poderíamos então prever com alguma certeza o que ele deverá se tornar, dadas as condições atuais em que se encontram nossas sociedades."

Há então que distinguir nas instituições – corporações ou outras – constantes e variáveis, as primeiras correspondendo a seu papel permanente, para aquelas instituições que aparecem como constitutivas de toda estrutura social, as segundas às formas de adaptação impostas pela mudança de tempo e meio. É útil lembrar, com vistas a uma apreciação justa, que tudo o que Durkheim escreveu sobre o assunto é muito anterior às diversas experiências contemporâneas de corporativismo e de neocorporativismo. Essas experiências, aliás, por mais aberrantes que possam ter sido em seu desejo de açambarcar, e com isso subordinar e deformar o corporativismo, não provaram de modo algum que o papel próprio dele pudesse desaparecer. A existência de grupamentos mais restritos e especializados sempre parece normal e necessária a toda sociedade política para administrar interesses e impor regras profissionais e morais às quais o poder central só pode presidir de uma posição muito de cima ou sem toda a competência necessária. Não é significativo, a esse respeito, ver o direito público se fragmentar sob tantas formas e delegar uma parte de seu poder, mesmo que conservando seu arbítrio soberano?

Se do ponto de vista do método passamos, como acabamos de fazer gradualmente, ao da doutrina, o curso em questão nos faz, em linhas gerais, perceber isto. Seu interesse volta-se para a vida econômica por uma dupla razão: percebe-se em toda parte o perfil dessa divisão do trabalho em que o autor vê, muito mais do que um fenômeno econômico, um fenômeno propriamente social, resultado necessário de causas sociais (variações do volume e da densidade dos grupamentos). Constata-se, por outro lado, que o progresso da divisão do trabalho, embora contínuo, não se fez acompanhar da correlação normal de integração e de regulamentação. O grupamento profissional aparece assim como um fermento indispensável de solidariedade mas que não conseguiu se realizar tanto quanto lhe seria necessário para desempenhar o papel que lhe é próprio. E assim finalmente chega-se a um dos temas filosóficos principais do autor: a necessidade para o indivíduo, que só é o que é na e pela sociedade, de não ser privado, se quiser escapar à ruinosa anarquia, de nenhuma das inserções, dos apoios que lhe podem ser oferecidos pelos diversos grupos ou subgrupos sociais. Chegando a esse tema maior, encontramos ao mesmo tempo a idéia-mestra do livro sobre o suicídio e das lições sobre o respeito à pessoa. Organizem, organizem e, organizando, vocês moralizarão. Assim Durkheim vai ao encontro, embora várias vezes o tenha criticado duramente, do Auguste Comte ao qual de início o vinculamos. Mas para Durkheim o desenvolvimento dos organismos profissionais comportava também aplicações políticas diretas na área ao mesmo tempo nacional e internacional. Estas davam ensejo a antecipações singulares por parte dele e sem dúvida também a certas ilusões. Mas, repitamos, este curso não seria hoje o que foi há meio século. Portanto, se é legítimo reter as primeiras, seria menos justo censurar-lhe as segundas.

De qualquer modo, como a segunda edição de *De la division du travail social* contém a importante introdução que sabemos dedicada exatamente aos grupamentos profissionais, é às outras lições reunidas neste volume que se voltará o maior interesse. Sem ter a inútil pretensão de resumi-las, e assim dar a impressão de querer dispensar sua leitura, vamos enfatizar a importância daquelas, aliás as mais numerosas, consagradas à moral cívica, e, com vistas a estabelecer esta última, à análise da natureza da sociedade política e do Estado. Com elas, tocamos na parte mais sugestiva e mais inesperada do livro. Não é de surpreender que nela se veja o Estado vinculado de início, e como que provisoriamente, à noção de poder constituído e de ordenação jurídica do grupo. Mas, como ele é o órgão eminente da sociedade política, é esta que se trata de definir em primeiro lugar. O autor, naturalmente, não a definirá a partir da sociedade doméstica, da família, em que ele se recusa a ver sua origem. Tampouco em função de sua fixação ao solo, pois há sociedades nômades, ou mesmo pela importância numérica, contudo a ser considerada, de sua população. Mas pelo fato de a sociedade política integrar nela grupos secundários de natureza diferente, grupos que lhe são mais úteis do que prejudiciais, se é verdade que a constituem, e sem que ela mesma possa se tornar, por sua vez, grupo secundário. É apenas no seio do federalismo que as sociedades políticas podem apresentar, juntamente com seu aspecto primário fundamental, um aspecto secundário que reflete a parte federada delas, ou seja, despojada de soberania. Fora isso, se bem entendo, a sociedade é chamada política quando se apresenta – empregando uma linguagem não-durkheimiana – sob a figura de um englobante soberano. Sem dúvida, evocar-se-á contra essa definição, que bem reflete o pensamento do autor mas ao mesmo tempo revelaria sua contradição, a tal sociedade segmentária simples que o perigoso capítulo das *Regras* que já mencionamos pretende dar como fonte de toda composição política e base de classificação das diversas espécies de sociedades. Mas é justo lembrar que a coisa é apresentada sobretudo como hipótese; o que convida, ao que parece, a ver nessa suposta sociedade política simples uma espécie de limite, no sentido, por exemplo, em que Bergson apresenta sua "percepção pura" como um limite jamais atingido em que se encontrariam consciência e materialidade. Também aqui partiríamos, para definir a essência da sociedade política, do englobante, que seria como que o diferencial do sinecismo político. Essa comparação deve no entanto ser acompanhada da ressalva de que não há surgimento sucessivo, mas sim simultâneo, das partes não-políticas englobadas e do englobante político.

É de um tal grupo complexo que o Estado, portanto, é órgão, porém ele mesmo provido de órgãos secundários de execução, e de tal modo que não se deve ver nele, como poderíamos ser tentados a acreditar, em primeiro lugar e essencialmente o executivo. Na verdade, ele não é isso, e nem mesmo órgão no sentido estritamente jurídico, e sim, antes, representante *brain-trust* coletivo, diríamos hoje, cuja função própria, com psicologia e autonomia agregadas, consiste, segundo a formulação de nosso autor, "em elaborar certas representações que valem para a coletividade", e também, é claro, em gerir, em nome e em lugar desta, seus interesses comuns. O Estado seria então diretamente deliberativo, e apenas indiretamente, e por procuração dada à sua administração, executivo. Seguir-se-á uma espécie de dirigismo universal do pensamento e do comportamento em que aqueles, muito pouco numerosos, que compusessem a pequena coletividade *sui generis* – pois ela o é – denominada Estado, pensariam e quereriam por todos? Não, se é verdade, como pensa o autor, que os direitos inatos do indivíduo que seríamos tentados a opor a esse pequeno Leviatã não são inatos, mas, pelo contrário, conferidos ao dito indivíduo pelo dito Estado, na exata medida em que o progresso natural da vida social, que vai da heteronomia à autonomia, desenha mais nitidamente, sobre o fundo social, o perfil distinto do indivíduo. Este extrai então de seu hábito de obedecer a aptidão para comandar e para se fazer reconhecer como indivíduo e soberano e para se tornar o modelador dessa sociedade que primeiro o modelou.

Não creiamos, no entanto, que Durkheim nos seguiria até o ponto de autonomia individual a que gostaríamos de levá-lo. Neste curso leremos uma declaração muito clara que bastaria para contê-lo: "Ao mesmo tempo que a sociedade alimenta e enriquece a natureza individual, ela tende inevitavelmente a subjugá-la. Justamente porque o grupo é uma força moral tão superior à das partes, o primeiro tende necessariamente a subjugar as segundas." Acrescentemos desde já que ele nos diz, felizmente, quase ao mesmo tempo: quando a sociedade se amplia, sua pressão se afrouxa. Nesse momento, a sociedade política torna-se tutelar porque sua pressão se exerce menos diretamente sobre os indivíduos do que sobre os grupos secundários que ela precisa equilibrar, por um lado, e contra os quais, por outro lado, ela tem o dever e o interesse de defender os indivíduos. Se estes, ameaçados pela pressão mais próxima e portanto mais intensa dos pequenos grupos, fossem dominados por eles, esses grupos, confiantes nesse domínio, poderiam voltar perigosamente contra o poder político do "Estado-englobante" seu feudalismo exasperado. Assim, os vassalos tornando-se os senhores, a sociedade política destruiria a si mesma. A mobilidade e a liberdade do indivíduo são fruto de seu instinto de conservação. Há nesse ponto como que um mecanismo de contrapeso que lembra o Montesquieu ao qual sabemos que Durkheim dedicou sua tese latina.

Significa que não estamos diante de uma mística do Estado e que, se este, conforme prevê o autor, é levado a sempre estender suas atribuições, é porque a vida social não pode se complicar e se diversificar sem desenvolver sua regulamentação, mas uma regulamentação que, pelas mesmas razões que acabamos de analisar a propósito das relações do Estado com seus subgrupos, protege o indivíduo muito mais do que o entrava. Nosso autor o repete em muitas oportunidades: o que está na base do direito individual não é a noção de indivíduo como ele é, mas a maneira pela qual a sociedade o concebe, a apreciação que faz dele; e, julgando essa apreciação cada vez mais elevada, ele está tão longe de ver no Estado uma ameaça para o indivíduo que, ao contrário, lhe atribui o papel de "chamar o indivíduo cada vez mais para a existência moral", e destaca, em meio a crenças religiosas ou morais que lhe parecem enfraquecer-se, o culto crescente, ao contrário, da pessoa humana.

Essa elevação da pessoa, emergindo da indivisão das comunidades primitivas para se fazer reconhecer e honrar cada vez mais, é igualmente a idéia-mestra que constitui o eixo das lições dedicadas à propriedade e ao contrato. Agora é fácil fazer delas uma rápida idéia. Em primeiro lugar, como nasce a propriedade. A religiosidade, difusa nas coisas e que originariamente as subtraía a qualquer apropriação profana, foi transferida, por meio de ritos determinados, quer ao umbral da casa, quer à periferia do campo, constituindo como que uma muralha de santidade que protegeu o espaço assim limitado contra toda usurpação estranha. Só podiam penetrá-la aqueles que eram habilitados por laços rituais a um contato com as forças invisíveis do solo. Depois, a religiosidade tendo passado das coisas consideradas tabus às pessoas misticamente habilitadas, foram essas próprias pessoas que, por sua vez, viram-se em situação e em monopólio de conferir às coisas que declararam *suas* a religiosidade que fazia delas uma propriedade protegida. Daí a passagem da propriedade coletiva à propriedade individual, que só se encontra de fato assentada a partir do momento em que o indivíduo se torna capaz de impor o prestígio de sua pessoa, apresentando-a como a própria encarnação do grupo, de seus ancestrais, de sua religiosidade, de seu poder. Modelo buscado, na época, do direito privado no direito público, ao passo que hoje o direito público, ao contrário, teria tantos modelos dos quais se servir no direito privado, e o comportamento das nações no das pessoas!

A propósito do contrato, filiações análogas são buscadas para nos fazer perceber através de que avatares e ao preço de que extraordinárias e custosas complicações pode ser obtido um resultado aparentemente tão simples quanto o livre acordo recíproco entre dois indivíduos por simples declaração e aceitação de sua vontade declarada. De início, nem a intenção nem a declaração proclamadas são suficientes: é preciso mobilizar o ritual, revolver, por assim dizer, todo o direito. E não é nem mesmo com pessoas singulares, mas sim com grupos inteiros, que se confronta coletivamente essa operação pré-contratual tão complicada e custosa quanto uma operação de guerra ou quanto um trabalhoso tratado de paz. Para que intervenham apenas indivíduos, e segundo suas próprias necessidades, para que o objeto ou a fé que eles trocam os façam já de início proprietários ou contratados, será preciso toda uma série de simplificações tão lentamente adquiridas quanto as do hábito transformado em instinto e, principalmente, para tirar proveito dessas simplificações, deverá intervir o advento individualista da pessoa, idéia-mestra já encontrada acima e graças à qual, enfim, essa pessoa receberá capacidade, no contrato, de jurar espontaneamente e solidamente sua fé.

O que concluir, enfim, desses rápidos esboços? Sobre qualquer terreno que tenhamos seguido os desenvolvimentos da doutrina durkheimiana, não os vimos convergir para a exaltação da pessoa humana, finalmente objeto de um verdadeiro culto? Em contrapartida, analisando os métodos e os temas dominantes que o orientavam, constatamos que esse método, por certo preocupado em nada deixar escapar da especificidade do "social" nem do "humano" – social e humano sendo, a seus olhos, uma só coisa –, aplicava-se no entanto com o mais constante empenho em evitar qualquer intrusão, seja como agente de iniciativa, seja como fator de explicação, do indivíduo como indivíduo. O perigo de uma entrada do indivíduo no sistema estava em que com ele se introduzisse uma subjetividade imprevisível e caprichosa, de obscuras tendências inconscientes ou místicas, sem falar na invenção pura que rompe a cadeia e desafia a explicação – todas coisas mortais, ao que parecia, para a objetividade que, sem no entanto perder seu objeto, a nova ciência devia ganhar a qualquer preço.

Como então escapar dessa aparente contradição e sair do impasse sem dissolver esse humano tão oportunamente determinável por sua dimensão social, mas, ao mesmo tempo, exorcizando o individual necessariamente sacrificado, acreditava-se, pela ciência? Limitar-se a reter apenas a dimensão social, conforme propunha o método, era suficiente para permitir à doutrina exaltar a pessoa, como acabamos de ver? – Sim, mas sob a única e necessária condição de que essa pessoa não fosse mais que o reflexo da sociedade, seu filho primogênito, por assim dizer, a quem com todas as suas complacências ela cumulou de dons suficientes para lhe permitir irradiar-se e fazer-se respeitar na qualidade de pessoa. Em vista disso foi preciso, como já deixamos pressentir, alçar essa sociedade tutelar muito acima do nível médio do psiquismo, da moralidade e da genialidade da massa dos indivíduos.

Sabemos o que se lê no *Suicídio** (*Le suicide*, pp. 359-60): "É um erro fundamental, portanto, confundir, como tantas vezes se fez, o tipo coletivo de uma sociedade com o tipo médio dos indivíduos que a compõem. O homem médio é de moralidade muito medíocre. Só as máximas mais essenciais da ética estão gravadas nele com alguma força, e mesmo assim estão longe de ter nele a precisão e a au-

* Trad. bras., Martins Fontes, São Paulo, 2000.

toridade que têm no tipo coletivo, ou seja, no conjunto da sociedade. Essa confusão, que justamente Quételet cometeu, torna a gênese da moral um problema incompreensível. Pois, uma vez que o indivíduo em geral é de uma tal mediocridade, como foi possível se constituir uma moral que o superasse a tal ponto, se ela expressa simplesmente a média dos temperamentos individuais? O mais não poderia nascer do menos." Diante dessa média insuficiente, a moral nos é apresentada "como um sistema de estados coletivos". Em *Educação moral* encontramos a mesma nota, porém mais enfática no sentido idealista (*Éducation morale*, p. 140): "A sociedade da qual fizemos o objetivo da conduta moral ultrapassa infinitamente o nível dos interesses individuais. O que devemos estimar nela principalmente não é seu corpo, mas sua alma. E o que chamamos de alma de uma sociedade não é outra coisa senão um conjunto de idéias que o indivíduo isolado nunca poderia conceber, que transbordam sua mentalidade e que só são formadas e vivem pelo concurso de uma pluralidade de indivíduos associados." De uma obra para outra a sociedade ganha títulos de nobreza. Ei-la tal como nos é apresentada pelo célebre comunicado sobre os *juízos de valor*: "A sociedade, ao mesmo tempo que legisladora à qual devemos respeito, é a criadora e o depositário de todos os bens da civilização aos quais estamos apegados com todas as forças de nossa alma." E finalmente o ponto culminante do mesmo texto: "É a sociedade que o impele (o indivíduo) ou o obriga a se alçar acima de si mesmo... Ela não pode se constituir sem criar ideal."

Se do ponto culminante voltamos a descer ao ponto de partida, não podemos deixar de constatar que ele se encontra nesta observação dificilmente contestável: o próprio fato da agregação dos indivíduos em sociedade, com todas as estruturações e, em face delas, todas as interações mentais e comportamentos recíprocos que ele implica necessariamente, faz surgir todo um sistema de representações, de símbolos, de trocas e de obrigações estranho ao isolamento individual. Provida de uma tal riqueza, como a sociedade poderia assumir uma forma menor do que a de uma consciência coletiva em que nosso autor, sempre na mesma desconfiança científica de toda subjetividade individual, situa assim naturalmente a fonte do ideal e o fundamento de toda regulação? O caráter coletivo dessa consciência não a mantém no contexto do objetivo, e seu caráter sintético não lhe assegura, com a especificidade necessária, o poder criador buscado? Se é assim, socializar é humanizar e sem lesar a ciência.

Mas e se nem todo o humano residisse decididamente na consciência coletiva? Mas e se uma parte desse humano surgisse, ao contrário, apenas no âmbito individual, depois do indivíduo, é claro, desenhado sobre fundo social, único no qual talvez, de fato, ele pode nascer, porém no qual nada o impede de adquirir, por sua vez, virtude de síntese, de invenção, de significação e de obrigação? Talvez então um tal indivíduo já não se contentasse, para a pessoa, assim promovida nele, com um gênio delegado e no qual não fosse sua própria imagem que ele pudesse contemplar. Talvez ele julgasse, reflexo transformado em luz, e uma vez amarrado nele o feixe – síntese também – de uma verdadeira consciência individual, que uma tal consciência sua devesse ser chamada fonte, não fonte única, mas uma das duas fontes do devenir humano, e exigiria entrar, a mesmo título que a sociedade, no sistema de explicação sociológica, se é verdade que em face do indivíduo assim apresentado se tenha o direito de dizer que do individual também pode haver ciência.

Ciência compreensiva porque explicativa e não compreensiva por falha da explicativa. A compreensão, com efeito, só poderia ser vitoriosamente oposta à explicação se esta se confundisse pura e simplesmente com a observação. Ora, a explicação, ao contrário, difere da observação pela hipótese que ela lhe propõe e pela significação que, compreensiva por sua vez, ela lhe impõe. E se, ao final da redução inteligível, a causalidade resistir decididamente à identidade, e se um resíduo, diverso irredutível ou devenir irreversível, se depreender, quem pensará que diante desse eventual resíduo uma compreensão, mesmo que "lucidez pática" que se pretendesse substituir à explicação, tenha de fato mais a dizer do que a própria explicação, ou, em todo caso, seja a única que tenha o direito de falar? Ao contrário, é a explicação que, por ter levado a análise quase a seus limites, poderá validamente falar de originalidade individual e, sem medo nem censura, designá-la como causa. Explicação e compreensão não precisam nem ser opostas nem virar as costas uma à outra. Elas são irmãs e necessariamente irmãs amigas.

GEORGES DAVY

PRIMEIRA LIÇÃO
A MORAL PROFISSIONAL

A física dos costumes e do direito tem como objeto o estudo dos fatos morais e jurídicos. Esses fatos consistem em regras de conduta sancionada. O problema que a ciência se coloca é pesquisar:

1.º Como essas regras se constituíram historicamente, ou seja, quais são as causas que as suscitaram e os fins úteis que elas preenchem.

2.º A maneira pela qual elas funcionam na sociedade, ou seja, pela qual são aplicadas pelos indivíduos.

Uma coisa é, com efeito, perguntar-se como se formou nossa noção atual da propriedade e qual a razão, por conseguinte, de que o roubo nas condições estabelecidas pela lei seja um crime; outra coisa é determinar quais são as condições que fazem com que a regra protetora do direito de propriedade seja mais bem observada ou menos, isto é, o que faz com que as sociedades tenham um número maior ou menor de ladrões. Mas, embora distintas, as duas espécies de perguntas não poderiam estar separadas no estudo, pois são intimamente solidárias. As causas de que resultou o estabelecimento da regra e as causas que fazem com que ela reine sobre um número maior ou menor de consciências, sem ser identicamente as mesmas, são no entanto de tal natureza que se controlam e se esclarecem mutuamente. O problema da gênese e o problema do funcionamento competem portanto a uma ordem de pesquisa. Por isso os instrumentos do método empregado pela física dos costumes e do direito são de dois tipos: de um lado, há a história e a etnografia comparadas, que nos fazem assistir à gênese da regra, que nos mostram os elementos que a compõem dissociados e depois se sobrepondo gradualmente uns aos outros; em segundo lugar, há a estatística comparada, que permite medir o grau de autoridade relativa de que essa regra é investida junto às consciências individuais e descobrir as causas em função das quais essa autoridade varia. Sem dúvida, atualmente não temos condições de tratar cada problema moral de um e de outro ponto de vista, pois muitas vezes nos faltam as informações estatísticas. Mas é importante observar que uma ciência completa deve colocar-se as duas questões.

Uma vez assim definido o objeto da pesquisa, as divisões da ciência estavam, por isso mesmo, determinadas. Os fatos morais e jurídicos – diremos simplesmente, de modo abreviado, os fatos morais – consistem em regras de conduta sancionadas. A sanção, portanto, é a característica geral de todos os fatos desse tipo. Nenhum outro fato de ordem humana apresenta essa particularidade. Pois a sanção, tal como a definimos, não é simplesmente toda conseqüência engendrada espontaneamente por um ato realizado pelo homem, como quando se diz, por um emprego abusivo da palavra, que a intemperança tem como sanção a doença, ou a preguiça do candidato o fracasso no exame. A sanção é, de fato, uma conseqüência do ato, porém uma conseqüência que resulta não do ato tomado em si mesmo, mas de ele ser conforme ou não a uma regra de conduta preestabelecida. O roubo é punido, e essa pena é uma sanção. Mas ela não se deve a que o roubo consista em tais ou tais operações materiais; a reação repressiva que sanciona o direito de propriedade deve-se inteiramente ao fato de o roubo, ou seja, o atentado contra a propriedade de outrem, ser proibido. O roubo só é punido porque é proibido. Suponham uma sociedade que tenha da propriedade uma idéia diferente da nossa, e muitos atos que hoje são considerados roubos e punidos como tais perderão esse caráter e deixarão de ser reprimidos. A sanção, portanto, não está ligada à natureza intrínseca do ato, uma vez que ela pode desaparecer enquanto o ato permanece o que era. Ela depende inteiramente da relação que esse ato mantém com uma regra que o permite ou o proíbe. E por isso é por ela que se definem todas as regras do direito e da moral.

Sendo assim, a sanção, como elemento essencial de toda e qualquer regra moral, deveria naturalmente constituir o primeiro objeto de nossa pesquisa. Por isso a primeira parte deste curso foi dedicada a uma teoria das sanções. Distinguimos os diferentes tipos de sanções: penais, morais, civis – buscamos saber qual sua origem comum e como, a partir dessa origem, elas foram determinadas a se diferenciar. Esse estudo das sanções foi feito independentemente de qualquer consideração relativa às regras propriamente ditas. Mas, depois de assim isolar sua característica comum, era preciso chegarmos às próprias regras. É isso que constitui a parte essencial e central da ciência.

Passemos às regras, que podem ser de dois tipos. Umas se aplicam a todos os homens, indistintamente. São as regras relativas ao homem em geral, considerado seja em cada um de nós, seja nos outros. Todas as que nos prescrevem a maneira pela qual se deve respeitar ou desenvolver a humanidade, seja em nós, seja em nossos semelhantes, valem igualmente para tudo o que é homem, indistintamente. Essas regras de moral universal se dividem em dois grupos: as que concernem às relações de cada um de nós consigo mesmo, ou seja, as que constituem a moral dita individual, e as que concernem às relações que mantemos com os outros homens, não levando em conta nenhum grupamento particular. Os deveres que umas e outras nos prescrevem atêm-se unicamente à nossa qualidade de homem ou à qualidade de homens daqueles com quem nos relacionamos. Portanto, eles não podem, com relação a uma mesma consciência moral, variar de um sujeito para outro. Estudamos o primeiro desses dois grupos de regras, e o estudo do segundo constituirá a última parte do curso. Aliás, não devemos nos admirar muito de que essas duas partes da moral, que em alguns aspectos são tão intimamente aparentadas, estejam tão separadas em nosso estudo e situadas nas duas extremidades da ciência. Essa classificação tem sua razão. As regras da moral individual têm por função, com efeito, fixar na consciência do indivíduo as bases fundamentais e gerais de toda a moral; é sobre essas bases que repousa todo o resto. Ao contrário, as regras que determinam os deveres que os homens têm uns para com os outros, pelo único fato de serem homens, são a parte culminante da ética. É seu ponto mais elevado. É a sublimação do resto. A ordem da pesquisa, portanto, não é artificial; ela corresponde à ordem das coisas.

Mas entre esses dois pontos extremos intercalam-se deveres de outra natureza. Eles são atinentes não à nossa qualidade geral de homens, mas a qualidades particulares que nem todos os homens apresentam. Já Aristóteles observava que, em certa medida, a moral varia com os agentes que a praticam. A moral do homem, dizia ele, não é a da mulher; a moral do adulto não é a da criança; a do escravo não é a do senhor, etc. A observação é correta, e hoje é de uma generalidade maior do que Aristóteles poderia supor. Na realidade, a maior parte de nossos deveres tem essa característica. Já era o caso quanto aos que tivemos oportunidade de estudar o ano passado, ou seja, quanto àqueles cujo conjunto constitui o direito e a moral domésticos. Aí, de fato, encontramos a diferença dos sexos, a das idades, a que provém do grau de parentesco mais próximo ou menos próximo, e todas essas diferenças afetam as relações morais. O mesmo ocorre quanto aos deveres que teremos ocasião de estudar mais adiante, ou seja, os deveres cívicos ou deveres do homem para com o Estado. Pois, como nem todos os homens dependem do mesmo Estado, eles têm, por isso, deveres diferentes e às vezes opostos. Mesmo sem falar nos antagonismos que se produzem assim, as obrigações cívicas variam conforme os Estados, e nem todos os Estados têm a mesma natureza. Os deveres do cidadão não são os mesmos numa aristocracia e numa democracia, numa democracia e numa monarquia. No entanto, deveres domésticos e deveres cívicos apresentam ainda um alto grau de generalidade. Pois todo o mundo, em princípio, pertence a uma família e funda uma família. Todo o mundo é pai, mãe, tio, etc. E, se todo o mundo não tem a mesma idade no mesmo momento, nem, por conseguinte, os mesmos deveres no seio da família, essas diferenças duram sempre apenas um tempo, e, se esses deveres não são cumpridos ao mesmo tempo por todos, são cumpridos por cada um sucessivamente. Não há dever do qual o homem nunca tenha tido que se ocupar, pelo menos normalmente. As diferenças provenientes do sexo são as únicas duradouras, e elas se reduzem a nuances. Do mesmo modo, se a moral cívica muda conforme os Estados, todo o mundo depende no entanto de um Estado, e, por essa razão, tem deveres que se assemelham, em toda parte, quanto a suas características fundamentais (deveres de fidelidade, de devoção). Não há homem que não seja cidadão. Mas há um tipo de regras cuja diversidade é muito mais acentuada: são aquelas cujo conjunto constitui a moral profissional. Temos deveres como professores, que não são os dos comerciantes; os deveres do industrial são totalmente diferentes daqueles dos soldados, os dos soldados daqueles dos padres, etc. Pode-se dizer, a esse respeito, que há tantas morais quantas profissões diferentes, e, como em princípio cada indivíduo só exerce uma profissão, disso resulta que essas diferentes morais se aplicam a grupos de indivíduos completamente diferentes. Essas diferenças podem chegar ao contraste. Essas morais não são apenas distintas umas das outras, há morais entre as quais existe uma verdadeira oposição. O cientista* tem o dever de desenvolver seu espírito crítico, de não submeter seu conhecimento a nenhuma outra autoridade que não a razão; ele deve esforçar-se por ser um espírito livre. O pa-

---

* No original, *savant*, que tem as conotações de sábio, douto, erudito e que, atualmente, se aplica a todo estudioso de uma ciência. (N. da T.)

dre, o soldado, em certo sentido, têm o dever contrário. A obediência passiva, numa medida a ser determinada, pode ser obrigatória para eles. O médico às vezes tem o dever de mentir ou de não dizer a verdade que ele conhece; o homem das outras profissões tem o dever oposto. Aqui encontramos, portanto, no seio de cada sociedade uma pluralidade de morais que funcionam paralelamente. É dessa parte da ética que nos ocuparemos agora. O lugar que lhe atribuímos, assim, ao longo desse estudo está, aliás, em perfeita conformidade com a característica que acabamos de reconhecer nela. Esse particularismo moral, por assim dizer, que inexiste na moral individual, aparece na moral doméstica, para atingir seu apogeu na moral profissional, declinar com a moral cívica e novamente desaparecer com a moral que regula as relações dos homens como homens. A esse respeito, portanto, a moral profissional está bem dentro da ordem, entre a moral familiar, de que falamos, e a moral cívica, de que falaremos mais tarde. Por isso diremos algumas palavras sobre ela.

Mas só podemos falar nela brevemente, pois é claramente impossível descrever a moral própria de cada profissão – e essa descrição já seria uma enorme empreitada – e explicá-la. Só podemos apresentar algumas considerações sobre as questões mais importantes que podem ser colocadas sobre esse tema. Nós as reduziremos a duas: 1.º Qual é o caráter geral da moral profissional com relação às outras esferas da ética? 2.º Quais são as condições gerais necessárias ao estabelecimento e ao funcionamento normal de toda moral profissional?

A característica distintiva dessa moral, o que a diferencia das outras partes da ética, é a espécie de isenção com que a consciência pública a considera. Não há regras morais cuja violação, pelo menos em geral, seja vista pela opinião com tanta indulgência. As faltas que só concernem ao exercício da profissão são objeto de uma condenação bastante incerta fora do meio propriamente profissional. Elas passam por veniais. Nunca a pena disciplinar pronunciada, por exemplo, contra um funcionário por seus superiores hierárquicos ou pelos tribunais especiais de que depende compromete gravemente a honra do culpado, a menos, é claro, que ela seja ao mesmo tempo uma ofensa contra a moral comum. Um recebedor que comete uma indelicadeza é tratado como todos os autores de indelicadezas; mas um contador que se limita a não observar as regras de uma contabilidade escrupulosa, um funcionário, de maneira geral, que não mostra zelo suficiente no cumprimento de suas funções não age como culpado, ao passo que é tratado como tal no corpo profissional a que pertence. O fato de não honrar sua assinatura é uma vergonha, quase a suprema vergonha, nos meios de industriais e de comerciantes. Fora de lá, ele é julgado com outros olhos. Não recusamos nossa estima a um falido, que é apenas falido. Esse caráter da moral profissional, aliás, é fácil de explicar. Ela não pode interessar vivamente à consciência comum, exatamente porque não é comum a todos os membros da sociedade, porque, em outras palavras, ela está um pouco fora da consciência comum. Exatamente porque regula as funções que não é todo o mundo que cumpre, não é todo o mundo que pode ter o sentimento do que são essas funções, do que elas devem ser, do que devem ser as relações especiais dos indivíduos encarregados delas. Tudo isso escapa mais ou menos à opinião geral, encontra-se pelo menos parcialmente fora de sua esfera imediata de ação. Por isso o sentimento público é apenas debilmente ofendido por esses tipos de faltas. Só o atingem aquelas que, por sua gravidade, são suscetíveis de ter repercussões gerais.

Isso mesmo indica a condição fundamental sem a qual não pode haver moral profissional. Uma moral é sempre obra de um grupo e só poderá funcionar se esse grupo a proteger com sua autoridade. Ela é feita de regras que comandam os indivíduos, que os obrigam a agir de uma determinada maneira, que impõem limites a suas inclinações e os impedem de ir mais longe. Ora, só há uma força moral, e por conseguinte comum, que é superior ao indivíduo e pode legitimamente constituir sua lei, é a força coletiva. Na medida em que o indivíduo é abandonado a si mesmo, na medida em que ele está livre de toda coerção social, ele está livre também de toda coerção moral. A moral profissional não poderia se furtar a essa condição de toda moral. Uma vez, então, que a sociedade em seu conjunto é desinteressada dela, é preciso que haja na sociedade grupos especiais no interior dos quais ela se elabore e os quais velem por que ela seja respeitada. Esses grupos são, e só podem ser, os grupos formados pela reunião dos indivíduos da mesma profissão, ou grupos profissionais. Por isso, ao passo que a moral comum tem como substrato único, como único órgão, a massa da sociedade, os órgãos da moral profissional são múltiplos. São tantos quantas são as profissões; e cada um desses órgãos desfruta, tanto em relação aos outros como em relação ao conjunto da sociedade, de uma autonomia relativa, uma vez que, com respeito às relações para cuja regulamentação ele é proposto, ele é o único competente. E assim aparece, com mais evidência ainda do que no que precede, o caráter particular dessa moral: ela implica uma verdadeira descentralização da vida moral. Enquanto a opinião, que está na base da moral comum, se encontra difusa em toda a sociedade, sem que se possa dizer propriamente que ela reside mais aqui do que ali, a moral de cada profissão está localizada numa região restrita. Formam-se assim focos de vida moral distintos embora solidários, e a diferenciação funcional corresponde a uma espécie de polimorfismo moral.

Dessa proposição decorre imediatamente uma outra, a título de corolário. Uma vez que cada moral profissional é obra do grupo profissional, ela será o que é esse grupo. De maneira geral, todas as coisas sendo iguais, quanto mais fortemente constituído é um grupo, mais numerosas são as regras que lhe são próprias e mais autoridade elas têm sobre as consciências. Pois mais ele é coerente, mais intimamente e freqüentemente os indivíduos estão em contato; ora, quanto mais esses contatos são freqüentes e íntimos, mais se trocam idéias e sentimentos, mais a opinião comum se estende a um maior número de coisas, exatamente porque há um maior número de coisas compartilhadas. Imaginem, ao contrário, uma população dispersa sobre uma ampla superfície, sem que as diferentes frações possam se comunicar facilmente: cada um viverá para seu lado e a opinião pública só se formará para os casos raros que necessitem a trabalhosa reunião dessas partes esparsas. Ao mesmo tempo, quando o grupo é forte, sua autoridade se comunica à disciplina moral que ele institui, e que é por conseguinte respeitada na mesma medida. Ao contrário, uma sociedade inconsistente, a cujo controle é fácil escapar, a qual não se sente sempre presente, só pode conferir aos preceitos que ela edita uma influência muito fraca. Por conseguinte, podemos dizer que a moral profissional será tanto mais desenvolvida e terá um funcionamento tanto mais avançado quanto maior for a consistência e melhor a organização dos próprios grupos profissionais.

Essa condição é suficientemente preenchida por um certo número de profissões. É principalmente o caso das que são mais ou menos diretamente vinculadas ao Estado, ou seja, que têm caráter público: exército, ensino, magistratura, administração, etc. Cada um desses grupos de funções forma um corpo definido, que tem sua unidade, sua regulamentação especial, que órgãos especiais são encarregados de fazer respeitar. Esses órgãos são ora funcionários determinados prepostos ao controle do que fazem seus subordinados (inspetor, diretor, superior hierárquico de todos os tipos), ora verdadeiros tribunais, designados por eleição ou por outros meios, e encarregados de reprimir as violações graves do dever profissional (conselhos superiores da magistratura, da instrução pública, conselhos de disciplina de todos os tipos). Além dessas profissões, há uma que não é pública no mesmo grau que as anteriores e que no entanto apresenta uma organização até certo ponto semelhante: a dos advogados. A ordem, com efeito, para empregar a expressão consagrada, é uma corporação organizada, que tem suas assembléias regulares e à qual é preposto um conselho eleito, encarregado de fazer respeitar as regras tradicionais, comuns ao grupo. Em todos esses casos, a coerência do grupo é evidente, e assegurada por sua própria organização. Assim, por toda parte encontramos uma disciplina que regulamenta todos os detalhes da atividade funcional e que sabe, em caso de necessidade, fazer-se respeitar.

Mas – e esta é a observação mais importante a que deve dar ensejo este estudo da moral profissional – há toda uma categoria de funções que não satisfazem de modo nenhum a essa condição: são as funções econômicas, tanto a indústria como o comércio. Sem dúvida, os indivíduos que se dedicam a uma mesma profissão se relacionam uns com os outros devido justamente a suas ocupações similares. Suas próprias concorrências os põem em contato. Mas essas relações não têm nada de regular; elas dependem do acaso dos encontros e são estritamente individuais. É um determinado industrial que tem contato com outro, não é o corpo de industriais de uma mesma indústria que se reúne em épocas fixas. Mais ainda, acima de todos os membros da profissão não há um corpo que mantenha sua unidade e que seja o depositário das tradições, das práticas comuns e que faça com que sejam observadas, se necessário. Não há órgão desse tipo porque ele só pode ser a expressão da vida comum ao grupo e o grupo não tem vida comum, pelo menos não de uma maneira contínua. Apenas excepcionalmente vemos todo um grupo de trabalhadores desse tipo reunir-se em congresso para tratar de algumas questões de interesse geral. Esses congressos nunca duram muito, não sobrevivem às circunstâncias particulares que os suscitaram, e em seguida a vida coletiva a que deram oportunidade se extingue com eles.

Ora, dessa inorganização das profissões econômicas resulta uma conseqüência da maior importância: em toda essa região da vida social não existe moral profissional. Ou, pelo menos, a que existe é tão rudimentar que podemos, no máximo, ver nela talvez um tipo e uma promessa para o futuro. Como que por força das circunstâncias, há contatos entre os indivíduos, há até algumas idéias comuns que se depreendem, por conseguinte alguns preceitos de conduta, mas muito vagas e com pouca autoridade. Se se tentasse estabelecer numa linguagem um pouco definida as idéias em curso sobre o que devem ser as relações do empregado com seu patrão, do operário com o chefe da empresa, dos industriais concorrentes uns com os outros e com o público, que fórmulas imprecisas e indeterminadas se obteriam! Algumas generalidades pouco compreensíveis sobre a fidelidade e a devoção que o empregado e o operário devem aos que os empregam, sobre a moderação com que o empregador deve usar sua preponderância econômica, uma certa reprovação de toda concorrência muito abertamente desleal, é quase tudo o que contém a consciência moral das diferentes profissões. Prescrições tão vagas, tão distantes dos fatos, não podem ter efeito muito grande sobre a conduta. Aliás, não há nenhum órgão encarregado de fazer com que sejam respeitadas. Elas não têm outras sanções além daquelas de que dispõe a opinião difusa; e, como essa opinião não é cultivada por relações freqüentes entre os indivíduos, como, pela mesma razão, ela não tem condições de exercer um controle suficiente sobre os atos individuais, falta-lhe consistência e autoridade. O resultado disso é que a moral profissional pesa muito pouco nas consciências; ela se reduz a tão pouca coisa que é como se não existisse. Assim, há hoje toda uma esfera da atividade coletiva que está fora da moral, que está quase inteiramente subtraída à ação moderadora do dever.

Esse estado de coisas é normal? Grandes doutrinas o sustentaram. Em primeiro lugar o economicismo, segundo o qual o jogo dos entendimentos econômicos se regula por si mesmo e chega automaticamente ao equilíbrio sem que seja necessário, nem sequer possível, submetêlo a nenhum poder moderador. É isso também, em certo sentido, que está na base da maioria das doutrinas socialistas. O socialismo, com efeito, admite, tal como o economicismo, que a vida econômica é apta a se organizar por si só, a funcionar regularmente e harmoniosamente sem que nenhuma autoridade moral lhe seja preposta; sob a condição, todavia, de que o direito de propriedade seja transformado, de que as coisas deixem de ser monopolizadas pelos indivíduos e pelas famílias para serem entregues nas mãos da sociedade. Feito isso, só restaria ao Estado manter uma estatística exata das riquezas produzidas em cada período e distribuí-las entre os associados segundo uma fórmula estabelecida. Ora, ambas as teorias só fazem erigir em estado de direito um estado de fato que é mórbido. É bem verdade que atualmente a vida econômica tem esse caráter, mas é impossível que o conserve, mesmo que ao preço de uma transformação profunda da organização da propriedade. Não é possível que uma função social exista sem disciplina moral. Pois, caso contrário, só há confronto de apetites individuais, e, como eles são naturalmente infinitos, insaciáveis, se nada os regula, não poderiam regular-se por si mesmos.

E é justamente daí que provém a crise que sofrem as sociedades européias. Há dois séculos, a vida econômica iniciou um desenvolvimento como jamais tivera; de função secundária que era, desprezada, abandonada às classes inferiores, ela passou ao primeiro plano. Cada vez mais vê-se recuarem diante dela as funções militares, administrativas, religiosas. Só as funções científicas têm condições de disputar seu lugar, e ainda assim a ciência só tem prestígio aos olhos das sociedades atuais na medida em que pode servir à prática, ou seja, em grande parte às profissões econômicas. Houve quem falasse, não sem alguma razão, em sociedades que seriam essencialmente industriais. Uma forma de atividade que tende a assumir uma tal posição no conjunto da sociedade não pode ser isentada de toda regulamentação moral especial sem que disso resulte uma verdadeira anarquia. As forças assim liberadas já não sabem qual é seu desenvolvimento normal, pois nada lhes mostra onde devem parar. Elas se chocam então em movimentos discordantes, buscando passar umas por cima das outras, se reduzir, se reprimir mutuamente. Sem dúvida as mais fortes conseguem esmagar as mais fracas, ou pelo menos colocá-las em estado de subordinação. Mas, como essa subordinação é apenas um estado de fato que nenhuma moral consagra, ela só é aceita por coação até o dia de uma desforra sempre esperada. Os tratados de paz que se assinam são sempre provisórios; são tréguas que não pacificam os espíritos. Daí vêm os conflitos, que ressurgem constantemente, entre os diferentes fatores da organização econômica. Propor essa concorrência anárquica como um ideal ao qual devemos nos apegar, que até convém realizar mais completamente do que o é hoje, é confundir a doença com o estado de saúde. E, por outro lado, para sair disso, não basta modificar de uma vez por todas as bases da vida econômica; pois seja qual for a maneira pela qual seja arranjada, seja qual for a nova disposição que lhe seja introduzida, ela não se tornará por isso diferente do que é, não mudará de natureza. E por natureza ela não pode se bastar. A ordem, a paz entre os homens não pode resultar automaticamente de causas inteiramente materiais, de um mecanismo cego, por mais científico que seja. É uma obra moral.

Ainda de outro ponto de vista, esse caráter amoral da vida econômica constitui um perigo público. As funções dessa ordem absorvem hoje as forças da maior parte da nação. É no meio industrial e comercial que se passa a vida de uma infinidade de indivíduos. Daí se segue que, sendo esse meio fracamente marcado pela moralidade, a maior parte de sua existência decorre fora de toda ação moral. Como um tal estado de coisas não seria fonte de desmoralização? Para que o sentimento do dever se fixe firmemente em nós, é preciso que as próprias circunstâncias em que vivemos o mantenham perpetuamente desperto. É preciso que haja à nossa volta um grupo que nos faça lembrá-lo incessantemente, caso nos vejamos tentados, como freqüentemente ocorre, a permanecer surdos a ele. Uma maneira de agir, seja ela qual for, só se consolida pela repetição e pelo costume. Se vivemos uma vida amoral durante uma boa parte do dia, como as molas da moralidade não se afrouxariam em nós? Não somos naturalmente inclinados a nos constranger, a nos coagir; se não formos convidados a todo instante a exercer sobre nós essa coerção sem a qual não há moral, como adquiriremos o hábito dela? Se nas ocupações que preenchem quase todo o nosso tempo não seguirmos outra regra que não a de nosso interesse, como tomaremos gosto pelo desprendimento, pelo esquecimento de si mesmo, pelo sacrifício? Eis como o desenfreamento dos interesses econômicos foi acompanhado por uma decadência da moral pública. É que, enquanto o industrial, o comerciante, o operário, o empregado se desempenha de sua profissão, não há nada acima dele que contenha seu egoísmo, ele não é submetido a nenhuma disciplina moral e, por conseguinte, se dispensa[1] de toda disciplina desse tipo.

É extremamente importante, portanto, que a vida econômica se regule[2], se moralize a fim de que terminem os conflitos que a perturbam e os indivíduos deixem de viver no seio de um vazio moral em que sua própria moralidade individual definhe. Pois é preciso que nessa ordem de funções sociais se constitua uma moral profissional, mais concreta, mais próxima dos fatos, mais ampla do que a que existe hoje. É preciso que haja regras que digam a cada um dos colaboradores seus direitos e seus deveres, e de maneira não apenas geral e vaga, mas precisa e detalhada, visando as principais circunstâncias que se produzem mais comumente. Todas essas relações não podem permanecer nesse estado de equilíbrio perpetuamente instável. Mas uma moral não se improvisa. Ela é obra do próprio grupo ao qual deve aplicar-se. Quando ela falta, é porque esse grupo não tem coesão suficiente, porque não existe suficientemente como grupo, e o estado rudimentar de sua moral não faz senão exprimir esse estado de desagregação. Por conseguinte, o verdadeiro remédio para o mal é dar, na ordem econômica, aos grupos profissionais, uma

1. "se dispense" = leitura provável. (N. ed. fr.)
2. "se règle" = leitura apenas provável. (N. ed. fr.)

consistência que eles não têm. Ao passo que a corporação, hoje, é apenas uma reunião de indivíduos, sem laços duradouros entre eles, é preciso que ela se torne, ou volte a se tornar, um corpo definido e organizado. Mas toda concepção desse tipo esbarra em preconceitos históricos que ainda a tornam muito impopular e que, por conseguinte, devem ser dissipados.

SEGUNDA LIÇÃO

A MORAL PROFISSIONAL (*continuação*)

Não há forma da atividade social que possa prescindir de uma disciplina moral que lhe seja própria. Com efeito, todo grupo social, seja ele extenso ou restrito, é um todo formado de partes; o elemento último cuja repetição constitui esse todo é o indivíduo. Ora, para que um tal grupo possa manter-se, é preciso que cada parte não proceda como se estivesse sozinha, ou seja, como se ela fosse o todo; é preciso, ao contrário, que ela se comporte de maneira que o todo possa subsistir. Mas as condições de subsistência do todo não são as da parte, pela única razão de que são duas espécies de coisas diferentes. Os interesses do indivíduo não são os do grupo ao qual ele pertence, e muitas vezes até há entre os primeiros e os segundos um verdadeiro antagonismo. Esses interesses sociais que o indivíduo deve levar em conta só são percebidos por ele confusamente, e às vezes ele nem os percebe, porque lhe são exteriores, porque são os interesses de alguma coisa que ele não é. O indivíduo não tem a sensação desses interesses sempre presente, como tem a sensação de tudo o que lhe concerne e interessa. É preciso, então, que haja uma organização que o faça lembrá-los, que o obrigue a respeitá-los, e essa organização só pode ser uma disciplina moral. Pois toda disciplina desse tipo é um corpo de regras que prescrevem ao indivíduo o que ele deve fazer para não atentar contra os interesses coletivos, para não desorganizar a sociedade da qual ele faz parte. Se ele se deixasse levar pelo pendor de sua natureza, não haveria razão para que não se desenvolvesse ou, pelo menos, para que não procurasse desenvolver-se sem medida com e contra todos, sem se preocupar com os problemas que pudesse causar à sua volta. É ela que o contém, que marca seus limites, que diz como devem ser suas relações com seus associados, onde começam os abusos ilegítimos e quais são os encargos efetivos que ele deve para a manutenção da comunidade. E, como essa disciplina tem exatamente a função de representar a seus olhos fins que não são os seus, que o ultrapassam, que lhe são exteriores, ela lhe parece, e em certos aspectos realmente é, algo exterior a ele e que o domina. É essa transcendência da moral que as concepções populares exprimem fazendo dos preceitos fundamentais da ética uma lei que emana da divindade. E, quanto mais extenso é um grupo social, mais essa regulamentação é necessária. Pois, quando ele é pequeno, a distância entre o indivíduo e a sociedade é pequena; o todo mal se distingue da parte e, por conseguinte, os interesses do todo são diretamente perceptíveis por cada um, ao mesmo tempo que os vínculos que os ligam aos interesses de cada um. Mas, à medida que a sociedade se amplia, a diferença se torna mais marcada. O indivíduo já não pode abarcar mais que uma pequena porção do horizonte social; se, portanto, as regras não lhe prescrevem o que deve fazer para que sua ação seja conforme aos fins coletivos, é inevitável que ela se torne anti-social.

Por essa razão, é impossível cada atividade profissional não ter sua moral. E, com efeito, vimos que um grande número de profissões satisfaz a esse desiderato. Só as funções da ordem econômica constituem exceção. Não é que, mesmo entre elas, não se encontrem alguns rudimentos de moral profissional; mas são tão pouco desenvolvidos, tão escassamente sancionados, que é como se não existissem. É verdade que essa anarquia moral foi reivindicada como um direito da vida econômica. Alegou-se que, para ser normal, ela não tinha necessidade de ser regulada. Mas de onde lhe viria tal privilégio? Como essa função social poderia se furtar à condição mais fundamental de toda organização social? Sem dúvida, se todo o economismo clássico se equivocou a esse ponto, foi porque estudava as funções econômicas como se tivessem como fim a si mesmas, sem se perguntar a repercussão que poderiam ter sobre toda a ordem social. Desse ponto de vista, a produção parecia ser o fim essencial, único de toda a atividade industrial, e pode parecer, sob certos aspectos, que a produção, para ser intensa, não tem necessidade de ser regulamentada; que, ao contrário, o melhor é deixar as iniciativas individuais, os egoísmos particulares se estimularem e se exasperarem mutuamente em vez de tentar contê-los e moderá-los. Mas a produção não é tudo, e, se a indústria chega ao ponto de só poder ser produtiva sob condição de manter entre os produtores um estado de guerra crônico e uma perpétua insatisfação, o mal que ela faz não tem compensação. Mesmo do ponto de vista puramente utilitário, de que serve acumular riquezas se elas não conseguem aplacar os desejos da maioria, mas, ao contrário, só fazem excitar as impaciências? Depois, é esquecer que as funções econômicas não existem para si mesmas; são apenas um meio em vista de um fim; são um dos órgãos da vida social e a vida social é antes de tudo uma comunidade harmoniosa de esforços, uma comunhão dos espíritos e das vontades com um mesmo fim. A sociedade não tem razão de ser se não traz um pouco de paz aos homens, paz em seus corações e paz em suas trocas mútuas. Se, portanto, a indústria só pode ser produtiva perturbando essa paz e desencadeando a guerra, ela não vale a pena que custa. Acrescente-se a isso que, mesmo em face dos interesses econômicos, a intensidade da produção não é tudo. A regularidade também tem seu preço. O importante não é só que muitas coisas sejam produzidas, mas que elas cheguem regularmente em quantidade suficiente aos trabalhadores; que não se vejam suceder-se períodos de abundância e períodos de miséria. Ora, a ausência de regulamentação não permite essa regularidade.

O economismo freqüentemente vale[1] o desaparecimento das antigas penúrias que, de fato, tornaram-se impossíveis desde que a redução das alfândegas, a facilidade das comunicações permitem a um país pedir aos outros as provisões que venham a lhe faltar. Porém as crises de alimentação de antigamente são substituídas por crises industriais e comerciais que, pelos distúrbios que causam, não são menos monstruosas. E, quanto mais as dimensões das socie-

1. Leitura muito provável. Durkheim falou anteriormente do economismo clássico como bastando a si mesmo e sem nenhuma preocupação que o ultrapassasse. Ao economismo assim concebido ele reconhece o mérito de freqüentemente ter poupado os homens de crises de penúria. A idéia é clara, a não ser a expressão *vaut* (= vale). (N. ed. fr.)

dades se tornam consideráveis, mais os mercados se ampliam, mais a urgência de uma regulamentação que dê fim à instabilidade se torna importante. Pois, pela razão exposta acima, quanto mais o todo supera a parte, mais a sociedade ultrapassa o indivíduo, menos este consegue sentir, por si mesmo, as necessidades sociais, os interesses sociais os quais, no entanto, é indispensável que tenha em conta.

Ora, para que essa moral profissional possa estabelecer-se na ordem econômica, é preciso que o grupo profissional, que inexiste quase completamente nessa região da vida social, se constitua ou se reconstitua. Pois só ele pode elaborar a regulamentação necessária. Mas aqui esbarramos num preconceito histórico. Esse grupo profissional tem um nome na história, é a corporação, e a corporação passa por ser solidária de nosso antigo regime político e, por conseguinte, por não poder sobreviver a ele. Parece que reclamar para a indústria e o comércio uma organização corporativa seja voltar para trás e, em tese geral, essas regressões são justamente consideradas fenômenos mórbidos.

Contudo, há um primeiro fato que deveria resguardar desse raciocínio: é a grande antiguidade das corporações. Se elas datassem unicamente da Idade Média, poder-se-ia acreditar de fato que, nascidas com o sistema político de então, devessem necessariamente desaparecer com ele. Mas na realidade sua origem é bem mais antiga. Desde que há ofícios, desde que a indústria deixa de ser puramente agrícola, isto é, quando surgem cidades, aparece o corpo de ofícios. Em Roma, ele remonta certamente à época pré-histórica. Uma tradição relatada por Plutarco e Plínio atribuía sua instituição ao rei Numa. “O mais admirável das realizações desse rei foi a divisão que ele fez do povo por ofícios. A cidade era composta por duas nações, ou melhor, separada em duas partes... Para fazer desaparecer essa grande e principal causa de divisão, ele distribuiu o povo em diversos corpos. A distribuição foi feita por ofícios. Eram os flautistas, os ourives, os carpinteiros, etc." (Numa, 17). Sem dúvida, trata-se aqui apenas de uma lenda, mas ela é suficiente para provar a grande antiguidade desses colégios de artesãos. Contudo, sob a monarquia e sob a república, eles tiveram uma existência tão obscura que pouco sabemos como era então sua organização. Mas já no tempo de Cícero seu número era considerável. "Todas as classes de trabalhadores parecem possuídas pelo desejo de multiplicar suas associações profissionais. Sob o Império, vemos o reino corporativo assumir uma extensão que talvez nunca tenha sido superada desde então, levando-se em conta as diferenças econômicas" (Waltzing, I, 57). Chegou um momento em que todas as categorias de operários, muito numerosas, pois a divisão do trabalho já avançara muito, pareciam ter se constituído em colégios. O mesmo ocorreu para as pessoas que viviam do comércio. Nesse momento, os colégios mudaram de caráter. No início eram apenas grupos privados que o Estado só regulamentava de longe. Tornaram-se então verdadeiros órgãos da vida pública. Só podiam se constituir com autorização do governo e cumpriam verdadeiras funções oficiais. As corporações da alimentação (açougue, padaria, etc.), por exemplo, eram responsáveis pela alimentação geral. O mesmo acontecia com os outros ofícios, embora em grau menor. Tendo assim um cargo público, os membros dessas corporações desfrutavam, em troca dos serviços que prestavam, certos privilégios que lhes foram concedidos sucessivamente pelos imperadores. Aos poucos, o caráter oficial, pouco importante no início, se impôs e as corporações tornaram-se verdadeiras engrenagens da administração. Mas então, sob tutela, elas foram tão esmagadas por encargos que quiseram voltar a ser independentes. O Estado, que se tornara onipotente, se opôs, tornando hereditárias a profissão e as obrigações de ordem pública que ela implicava. Ninguém podia livrar-se delas, a não ser que indicasse alguém que o substituísse. As corporações, assim, viveram em submissão até o final do Império romano.

Uma vez que o Império desapareceu, só sobreviveram delas traços pouco perceptíveis nas cidades de origem romana da Gália e da Germânia. Além do mais, as guerras civis que desolaram a Gália e, depois, as invasões tinham destruído o comércio e a indústria. Os artesãos, para quem as corporações tinham dado origem a encargos tão pesados e que não eram compensados por lucros suficientes, tinham aproveitado para fugir das cidades e se dispersar pelo campo. Assim, do mesmo modo que mais tarde, no século XVIII, no século I de nossa era a vida corporativa estava quase completamente extinta. Se naquele momento algum teórico tivesse tomado consciência da situação, provavelmente teria concluído que, por si mesmas, elas já não tinham razão de ser, se é que algum dia tinham tido; possivelmente teria tratado toda tentativa de reconstituí-las como uma empreitada retrógrada, destinada ao fracasso, pela razão de que ninguém detém os movimentos históricos. Foi assim que, no final do século passado, os economistas, sob pretexto de que as corporações do antigo regime já não estavam à altura de seu papel, julgaram-se autorizados a ver nelas simples sobrevivências do passado, sem fundamento no presente, e cujos últimos traços era importante suprimir. Todavia, os fatos viriam desmentir fragorosamente um tal raciocínio. Em todas as sociedades européias, as corporações, após um eclipse de um certo tempo, recomeçaram uma nova existência. Tiveram de renascer por volta do século XI e do século XII. "Os séculos XI e XII", diz Levasseur, "parecem ser a época em que os artesãos começam a sentir a necessidade de se unir e formam suas primeiras associações." Já no século XIII, estão novamente florescentes e se desenvolvem até o dia em que se inicia para elas uma nova decadência. Não há nessa antiguidade e nessa persistência a prova de que elas dependem não de alguma particularidade contingente e acidental, própria de um regime político determinado, mas de causas gerais e fundamentais? Se elas foram necessárias desde as origens da *cité* até o apogeu do Império, desde a aurora das sociedades cristãs até a Revolução francesa, é, provavelmente, porque respondem a alguma necessidade duradoura e profunda. E o próprio fato de, após desaparecerem uma primeira vez, elas terem se reconstituído por si mesmas e sob uma nova forma não invalida o argumento que apresenta sua desaparição violenta no final do século passado como prova de que já não estão em harmonia com as novas condições da existência coletiva? A necessidade atualmente sentida por todas as grandes sociedades européias de fazê-las reviver não é, ao contrário, um sintoma de que essa própria supressão radical foi um fenômeno mórbido, e de que a reforma de Turgot chama por uma reforma em sentido contrário ou diferente?

No entanto, há uma razão que geralmente provoca cepticismo quanto aos efeitos que uma tal reorganização poderia ter. Se ela pode servir, é sobretudo por causa de suas conseqüências morais; é que cada corporação deve tornar-se o foco de uma vida moral *sui generis*. Ora, as lembranças que nos deixaram as corporações, a própria impressão que nos causam os rudimentos que delas subsistem hoje, não levam a crer que elas sejam adequadas a esse papel. Achamos que só podem cumprir funções utilitárias, que só podem servir aos interesses materiais da profissão; que as reconstituir seria simplesmente substituir o egoísmo individual pelo egoísmo corporativo. Nós as representamos como nos últimos tempos de sua existência mais recente, ocupadas exclusivamente em conservar ciosamente ou até aumentar os privilégios e seus monopólios. Ora, não parece que preocupações tão estritamente profissionais possam ter uma ação muito favorável sobre a moralidade do corpo ou de seus membros. Mas é preciso evitar estender a todo o regime corporativo o que pode ter sido verdade para algumas corporações num determinado momento de sua história. Tanto esse vício está longe de ser inerente a toda organização corporativa, que as corporações romanas eram completamente isentas dele. Elas perseguiam fins utilitários apenas muito secundariamente. "As corporações de artesãos", diz Waltzing, "estavam longe de ter entre os romanos um caráter profissional tão pronunciado quanto na Idade Média; não se encontram nelas nem regulamento quanto aos métodos, nem aprendizado obrigatório, nem monopólio; seu objetivo também não era reunir os fundos necessários para explorar uma indústria" (I, 194). Sem dúvida, a associação lhes dava mais força para salvaguardar, se necessário e se fosse o caso, seus interesses comuns. Mas era uma das conseqüências úteis que ela produzia, não era sua razão de ser principal. Quais eram então suas funções essenciais? Em primeiro lugar, a corporação era um colégio religioso. Cada uma tinha seu Deus especial, seu culto especial, que, quando ela tinha meios para isso, era celebrado num templo especial. Assim como cada família tinha seu *Lar familiaris*, cada *cité* seu *Genius publicus*, cada colégio tinha seu Deus tutelar, *Genius collegii*. Esse culto profissional não deixava de ter suas festas, e essas festas de ter sacrifícios e banquetes celebrados em comum. Os confrades reuniam-se não apenas para festejar o Deus da corporação, mas também em outras ocasiões. Por exemplo, nas estréias "os ebanistas e os artesãos do marfim romanos reuniam-se em sua *schola*"; recebiam cinco dinares, doces, tâmaras, etc., por conta da caixa". Celebrava-se também a festa doméstica da *Cara cognatio* ou Caresta (cara parentela), e nessa ocasião, como em 1º de janeiro (?) davam-se presentes nas famílias, havia uma distribuição com divisão das despesas no interior dos colégios. Perguntamo-nos se a corporação tinha uma caixa de assistência e se ela prestava auxílio regularmente aos membros que se viam em situação de necessidade. As opiniões quanto a isso se dividem. Mas o que faz a discussão perder parte de seu interesse e importância é o fato de que essas distribuições de dinheiro e de víveres que se faziam por ocasião das festas, os banquetes em comum que (rendiam em comum?), seja como for faziam as vezes de auxílio e podiam passar por uma assistência indireta. De qualquer modo, os infelizes sabiam que podiam contar periodicamente com essa subvenção dissimulada. Como corolário desse caráter religioso, a corporação romana tinha um caráter funerário. Unidos, como os *gentiles*, num mesmo culto durante a vida, seus membros queriam, como eles, dormir juntos seu sono derradeiro. Todas as corporações que eram bastante ricas para isso tinham um *columbarium* coletivo, em que cada um de seus membros tinha o direito de ser enterrado. Quando o colégio não tinha meios para comprar uma propriedade funerária, ele pelo menos garantia a seus membros funerais honrados às expensas da caixa comum. Mas o primeiro caso era o mais geral. Um culto comum, banquetes comuns, festas comuns, um cemitério comum, não são estas as mesmas características que distinguem a organização doméstica entre os romanos? Cada colégio, diz Waltzing, "era uma grande família. A comunidade do ofício, dos interesses, substituía os laços de sangue, e os confrades não tinham, como a família, seu culto comum, suas refeições comuns, sua sepultura comum? Vimos que as festas religiosas ou fúnebres eram as das famílias; como elas, eles celebravam a cara parentela e o culto dos mortos" (I, 322). E em outra parte: "Essas refeições freqüentes contribuíam intensamente para transformar o colégio em uma grande família. Nenhuma expressão indica melhor a natureza das relações que uniam os confrades, e muitos indícios provam que em seu seio reinava uma grande fraternidade. Os membros consideravam-se irmãos e às vezes, entre eles, denominavam-se assim" (330). A expressão mais comum era *sodales*, de sodalício. Mas essa própria palavra exprime um parentesco espiritual que implica íntima fraternidade. O protetor e a protetora do colégio freqüentemente recebiam o título de pai e de mãe. Uma prova da devoção que os confrades tinham pelo colégio são os legados e as doações que lhe faziam. São também os monumentos funerários em que lemos *Pius in collegio*, ele foi piedoso para com seu colégio, como também se dizia e se inscrevia *Pius in suos*. Essa vida familiar era até, segundo Boissier, o objetivo principal de todas as corporações romanas. "Mas nas corporações operárias", diz ele, "as pessoas se associavam sobretudo pelo prazer de viver juntas, para constituir uma intimidade menos restrita do que a da família, menos extensa que a da *cité*, para cercar-se de amigos e, assim, tornar sua vida mais fácil e mais agradável."

Como as sociedades cristãs não se constituem segundo o modelo da *cité*, as corporações da Idade Média não se assemelhavam exatamente às corporações romanas. Mas também constituíam meios morais para seus membros. "A corporação", diz Levasseur, "unia por meio de laços estreitos as pessoas do mesmo ofício. Muitas vezes, ela se estabelecia na paróquia ou numa capela particular, e se colocava sob a invocação de um santo que se tornava patrono de toda a comunidade... Era ali (numa capela) que as pessoas se juntavam, que assistiam em grande cerimônia a missas solenes, depois das quais os membros da confraria iam todos juntos terminar o dia com um alegre banquete. Por esse aspecto, as corporações da Idade Média se pareciam muito com as da época romana" (I, 217-8). – "Para prover a todas as despesas, a corporação precisava de um orçamento. Ela tinha... Uma parte dos fundos era destinada a obras beneficentes... Os cozinheiros (de Paris) consagravam o terço das multas a sustentar os velhos pobres do ofício arruinados por falta de mercadorias ou pela velhice... Muito tempo depois, no século XVIII, encontra-se ainda nas contas dos ourives, no capítulo das esmolas, um empréstimo gratuito de 200 libras feito a um ourives arruinado" (221). Depois, regras muito precisas fixavam para cada ofício os respectivos deveres dos patrões e dos operários, assim como os deveres dos patrões entre si. Uma vez que o operário era contratado, ele não podia romper o contrato arbitrariamente. "Os estatutos proíbem unanimemente que se empregue um criado que não tenha terminado seu tempo e infligem uma alta multa ao patrão que proponha e ao criado que aceite" (237). Mas, por sua vez, o criado não podia ser despedido sem razão. Entre os alfagemes, era preciso que os motivos da dispensa fossem aprovados por dez criados e pelos quatro mestres supervisores do ofício. A regra decidia, para cada ofício, se o trabalho à noite era permitido ou não. Em caso de interdição, era expressamente proibido ao patrão fazer seus criados permanecerem em vigília. Outras prescrições eram destinadas a garantir a probidade profissional. Tomavam-se todos os tipos de precauções para impedir o mercador ou o artesão de enganar o comprador, de dar à mercadoria uma aparência que sua qualidade real não justificasse. "Era proibido aos açougueiros soprar a carne, misturar sebo à gordura, vender carne de cachorro, etc.; aos tecelões, fazer tecido com a lã fornecida pelos usurários, porque essa lã podia ser uma simples garantia depositada como caução de uma dívida. Era proibido aos cuteleiros... fabricar cabos revestidos de seda, de arame ou fios de estanho, pois por dentro eles eram de madeira-branca e podiam, por conseguinte, enganar um comprador ignorante", etc. (p. 243). Sem dúvida, chegou um momento (século XVIII) em que essa regulamentação se tornou mais enredadora do que útil, em que ela passou a ter por objetivo salvaguardar os privilégios dos mestres mais do que velar pela boa fama da profissão e pela honestidade de seus membros. Mas não há instituição que, num dado momento, não degenere, seja por não saber se modificar a tempo para se adaptar a novas condições de existência, seja por se desenvolver num sentido unilateral, exaurindo algumas de suas propriedades, o que a torna inapta para prestar os serviços de que era encarregada. Talvez essa seja uma razão para tentar reformá-la, não para declará-la inútil para sempre e suprimi-la.

A verdade é que os fatos que precedem demonstram claramente que o grupo profissional não é de modo algum incapaz de constituir um meio moral, uma vez que teve esse caráter no passado. Vemos até que é principalmente nisso que consistiu seu papel na maior parte de sua história. Este é, aliás, apenas um caso particular de uma lei mais geral. A partir do momento em que no interior de uma sociedade política há um certo número de indivíduos que têm em comum idéias, interesses, sentimentos, ocupações que o resto da população não compartilha com eles, é inevitável que, na maré dessas semelhanças, eles sejam como que empurrados, como que atraídos uns pelos outros, que se busquem, que entrem em contato, que se associem e que, assim, pouco a pouco se forme um grupo restrito, com fisionomia especial, no interior da sociedade geral. Ora, uma vez formado o grupo, é impossível que dele não se depreenda uma vida moral que lhe seja própria, que tenha a marca das condições especiais que lhe deram origem. Pois é impossível que homens vivam juntos, estejam em freqüente relação, sem que adquiram o sentimento do todo que formam por sua união, sem que se apeguem a esse todo, se preocupem com ele e o levem em conta em sua conduta. Ora, esse apego a algo que ultrapassa o indivíduo, aos interesses do grupo ao qual ele pertence, é a própria fonte de toda atividade moral. Esse sentimento se torna mais preciso e, ao se aplicar às circunstâncias mais correntes e mais importantes da vida comum, traduz-se em fórmulas mais ou menos definidas, e eis um corpo de regras morais em via de se fundar.

Tudo isso se produz necessariamente quando causas anormais não vêm perturbar a marcha natural das coisas. Mas ao mesmo tempo é bom que isso exista, tanto para o indivíduo como para a sociedade. É bom para a sociedade, pois é apenas sob essa condição que a atividade que assim se destacou se socializa, ou seja, se regula. Se ela é completamente abandonada aos indivíduos, só pode ser caótica, se esgotar em conflitos, e a sociedade não pode ser abalada impunemente por tantos conflitos internos, sem sofrer com isso. No entanto, ela está muito longe dos interesses especiais que se trata de regular, dos antagonismos que se trata de apaziguar para poder, por si mesma ou por intermédio dos Poderes públicos, desempenhar esse papel moderador. Por isso, ela própria tem interesse em deixar grupos particulares se constituírem nesse sentido, para desempenharem essa função. Ela até deve, na ocasião, apressar, facilitar sua formação. Igualmente, o indivíduo encontra sérias vantagens em se colocar sob a proteção de uma tutela pacificadora da coletividade. Pois a anarquia é dolorosa para ele. Também ele sofre os conflitos contínuos, os atritos incessantes que se produzem quando as relações interindividuais não são submetidas a nenhuma influência reguladora. Pois não é bom para o homem viver assim em pé de guerra no meio de seus companheiros mais imediatos e estar perpetuamente instalado no meio de inimigos. Essa sensação de hostilidade geral, a tensão que ela necessita para resistir, essa perpétua prevenção de uns contra outros, tudo isso é penoso; pois, se amamos a luta, também amamos as alegrias da paz, e pode-se dizer que estas últimas são tanto mais apreciadas quanto mais intensamente, mais profundamente os homens são socializados, isto é – estas duas palavras são equivalentes –, civilizados. É por isso que, quando os indivíduos que têm interesses comuns se associam, não é apenas para proteger esses interesses, para assegurar seu desenvolvimento contra as associações rivais, é também para se associar, pelo prazer de se unir a muitos, de não mais se sentir perdidos no meio de adversários, pelo prazer de comungar, ou seja, enfim, para poder levar juntos uma mesma vida moral.

A moral doméstica não se formou de maneira diferente. Por causa do prestígio que a família tem a nossos olhos, parece-nos que se ela foi, se ela ainda é um foco de moralidade, uma escola de devoção, de abnegação, de comunhão moral, é em virtude de certas características particulares de que ela teria o privilégio e que não se encontrariam em outra parte. Agrada-nos acreditar que na consangüinidade há uma causa excepcionalmente forte de aproximação moral. Mas vimos no ano passado que a consangüinidade não tinha de modo algum a eficácia que lhe é atribuída. Durante muito tempo, os não-consangüíneos foram muito numerosos nas famílias: o parentesco dito artificial era contraído com extrema facilidade e tinha todos os efeitos do parentesco natural. A família, portanto, não é unicamente, nem essencialmente, um grupo de consangüíneos. É um grupo de indivíduos que acabaram se aproximando no interior da sociedade política por uma comunidade mais particularmente íntima de idéias, de sentimentos e de interesses. A consangüinidade certamente contribuiu para causar essa comunidade, mas foi apenas um dos fatores dos quais esta resultou. A vizinhança material, a comunidade dos interesses econômicos, a comunidade do culto foram elementos não menos importantes. Conhece-se, no entanto, o papel moral que a família desempenhou na história da moral, a poderosa vida moral que se constituiu no interior do grupo assim formado. Por que seria diferente a produzida pelo grupo profissional? Certamente, pode-se prever que ela seria menos intensa em certos aspectos, não porque os elementos que a compõem serão de menor qualidade, mas porque serão menos numerosos. A família é um grupo que abarca a totalidade da existência; nada lhe escapa; tudo repercute nela. É uma miniatura da sociedade política. O grupo profissional, ao contrário, só compreende, diretamente, uma determinada parte da existência, ou seja, o que concerne à profissão. Mesmo assim, não se deve perder de vista o lugar enorme que a profissão ocupa na vida, na medida em que as funções se especializam e que o campo de cada atividade individual se encerra cada vez mais dentro dos limites marcados pela função de que ele é especialmente encarregado.

Esse paralelo entre a família e o grupo profissional se acha particularmente justificado e é confirmado diretamente pelos fatos no caso da corporação romana. Vimos, com efeito, que a corporação era uma grande família, que ela tinha se formado segundo o próprio modelo da sociedade doméstica: banquetes comuns, festas comuns, culto comum, sepultura comum. E aqui, justamente porque podemos observar a corporação no início de sua evolução, é onde mais nitidamente percebemos como ela se constituiu em parte tendo em vista fins morais. Enquanto a indústria era exclusivamente agrícola, ela tinha na família e no grupo territorial formado pelas famílias justapostas na aldeia seu quadro natural. Em princípio, enquanto a troca é pouco desenvolvida, a vida do agricultor não o impele para fora de sua terra. Ele se alimenta do que produz. A família é ao mesmo tempo um grupo profissional. Quando a corporação apareceu? Com os ofícios. Com efeito, os ofícios já não podem ter um caráter tão exclusivamente doméstico. Para viver de um ofício, é preciso ter clientes, é preciso portanto ter em conta o que fazem os artesãos do mesmo ofício, lutar contra eles, entender-se com eles. Estava constituída, assim, uma nova forma de atividade social, que ultrapassava o contexto da família, sem no entanto ter um contexto apropriado. Para que ela não permanecesse assim sem organização, era preciso que a criasse, que um grupo de novo tipo se formasse com esse objetivo. Mas as novas formas sociais que se constituem continuam sendo formas antigas mais ou menos modificadas e parcialmente alteradas. A família foi então o tipo segundo o qual se modelou o novo grupamento que nasceu, mas é claro que ele só pôde imitar, sem as reproduzir exatamente, suas características essenciais. Assim, a corporação nascente foi uma espécie de família. O grupamento representava a família para uma forma da atividade social que escapava cada vez mais à autoridade desta última. Era um desmembramento das atribuições da família.

Ao insistir nesse paralelo, não quero dizer que as corporações do futuro devam ou possam ter[2] esse caráter doméstico. É evidente que, quanto mais se desenvolvem, mais elas devem também desenvolver características originais e se afastar dos grupos antecedentes de que são substitutos parciais. Já o corporativismo da Idade Média lembrava muito mais de longe a organização doméstica; com mais razão ainda isso deve acontecer quanto às corporações que são necessárias hoje.

Mas então coloca-se a questão de saber o que deveriam ser essas corporações. Depois de termos visto por que elas são necessárias, gostaríamos de perceber que forma elas devem assumir para cumprir seu papel nas condições atuais da existência coletiva. Por mais difícil que seja o problema, tentaremos dizer algumas palavras a respeito.

---

2. "puissent avoir" = leitura provável. (N. ed. fr.)

TERCEIRA LIÇÃO

A MORAL PROFISSIONAL (*final*)

Além do preconceito histórico de que falamos a última vez, há uma outra razão que contribuiu para desacreditar o sistema corporativo: é a aversão que inspira, de maneira geral, a idéia de regulamentação econômica. Representamos toda regulamentação desse tipo como uma espécie de polícia mais ou menos enervante ou mais ou menos suportável, que pode obter dos indivíduos certos atos exteriores mas que não diz nada aos espíritos e não tem raiz nas consciências. Vê-se nela uma espécie de vasto regulamento de gabinete, extenso e generalizado, ao qual os indivíduos que lhe são sujeitos podem até se submeter, se preciso, mas sem o querer de fato. Confunde-se assim a disciplina estabelecida por um indivíduo e imposta por ele militarmente a outros indivíduos que não estão efetivamente interessados em querê-la, com uma disciplina coletiva à qual os membros de um grupo estão sujeitos. Esta só se pode manter se baseada num estado de opinião, se fundamentada nos costumes; e são esses costumes que importam. A regulamentação estabelecida só faz, de certo modo, defini-los com maior precisão e sancioná-los. Ela traduz em preceitos idéias e sentimentos comuns, um comum apego a um mesmo objetivo. Portanto, é equivocar-se singularmente sobre sua natureza vê-la apenas de fora, perceber apenas sua letra. Assim considerada, ela pode de fato aparecer como uma espécie de instrução simplesmente constrangedora, que impede os indivíduos de fazer o que querem, e isso num interesse que não é o deles: conseqüentemente, é muito natural que se tente derrubar esse constrangimento ou reduzi-lo ao mínimo. Mas sob a letra há o espírito que a anima; há os laços de todo tipo que ligam o indivíduo ao grupo de que ele faz parte e a tudo o que interessa o grupo; há todos os sentimentos sociais, todas as aspirações coletivas, as tradições a que se têm apego e respeito, que dão um sentido e uma vida à regra, que animam a maneira pela qual ela é aplicada pelos indivíduos. Portanto, é uma concepção singularmente artificial a dos economistas clássicos para quem toda disciplina coletiva é uma espécie de militarização mais ou menos tirânica. Na realidade, quando ela é normal, quando é o que deve ser, é algo completamente diferente. Ela é ao mesmo tempo o resumo e a condição de toda uma vida comum que é tão importante para as pessoas quanto sua vida própria. E, quando desejamos ver as corporações se reorganizarem segundo um modelo que tentaremos determinar logo mais, não é simplesmente para que novos códigos se sobreponham aos que existem; é antes de tudo para que a atividade econômica seja penetrada por outras idéias e outras necessidades que não as idéias e necessidades individuais, é para que ela se socialize. É a fim de que as profissões se tornem meios morais que, envolvendo constantemente os diversos agentes da vida industrial e comercial, mantenham perpetuamente sua moralidade. Quanto às regras, por mais necessárias e inevitáveis que sejam, elas são apenas a expressão exterior desse estado fundamental. Não se trata de coordenar movimentos exteriormente e mecanicamente, mas de comungar espíritos.

Assim, não é por razões econômicas que o regime corporativo me parece indispensável, é por razões morais. Só ele permite moralizar a vida econômica. Pode-se ter uma idéia da situação atual dizendo que a maior parte das funções sociais – pois hoje as funções econômicas são as mais desenvolvidas – está quase isenta de toda influência moral, pelo menos no que elas têm de propriamente específico. Sem dúvida, as regras da moral comum aplicam-se a elas; mas essas regras da moral comum são feitas para a vida comum, não para essa vida especial. Elas determinam aquelas de suas relações que não são particulares à indústria e ao comércio, não as outras. Por que estas últimas não teriam necessidade de sofrer uma influência moral? O que pode se tornar a moralidade pública se a idéia do dever está tão pouco presente em toda essa esfera tão importante da vida social? Há uma moral profissional do padre, do soldado, do magistrado, etc. Por que não haveria uma para o comércio e a indústria? Por que não haveria deveres do empregado para com o empregador, deste para com aquele, dos empresários uns para com os outros, a fim de atenuar a concorrência entre eles e regulá-la, a fim de impedir que ela se transforme, como hoje, numa guerra às vezes não menos cruel do que as guerras propriamente ditas? E todos esses direitos e deveres não podem ser os mesmos em todos os ramos da indústria; é preciso que variem conforme as condições de cada atividade especial. Os deveres da indústria agrícola não são os das indústrias insalubres, os do comércio não são os da indústria propriamente dita, etc. Uma comparação irá esclarecer o estado em que nos encontramos a esse respeito. No corpo, todas as funções da vida visceral estão sob a dependência de uma parte especial do sistema nervoso, que não o cérebro: é o grande simpático e o pneumogástrico. Pois bem, em nossa sociedade, há um cérebro que comanda as funções de relação; mas as funções viscerais, as funções da vida vegetativa ou o que corresponde a ela, não são submetidas a nenhuma ação reguladora. Imagine-se o que seria das funções do coração, dos pulmões, do estômago, etc., se fossem assim isentas de toda disciplina? Um espetáculo análogo nos é oferecido pelos povos em que os órgãos reguladores da vida econômica são inexistentes. Sem dúvida, o cérebro social, ou seja, o Estado, tenta fazer as vezes deles e cumprir suas funções. Mas ele é impróprio para isso e sua intervenção, quando não simplesmente impotente, causa problemas de outra natureza.

Não creio, portanto, que haja reforma mais urgente do que essa. Não quero dizer que ela seja suficiente para tudo, mas é a condição preliminar sem a qual as outras não são possíveis. Suponha que amanhã o regime da propriedade seja milagrosamente transformado; que, segundo a fórmula coletiva, os instrumentos de produção sejam retirados das mãos dos particulares e atribuídos unicamente à coletividade. Todos os problemas em meio aos quais nos debatemos hoje subsistirão integralmente. Haverá sempre um aparelho econômico e agentes diversos que colaborarão para seu funcionamento. Será preciso, então, determinar os direitos e os deveres desses diversos agentes, e isso nas diferentes formas da indústria. Será preciso que se constitua um corpo de regras, que estabeleça a quantidade de trabalho, a remuneração dos diferentes funcionários, seus deveres uns para com os outros e para com a comunidade, etc. Estaremos portanto não menos do que hoje diante de uma tábua rasa. Porque os instrumentos de trabalho terão sido retirados de determinadas mãos para serem colocados em outras, sem que por isso se venha a saber de que maneira esses instrumentos deverão funcionar, o que deverá ser a vida econômica, nem a fazer com que mudem suas condições. O estado de anarquia, portanto, subsistirá; pois, mais uma vez, o que faz esse estado não é determinadas coisas estarem aqui e não ali, mas o fato de a atividade de que essas coisas são o ensejo não ser regulada. E ela não irá se regrar, não irá se moralizar por encanto. Essa regulamentação e essa moralização não podem ser instituídas, nem por um douto em seu gabinete, nem por um homem de Estado; elas só podem ser obra de grupos interessados. Por isso, já que esses grupos não existem atualmente, não há nada mais urgente do que chamálos a existir. Só depois as outras questões poderão ser abordadas eficazmente.

Mas, dito isto, resta pesquisar o que devem ser essas corporações para que estejam em harmonia com as condições atuais de nossa existência coletiva. É claro que está fora de questão restaurá-las tal como eram em outros tempos. Se morreram foi porque, tal como eram, já não podiam viver. Mas então que forma deverão assumir? O problema não é fácil. Para resolvê-lo de maneira um pouco metódica e objetiva seria preciso antes determinar de que maneira o regime corporativo evoluiu no passado e quais são as condições que determinaram essa evolução. Poderíamos então predizer com alguma certeza o que ele deve tornar-se, dadas as condições atuais em que se encontram nossas sociedades. Ora, para isso seriam necessários estudos que não fizemos. Talvez, no entanto, as linhas gerais desse desenvolvimento não sejam impossíveis de perceber.

Se, como vimos, o regime corporativo remonta aos primeiros tempos da *cité* romana, ele não foi em Roma o que se tornou depois, na Idade Média. A diferença não consiste apenas em que os colégios de artesãos romanos tinham um caráter mais religioso e menos profissional do que as corporações medievais. Essas duas instituições distinguiam-se uma da outra por um caráter muito mais importante. Em Roma, a corporação é uma instituição extra-social, pelo menos em sua origem. O historiador que empreenda decompor em seus elementos a organização política dos romanos nada encontra em seu caminho que o advirta da existência das corporações. Elas não entravam, na qualidade de unidades reconhecidas e definidas, na constituição romana. Em nenhuma das assembléias eleitorais, em nenhuma das reuniões do exército, os artesãos se reuniam por colégios; em nenhum lugar o colégio como tal tomava parte na vida pública, seja em massa, seja por intermédio de órgãos definidos. No máximo a questão pode se colocar com relação a três ou quatro colégios que se acreditou poderem ser identificados com quatro das centúrias constituídas por Sérvio Túlio (*tignarii*, *aerarii*, *tubicines*, *cornucines*). O fato ainda está longe de ser estabelecido. Muito provavelmente, as centúrias assim denominadas não continham todos os carpinteiros, todos os ferreiros, etc., mas apenas os que fabricavam ou consertavam as armas e as máquinas de guerra. Dionísio de Halicarnasso nos diz formalmente que os operários assim agrupados tinham uma função puramente militar εἰς τὸν πόλεμον (IV, 17; VII, 19) e, além disso, que se haviam reunido sob essa denominação outros operários encarregados de prestar também outros serviços em tempo de guerra. É de acreditar, portanto, que essas centúrias representassem não colégios propriamente ditos, mas divisões militares. Em todo caso, quanto a todos os outros colégios, eles certamente estavam fora da organização oficial do povo romano. Constituíam, então, arranjos supererrogatórios, de certo modo, das formas sociais meio irregulares, ou, pelo menos, que não contavam entre as formas regulares, e é fácil compreender-lhes a razão. Eles se formaram no momento em que os ofícios começaram a ter algum desenvolvimento. Ora, os ofícios, durante muito tempo, não foram mais que uma forma absolutamente acessória e secundária da atividade coletiva entre os romanos. Roma era essencialmente uma sociedade agrícola e militar. Como sociedade agrícola, era dividida em *gentes*, em cúrias e em tribos. A assembléia por centúrias reflete mais o órgão militar. Mas era muito natural que as funções industriais, primeiro ignoradas, depois rudimentares, não afetassem de maneira nenhuma a estrutura política da *Cité*. Eram quadros que tinham se formado posteriormente, ao lado dos quadros normais, oficiais; o produto de uma espécie de excrescência do organismo primitivo de Roma. Além do mais, até um momento muito avançado da história romana, o ofício permaneceu alvo de um descrédito moral, o que exclui toda idéia de que ele possa ter tido um lugar oficial no Estado. Sem dúvida, com o tempo as coisas mudaram, mas a própria maneira pela qual mudaram bem mostra o que eram no ponto de partida. Para chegar a fazer seus interesses serem respeitados, a obter uma condição proporcional a sua importância crescente, os artesãos tiveram de recorrer a meios irregulares. Para vencer o desprezo de que eram objeto, os colégios tiveram de proceder por meio de complô, de agitação clandestina. É a melhor prova de que, por si mesma, a sociedade romana não estava aberta a eles. E, se mais tarde acabaram por ser integrados ao Estado, por se tornar engrenagens da máquina administrativa, essa situação não foi para eles uma conquista gloriosa e proveitosa, mas uma penosa dependência; se entraram então no Estado, não foi para ocupar o lugar ao qual seus serviços podiam, ao que tudo indica, lhes dar direitos, mas foi simplesmente para poder ser vigiados mais de perto e controlados pelo poder governante: "A corporação", diz Lavasseur, "tornou-se a corrente que os fez cativos e que a mão imperial apertou tanto mais quanto seu trabalho era mais penoso ou mais necessário ao Estado" (I, 31). Em resumo, mantidos fora dos quadros normais da sociedade romana, só acabaram sendo admitidos nela para ser reduzidos a uma espécie de escravidão.

Na Idade Média sua situação foi completamente diferente. De início, logo que as corporações surgem, elas se apresentam como o quadro normal da porção da população que era chamada a desempenhar no Estado um papel muito considerável; é o terceiro estado ou a burguesia. Com efeito, durante muito tempo burgueses e gente de ofícios foram uma coisa só. "A burguesia no século XIII", diz Lavasseur, "era exclusivamente composta por gente de ofícios. A classe dos magistrados e dos legistas apenas começava a se formar; os homens de estudo ainda pertenciam ao clero; o número dos que viviam de rendas era muito restrito, pois a propriedade territorial estava então quase toda nas mãos dos nobres; aos plebeus só restava o trabalho das oficinas ou das bancas, e era pela indústria ou pelo comércio que eles haviam conquistado uma posição no reino" (I, 191). O mesmo ocorre na Alemanha. A burguesia é a população das cidades; ora, sabemos que as cidades na Alemanha se formaram em torno de mercados permanentes abertos por um senhor num ponto de seu domínio. A população que vinha se agrupar em torno desses mercados e que se tornou a população urbana era constituída, portanto, essencialmente de artesãos e de mercadores. As cidades foram desde o início focos de atividade industrial e comercial, e é isso que distingue os grupos urbanos das sociedades cristãs dos grupos que correspondem ou parecem corresponder a eles em outras sociedades. A identidade das duas populações era tal que as expressões *mercatores* ou *forenses* e *cives* são sinônimas; assim também *jus civilis* e *jus fori*. A organização dos ofícios foi, portanto, a organização primitiva da burguesia européia.

Assim, quando as cidades, antes dependências senhoriais, se tornaram independentes, quando as comunas se formaram, a corporação, o corpo de ofício, que havia sido precursor desse movimento, tornou-se a base da constituição comunal. De fato, "em quase todas as comunas, o sistema político e a eleição dos magistrados se baseiam na divisão dos cidadãos em corpos de ofícios" (I, 193). Com muita freqüência, votava-se por corpo de ofício e escolhiam-se ao mesmo tempo os chefes da corporação e os da comuna. "Em Amiens, por exemplo, os artesãos se reuniam todos os anos para eleger os prefeitos de cada corporação ou bandeira; os prefeitos eleitos nomeavam em seguida doze escabinos, que adjuntavam a si outros doze; e o corpo de escabinos, por sua vez, apresentava aos prefeitos das bandeiras três pessoas entre as quais eles escolhiam o prefeito da comuna... Em algumas *cités*, o modo de eleição era mais complicado ainda, mas em todas elas a organização política e municipal era intimamente ligada à organização do trabalho" (I, 183). E, assim como a comuna era um agregado de corpos de ofícios, o corpo de ofício era uma comuna em tamanho pequeno. Era o modelo do qual a instituição comunal era a forma aumentada e desenvolvida.

Recapitulemos. Antes ignorada, desprezada, exterior à constituição política, a corporação tornou-se elemento fundamental da comuna. Por outro lado, sabemos o que foi a comuna na história de todas as grandes sociedades européias; com o tempo tornou-se sua pedra angular. Por conseguinte, uma vez que a comuna é uma reunião de corporações e se formou segundo o tipo da corporação, foi esta, em última análise, que serviu de base para todo o sistema político que resultou do movimento comunal. Ao passo que em Roma estava fora do quadro da sociedade, de nossas sociedades a corporação foi o quadro elementar. Vê-se que, em seu avanço, ela cresceu singularmente em dignidade e importância. É uma razão a mais para tornar improvável a hipótese segundo a qual estaria fadada a desaparecer. Se, à medida que se avança na história até os séculos XVI e XVII, ela se torna um elemento mais essencial da estrutura política, há pouca possibilidade de que de repente tenha perdido a razão de ser. Ao contrário, é muito mais legítimo supor que seja chamada, no futuro, a desempenhar um papel mais vital ainda que no passado.

Ao mesmo tempo, no entanto, as considerações precedentes nos dão meios para entrever tanto o que fez com que ela tenha entrado em decadência há cerca de dois séculos, ou seja, o que a impediu de estar à altura do papel que lhe cabia, como o que ela deve se tornar para funcionar. Acabamos de ver que, tal como se constituiu na Idade Média, a corporação é intimamente solidária de toda a organização da comuna. As duas instituições são parentes próximos. Ora, nessa solidariedade não havia nenhum inconveniente enquanto os próprios ofícios tinham um caráter comunal. Enquanto em princípio cada artesão, cada mercador só tinha clientes que moravam na mesma cidade que ele, ou que vinham de seus arredores no dia da feira, o corpo de ofício, com sua organização estritamente[1] bastava a todas as necessidades. Mas já não foi o mesmo quando, enfim, a grande indústria surgiu. Pois, por sua natureza, ela ultrapassa os limites municipais. Por um lado, não tem sua sede necessariamente numa cidade, instala-se num ponto qualquer do território, no campo ou na cidade, fora de todas as aglomerações, onde possa se abastecer o mais economicamente possível e de onde possa se irradiar para mais longe e com maior facilidade. Além disso, sua clientela é recrutada por toda parte; seu campo de ação não se limita a nenhuma região determinada. Uma instituição tão intimamente engajada na comuna como era

1. Depois de "étroitement" (estritamente) por certo deveria estar inserida uma palavra esquecida: provavelmente "locale" (local). (N. ed. fr.)

a corporação não podia servir, portanto, para enquadrar e regular uma forma da atividade social que era tão completamente independente da comuna. E, com efeito, desde que apareceu, a grande indústria viu-se fora do velho regime corporativo. Não é que tenha por isso se isentado de qualquer regulamentação. É o Estado que, diretamente, desempenha para ela o papel que o corpo de ofício desempenhava antigamente para os ofícios urbanos. O poder real concede privilégios às manufaturas ao mesmo tempo que as submete a seu controle. Daí o título de "Manufaturas reais" que lhe era atribuído. Essa tutela direta do Estado, é claro, só era possível enquanto essas manufaturas ainda eram raras e pouco desenvolvidas. No entanto, do fato de que a corporação não podia, tal como era então, adaptar-se a essa forma nova de indústria e de que o Estado só podia substituir a velha disciplina corporativa por um tempo, não se seguia de modo algum que toda disciplina passasse a ser inútil, mas apenas que a antiga corporação devia se transformar para poder continuar a cumprir seu papel nas novas condições da vida econômica. E, uma vez que a mudança ocorrida consistia em que a indústria, em lugar de ser local e municipal, tinha se tornado nacional, deve-se concluir de tudo o que precede que a corporação também devia se transformar do mesmo modo e que, em lugar de continuar sendo uma instituição municipal, devia tornar-se uma instituição pública. A experiência dos séculos XVII e XVIII prova que o regime corporativo, permanecendo modelado segundo os interesses municipais, não podia convir a indústrias que, pela amplitude de sua esfera de influência, afetavam interesses gerais da sociedade, e, por outro lado, que o Estado sozinho também não podia cumprir essa função, porque a vida econômica era muito vasta, muito complexa, muito extensa, para que ele pudesse supervisionar e controlar eficazmente seu funcionamento. Então, a lição que se depreende dos fatos é que a corporação deve assumir outro caráter, que ela deve se aproximar do Estado sem ser absorvida por ele, ou seja, mantendo-se como grupo secundário, relativamente autônomo, a corporação deve tornar-se nacional. Ela não soube se transformar em tempo para atender a essas novas necessidades, e por isso se rompeu. Porque ela não soube assimilar a vida nova que se manifestava, a vida naturalmente se retirou dela. E foi assim que o corpo de ofício se tornou o que era às vésperas da Revolução, uma espécie de substância morta e de corpo estranho, que já não se mantinha senão por força da inércia em nosso organismo social. E por isso chegou um momento em que foi violentamente expulso. Mas essa extirpação não satisfez às necessidades a que ele próprio não soubera satisfazer. Assim a questão permanece integralmente diante de nós, apenas mais crítica, mais aguçada por um século de hesitações e experiências dolorosas. Não parece que ela seja insolúvel.

Imaginem, com efeito, que em toda a extensão do território as diferentes indústrias tenham se agrupado em categorias distintas, segundo suas semelhanças e afinidades naturais. À frente de cada um dos grupos assim constituídos, coloquem um conselho de administração, uma espécie de pequeno parlamento designado por eleição; que esse conselho ou esse parlamento tenha – numa proporção a ser determinada – o poder de regular o que concerne à profissão – relações dos empregados e empregadores, condições de trabalho, salários, relações entre os concorrentes, etc. –, e a corporação estará restaurada, mas sob uma forma totalmente nova. A criação desse órgão central, preposto à direção geral do grupo, não excluiria de modo algum, aliás, a formação de órgãos secundários e regionais sob seu controle e sua dependência. As regras gerais estabelecidas por ele poderiam ser especializadas, diversificadas nos diferentes pontos do território por câmaras industriais que tivessem caráter mais regional, assim como hoje, abaixo do Parlamento, encontram-se os conselhos departamentais e municipais. E assim a vida econômica se organizaria, se regularia, se determinaria sem nada perder de sua diversidade. Essa organização nada faria, aliás, além de introduzir na ordem econômica a reforma que se produziu em todas as outras esferas da vida nacional. Os usos, os costumes, a administração política, que antes tinham caráter local, que variavam de um ponto para outro do território, foram cada vez mais se unificando e se generalizando; e os antigos órgãos autônomos, tribunais, poderes feudais ou comunais, tornaram-se, cada vez mais, órgãos secundários e subordinados do organismo central que assim se formou. Não é provável que a ordem econômica deva se transformar no mesmo sentido e da mesma maneira? O que existia no princípio era uma organização local, comunal; o que deve substituí-la é não uma ausência completa de organização, um estado de anarquia, e sim uma organização geral, nacional, unificada, mas complexa, em que os grupamentos locais de outros tempos sobrevivam ainda, porém como simples órgãos de transmissão e de diversificação.

Por isso mesmo, o regime corporativo estaria protegido de um outro vício pelo qual foi justamente censurado no passado: o imobilismo. Como a corporação tinha seu horizonte limitado pela própria muralha da *cité*, era inevitável que ela se tornasse facilmente prisioneira da tradição, tal como a própria *cité*. Num grupo assim restrito, as condições da vida não podem mudar muito, o hábito exerce então sobre as pessoas e as coisas um domínio sem contrapeso e as novidades acabam até sendo temidas. O tradicionalismo das corporações, seu espírito de rotina, não faziam mais que refletir o tradicionalismo ambiente, e tinham as mesmas razões de ser. Apenas ele sobreviveu às causas que o geraram e que primitivamente o justificavam. A unificação do país, o surgimento da grande indústria que é sua conseqüência, teve o efeito de ampliar as perspectivas e, por conseguinte, de abrir as consciências a novos desejos e a novas idéias. Vieram à tona não apenas aspirações então desconhecidas, necessidade de maior conforto, de uma existência mais cômoda, etc.; além disso estabeleceu-se maior mobilidade nos gostos, e, como a corporação não soube mudar ao mesmo tempo, como não soube se tornar mais maleável, como conservou inflexivelmente os velhos costumes, não teve condições de responder a essas novas exigências. Daí, mais uma causa que fez as vontades se voltarem contra ela. No entanto, corporações nacionais não estariam expostas a esse perigo. Sua amplitude, sua complexidade, as protegeria contra a imobilidade. Elas encerrariam em seu interior demasiados elementos e elementos diversos para que se pudesse temer uma uniformidade estacionária. O equilíbrio de uma tal organização nunca pode ser mais do que relativamente estável, e portanto estaria em plena harmonia com o equilíbrio moral da sociedade que tem o mesmo caráter e nada tem de rígida. Demasiados espíritos diferentes estariam em atividade para que novas reformulações não estivessem sempre em preparação e como que em estado latente. Um grupo extenso nunca é imóvel (China)[2], porque nele as mudanças são incessantes.

Esse nos parece o princípio fundamental do sistema corporativo, que é o único que pode convir à grande indústria. Indicadas essas linhas gerais, restaria resolver muitas questões secundárias de que não podemos tratar aqui. Abordarei apenas as mais importantes.

Em primeiro lugar, perguntamo-nos sempre se a corporação deveria ser obrigatória, se os indivíduos deveriam ser obrigados a filiar-se a ela. A questão me parece de muito pouco interesse. Com efeito, a partir do momento em que o regime corporativo fosse estabelecido, seria uma tal fraqueza para o indivíduo permanecer isolado que por si mesmo, e sem que houvesse necessidade de coagi-lo, ele se ligaria a ela. Uma vez que uma força coletiva se constitui, ela atrai os isolados, e todos os que permanecem fora dela não conseguem se manter. Aliás, tenho dificuldade em compreender os escrúpulos de alguns em admitir nesse caso a possibilidade de obrigação. Cada cidadão, hoje, é obrigado a pertencer a uma comuna; por que o mesmo princípio não se aplicaria à profissão, tanto mais que, de fato, a reforma de que falamos teria finalmente como resultado substituir o distrito territorial pela corporação profissional como unidade política do país.

Uma outra questão mais importante é saber quais seriam, na organização corporativa, o lugar e a participação respectiva dos empregadores e dos empregados. Parece-me evidente que uns e outros deveriam ser representados

2. "Chine" = leitura duvidosa. (N. ed. fr.)

na assembléia encarregada de presidir à vida geral da corporação. Esta só poderia cumprir sua função sob a condição de conter em seu interior os dois elementos. Mas podemos nos perguntar se, na base da organização, não seria necessária uma distinção; se essas duas categorias de trabalhadores não deveriam designar separadamente seus representantes, se os colégios eleitorais, em suma, não deveriam ser independentes; pelo menos na medida em que seus interesses também serão manifestamente opostos.

Enfim, é certo que toda essa organização deveria estar ligada[3] ao órgão central, isto é, ao Estado. A legislação profissional não poderá ser muito mais que[4] uma aplicação particular da legislação geral, assim como a moral profissional não pode ser mais que uma forma especial da moral comum. Sempre haverá, decerto, todas as formas da atividade econômica dos particulares[5] que implicam essa regulamentação comum. Esta não pode ser obra de nenhum grupo particular.

No que precede, fizemos apenas indicar brevemente as funções que poderiam ser criadas na corporação. É que pouco se pode prever todas as que lhe poderiam ser confiadas no futuro. O melhor é limitar-se às que já agora lhe poderão ser reservadas. Do ponto de vista legislativo, os princípios gerais do contrato de trabalho[6], da retribuição

---

3. Leitura provável. (N. ed. fr.)

4. *Ibid.* (N. ed. fr.)

5. Talvez também se possa ler: "(dans) toutes les formes de l'activité économique des portions..." ([em] todas as formas da atividade econômica porções...). (N. ed. fr)

6. "travail", leitura duvidosa. (N. ed. fr.)

dos assalariados, da salubridade industrial, de tudo o que concerne ao trabalho das crianças, das mulheres, etc., necessitam ser diversificados segundo as indústrias, e o Estado é incapaz dessa diversificação. Esta é a tarefa legislativa indispensável[7]. O [??] das caixas de aposentadoria, de previdência, etc., não pode ser [reservado sem perigo[8] às caixas do Estado], já sobrecarregadas com funções diversas e demasiado longe dos indivíduos. Enfim, os regulamentos dos conflitos de trabalho, que absolutamente não podem ser [codificados em forma de lei][9], necessitam dos tribunais especiais, que, para poderem julgar com toda independência têm direitos[10] tão variados quanto as formas da indústria. Eis a tarefa judiciosa[11] que, hoje, poderia ser dada às corporações restauradas e renovadas. Essa tripla tarefa deveria ser dada nesses três [??] órgãos ou grupos de órgãos; são problemas práticos que só a experiência decidiria. O essencial seria constituir o grupo, dar-lhe uma razão de ser atribuindo-lhe com a circunspecção que se desejasse algumas das funções de que acabamos de falar. Uma vez que estivesse formado e que tivesse, assim, começado a viver, ele se desenvolveria por si só, e ninguém pode prever onde iria parar esse desenvolvimento. Não só, como eu dizia no início, as outras reformas só pode-

---

7. Esta frase curta é de leitura duvidosa. A frase anterior também, pelo menos quanto às sete primeiras palavras. (N. ed. fr.)

8. "réservé sans danger" = leitura incerta, antes = "remis sans danger entre les mains de l'État" (entregues sem perigo às mãos do Estado). (N. ed. fr.)

9. Leitura muito incerta. (N. ed. fr.)

10. Leitura muito incerta. (N. ed. fr.)

11. Leitura muito incerta. (N. ed. fr.)

rão ser abordadas eficazmente quando esta estiver realizada, como também é muito possível que as primeiras nasçam espontaneamente da segunda. Se alguma reorganização do direito de propriedade deve se produzir, não é o [?] de seu [lado??] que pode dizer em que ela consistirá. Quem sabe como a vida social é complexa, o ensejo que ela dá aos elementos mais contraditórios, também sabe como são simplistas as fórmulas correntes. É bem pouco provável que um dia se chegue a um estado em que os meios de produção sejam logicamente separados dos meios de consumo, em que não reste nada do antigo direito de propriedade, em que a situação de empregador tenha desaparecido, em que toda a hereditariedade seja abolida, e não há previsão humana que possa dizer que parte esses fatos da organização futura...

que parte do passado ainda sobreviverá, que... no futuro.

Essa distribuição só se pode fazer espontaneamente, sob a pressão dos fatos, da experiência. Que se organize a vida industrial, isto é, que se lhe dê o órgão de que ela necessita, e esse organismo, por si mesmo, entrando em contato com os outros órgãos sociais, irá tornar-se uma fonte de transformações que a imaginação dificilmente pode antecipar. Assim não apenas o regime corporativo é... ?

QUARTA LIÇÃO
MORAL CÍVICA

DEFINIÇÃO DO ESTADO

Estudamos sucessivamente as regras morais e jurídicas que se aplicam às relações do indivíduo consigo mesmo, com o grupo familiar, com o grupo profissional. Vamos agora estudá-lo nas relações que ele mantém com outro grupo, mais extenso que os anteriores, até mesmo o mais extenso de todos os que atualmente estão constituídos, ou seja, o grupo político. O conjunto das regras sancionadas que determinam o que devem ser essas relações forma o que chamamos de moral cívica.

Mas antes de começar seu estudo é importante definir o que se deve entender por sociedade política.

Um elemento essencial que entra na noção de todo grupo político é a oposição entre governantes e governados, entre a autoridade e os que lhe são submetidos. É muito possível que na origem da evolução social essa distinção não existisse; a hipótese é ainda mais provável porque encontramos sociedades em que ela é apenas escassamente marcada. Mas, em todo caso, as sociedades em que essa distinção se observa não podem ser confundidas com aquelas em que inexiste. Umas e outras constituem duas espécies diferentes que devem ser designadas por palavras diferentes, e é às primeiras que deve ser reservada a qualificação de políticas. Pois, se essa expressão tem um sentido, ela significa antes de tudo organização pelo menos rudimentar, constituição de um poder, estável ou intermitente, fraco ou forte, a cuja ação os indivíduos estão sujeitos, seja ela qual for.

Mas um poder desse tipo é encontrado em outros lugares que não as sociedades políticas. A família tem um chefe cujos poderes são ora absolutos, ora restringidos por aqueles de um conselho doméstico. Com freqüência a família patriarcal dos romanos foi comparada a um pequeno Estado; e, se, como veremos logo mais, a expressão não se justifica, ela seria irrepreensível se a sociedade política se caracterizasse unicamente pela presença de uma organização governamental. Portanto, uma outra característica é necessária.

Acreditou-se encontrá-la nas relações particularmente estreitas que unem toda sociedade política ao solo que ela ocupa. Diz-se que há uma relação permanente entre toda nação e um dado território. "O Estado", diz Bluntschli, "deve ter seu domínio; a nação exige a terra" (p. 12). No entanto, a família não é menos ligada, pelo menos entre um grande número de povos, a uma porção determinada do solo; ela também tem seu domínio do qual é inseparável, uma vez que ele é inalienável. Bem vimos que, às vezes, o patrimônio imobiliário era verdadeiramente a alma da família; era ele que constituía sua unidade e sua perenidade; era o centro em torno do qual gravitava a vida doméstica. Em nenhum lugar o território político tem um papel mais considerável nas sociedades políticas. Acrescentemos, aliás, que essa importância capital dada ao território nacional é de data relativamente recente. Em primeiro lugar, parece bastante arbitrário recusar todo caráter político às grandes sociedades nômades, cuja organização às vezes é muito complexa. Depois, em tempos antigos era o número de cidadãos, e não o território, que era considerado o elemento essencial dos Estados. Anexar um Estado era anexar, não a terra, mas os habitantes que a ocupavam e incorporá-los. Inversamente, viamse os vencedores irem estabelecer-se entre os vencidos, em seus domínios, sem por isso perder sua unidade e sua personalidade política. Durante todos os primeiros tempos de nossa história, a capital, ou seja, o centro de gravidade territorial da sociedade, é de extrema mobilidade. Não faz muito tempo que os povos se tornaram tão solidários de seu hábitat, do que poderíamos chamar de sua expressão geográfica. Hoje, a França não é apenas uma massa, principalmente os indivíduos que falam uma determinada língua, que observam determinada lei, etc.; ela é essencialmente uma porção determinada da Europa. Mesmo que todos os alsacianos em 1870 tivessem optado pela nacionalidade francesa, teria fundamento considerar a França como mutilada ou diminuída, pelo único fato de que ela teria abandonado a uma potência estrangeira uma determinada parte de seu solo. Mas essa identificação da sociedade com seu território só se produziu nas sociedades mais avançadas. Está ligada, por certo, a numerosas causas, ao valor social mais elevado que o solo adquiriu, talvez também à importância relativamente maior adquirida pelo vínculo geográfico, ao fato de outros vínculos sociais, de natureza mais moral, terem perdido força. A sociedade de que somos membros é mais, para nós, um território definido, uma vez que já não é essencialmente uma religião, um corpo de tradições que lhe são especiais, ou o culto de uma dinastia particular.

Deixado de lado o território, parece que se pode encontrar uma característica da sociedade política na importância numérica da população. É certo que, em geral, não se dá esse nome a grupos sociais compostos por um pequeno número de indivíduos. Mas uma tal linha de demarcação seria singularmente flutuante; pois a partir de que momento uma aglomeração humana é bastante considerável para ser classificada entre os grupos políticos? Segundo Rousseau, bastavam dez mil homens; Bluntschli julga esse número muito pequeno. As duas estimativas são igualmente arbitrárias. Um departamento francês contém, às vezes, mais habitantes do que muitas *cités* da Grécia ou da Itália. Cada uma dessas *cités*, no entanto, constitui um Estado, ao passo que um departamento não tem direito a essa denominação.

Entretanto trata-se aqui de uma característica distintiva. Sem dúvida, não se pode dizer que uma sociedade política se distingue dos grupos familiares ou profissionais porque é mais numerosa, pois o efetivo das famílias pode, em certos casos, ser considerável, e o efetivo dos Estados, muito reduzido. Mas a verdade é que não há sociedade política que não contenha em seu seio uma pluralidade de famílias diferentes ou de grupos profissionais diferentes, ou de umas e outros ao mesmo tempo. Se ela se reduzisse a uma sociedade doméstica, se confundiria com esta e seria uma sociedade doméstica; porém, na medida em que é formada por um certo número de sociedades domésticas, o agregado assim formado é outra coisa que não cada um de seus elementos. É algo novo, que deve ser designado por uma palavra diferente. Do mesmo modo, a sociedade política não se confunde com nenhum grupo profissional, com nenhuma casta, se é que há castas; é sempre um agregado de profissões diversas ou de castas diversas, assim como de famílias diferentes. Mais geralmente, quando uma sociedade é formada por uma reunião de grupos secundários, de naturezas diferentes, sem que seja por sua vez um grupo secundário com relação a uma sociedade mais ampla, ela constitui uma entidade social de espécie distinta; é a sociedade política que definiremos: uma sociedade formada pela reunião de um número mais ou menos considerável de grupos sociais secundários, submetidos a uma mesma autoridade, que por sua vez não depende de nenhuma autoridade superior regularmente constituída.

Assim, e o fato merece ser notado, as sociedades políticas se caracterizam em parte pela existência de grupos secundários. É o que já sentia Montesquieu, quando dizia que a forma social que lhe parecia a mais altamente organizada, ou seja, a monarquia, implicava: "Poderes intermediários, subordinados e dependentes" (II, p. 4). Vê-se toda a importância desses grupos secundários de que falamos até agora. Esses grupos não são apenas necessários à administração dos interesses particulares, domésticos, profissionais, que eles envolvem e que são sua razão de ser; são também a condição fundamental de toda organização mais elevada. Longe de estarem em oposição ao grupo social encarregado da autoridade soberana e que chamamos mais especialmente de Estado, é este que supõe sua existência; ele só existe onde eles existem. Não há grupos secundários, não há autoridade política, pelo menos, não há autoridade que possa, sem impropriedade, ser chamada por esse nome. De onde vem essa solidariedade que une esses dois tipos de grupamentos, é o que veremos mais tarde. Por enquanto, basta-nos constatá-la.

É verdade que essa definição contraria uma teoria, clássica durante muito tempo; é aquela a que os srs. Summer Maine e Fustel de Coulanges vincularam seus nomes. Segundo esses estudiosos, a sociedade elementar de que teriam saído as sociedades mais compostas seria um grupo familiar extenso, formado por todos os indivíduos unidos por laços de sangue ou por laços de adoção, e colocado sob a direção do mais velho dos ascendentes masculinos, o patriarca. É a teoria patriarcal. Se ela fosse verdadeira, encontraríamos no princípio uma autoridade constituída, em todos os pontos análoga à que encontramos nos Estados mais complexos, a qual seria por conseguinte verdadeiramente política, ao passo que a sociedade de que ela é a chave de abóbada é una e simples, não é composta por nenhuma sociedade menor. A autoridade suprema das *cités*, dos reinos, das nações que se constituem mais tarde não teria nenhum caráter original e específico; seria derivada da sociedade patriarcal segundo cujo modelo teria se formado. As sociedades ditas políticas seriam apenas famílias ampliadas.

Hoje, porém, essa teoria patriarcal já não é sustentável; é uma hipótese que não repousa em nenhum fato diretamente observado e que é desmentida por uma infinidade de fatos conhecidos. Nunca se observou nenhuma família patriarcal tal como foi descrita por Summer Maine e Fustel de Coulanges. Nunca se viu um grupo formado por consangüíneos e que vivesse no estado de autonomia sob a direção de um chefe mais ou menos poderoso. Todos os grupos familiares que conhecemos, que apresentam um mínimo de organização, que reconhecem alguma autoridade definida, fazem parte de sociedades mais amplas. O que define o clã é ele ser uma divisão política, ao mesmo tempo que familiar, de um agregado social mais extenso. Mas, dir-se-á, e no princípio? No princípio, é legítimo supor que houvesse sociedades simples que não continham nenhuma sociedade mais simples; a lógica e as analogias nos obrigam a levantar essa hipótese, que certos fatos confirmam. Em contrapartida, nada autoriza a acreditar que essas sociedades estivessem submetidas a alguma autoridade. E o que deve levar a rejeitar essa suposição como sendo totalmente improvável é que, quanto mais os clãs de uma tribo são independentes uns dos outros, mais cada um deles tende à autonomia e mais, também, está ausente tudo que se pareça com uma autoridade, com um poder governamental qualquer. São massas quase totalmente amorfas, cujos membros estão todos num mesmo plano. A organização dos grupos parciais, clãs, famílias, etc., não precedeu, portanto, a organização do agregado total que resultou de sua reunião. Daí tampouco se deve concluir que, inversamente, a primeira tenha nascido da segunda. A verdade é que elas são solidárias, como dizíamos há pouco, e se condicionam mutuamente. As partes não se organizaram primeiro para formar um todo que em seguida se organizou à sua imagem, mas o todo e as partes organizaram-se ao mesmo tempo. Outra conseqüência do que precede é que, como as sociedades políticas implicam a existência de uma autoridade e como essa autoridade aparece apenas onde as sociedades contêm uma pluralidade de sociedades elementares, as sociedades políticas são necessariamente policelulares e polissegmentares. Não quer dizer que nunca tenha havido sociedades feitas de apenas um e único segmento, mas elas constituem uma outra espécie, não são políticas.

Resta dizer, por outro lado, que uma mesma sociedade pode ser política quanto a certos aspectos e constituir apenas um grupo secundário e parcial quanto a outros. É o que acontece em todos os Estados federativos. Cada Estado particular é autônomo em certa medida, mais restrita do que se não houvesse confederação regularmente organizada, mas que, por ser menor, nem por isso é nula. Na medida em que cada membro só depende de si mesmo, em que não depende do poder central da confederação, ele constitui uma sociedade política, um Estado propriamente dito. Ao contrário, na medida em que é subordinado a algum órgão que lhe é superior, ele é um simples grupo secundário, parcial, análogo a um distrito, a uma província, a um clã ou a uma casta. Deixa de ser um todo para aparecer apenas como uma parte. Nossa definição, portanto, não estabelece entre as sociedades políticas e as outras uma linha de demarcação absoluta; mas é porque tal linha não existe, e não poderia existir. Ao contrário, a série das coisas é contínua. As sociedades políticas superiores são formadas pela agregação lenta das sociedades políticas inferiores; há então momentos de transição em que estas, embora conservando algo de sua natureza original, começam a se tornar outra coisa, a contrair características novas, em que, por conseguinte, sua condição é ambígua. O essencial não é marcar uma solução de continuidade onde ela não existe, e sim perceber as características específicas que definem as sociedades políticas e que, conforme sejam mais presentes ou menos, fazem com que estas últimas mereçam mais francamente ou menos essa qualificação.

Agora que sabemos por que sinais se reconhece uma sociedade política, vejamos em que consiste a moral que lhe corresponde. Da própria definição precedente, resulta que as regras essenciais dessa moral são as que determinam as relações dos indivíduos com a autoridade soberana a cuja ação estão submetidos. Como é necessário haver uma palavra para designar o grupo especial de funcionários encarregados de representar essa autoridade, conviremos em reservar para esse uso a palavra Estado. Sem dúvida é muito freqüente chamar-se de Estado não o órgão governamental, mas a sociedade política em seu conjunto, o povo governado e seu governo juntos, e nós mesmos empregamos a palavra nesse sentido. Assim, fala-se em Estados europeus, diz-se que a França é um Estado. Porém, como é bom que haja termos especiais para realidades tão diferentes quanto a sociedade e um de seus órgãos, chamaremos mais especialmente de Estado os agentes da autoridade soberana, e de sociedade política o grupo complexo de que o Estado é o órgão eminente. Dito isto, os principais deveres da moral cívica são, evidentemente, os que o cidadão tem para com o Estado e, reciprocamente, os que o Estado tem para com os indivíduos. Para compreender quais são esses deveres, é importante então, antes de tudo, determinar a natureza e a função do Estado.

Pode parecer, na verdade, que já tenhamos respondido à primeira dessas questões, e que a natureza do Estado tenha sido definida ao mesmo tempo que a sociedade política. Não é o Estado a autoridade superior à qual está submetida toda a sociedade política em seu conjunto? Mas na realidade a palavra autoridade é muito vaga e precisa ser definida. Onde começa e onde acaba o grupo de funcionários investidos dessa autoridade e que constitui o Estado propriamente dito? A questão é tanto mais necessária quanto a língua corrente comete muitas confusões a esse respeito. Diz-se diariamente que os serviços públicos são serviços do Estado; justiça, exército, Igreja, onde há uma Igreja nacional, são vistos como fazendo parte do Estado. Porém não se deve confundir com o próprio Estado os órgãos secundários que recebem mais imediatamente sua ação e que são, com relação a ele, apenas órgãos de execução. Pelo menos deve-se distinguir o grupo ou os grupos especiais – pois o Estado é complexo – aos quais estão subordinados os grupos secundários que chamamos mais especialmente de administrações. O que os primeiros têm de característico é que só eles têm qualidade para pensar e agir no lugar da sociedade. As representações, assim como as resoluções elaboradas nesse meio especial, são naturalmente e necessariamente coletivas. Sem dúvida, há representações e decisões coletivas além das que se formam assim. Em toda sociedade, há ou houve mitos, dogmas, se a sociedade política é ao mesmo tempo uma Igreja, ou tradições históricas, morais, que constituem representações comuns a todos os seus membros e que não são obra especial de nenhum órgão determinado. Igualmente, há em cada momento correntes sociais que arrastam a coletividade num determinado sentido e que não emanam do Estado. Com muita freqüência, o Estado sofre sua pressão, mais do que as impulsiona. Há também toda uma vida psíquica difusa na sociedade. Mas há uma outra que tem como sede especial o órgão governamental. É lá que ela se elabora, e, se depois ela ressoa no resto da sociedade, é apenas secundariamente e como repercussão. Quando o Parlamento vota uma lei, quando o governo toma uma decisão dentro dos limites de sua competência, um ou outro procedimento depende, sem dúvida, do estado geral, da sociedade; o Parlamento e o governo estão em contato com as massas da nação, e as diversas impressões que resultam para eles desse contato contribuem para determiná-los num sentido ou no outro. Mas, se há assim um fator de sua determinação que está situado fora deles, não é menos verdade que essa determinação são eles que tomam, que ela exprime antes de tudo o meio particular em que ela nasce. Assim, com freqüência acontece que haja até uma discordância entre esse meio e o conjunto da nação e que as resoluções governamentais, os votos parlamentares, embora valham para a comunidade, não correspondam ao estado desta última. Nesse caso, portanto, há vida coletiva, mas essa vida não está difusa por toda a extensão do corpo social; embora coletiva, ela está localizada num órgão determinado. E essa localização não provém de uma simples concentração num ponto determinado de uma vida que tem origem fora desse ponto. É em parte nesse próprio ponto que ela nasce. Quando o Estado pensa e decide, não se deve dizer que é a sociedade que pensa e decide por ele, mas que ele pensa e decide pela sociedade. Ele não é um simples instrumento de canalizações e concentrações. É, num certo sentido, o centro organizador dos próprios subgrupos.

Eis o que define o Estado. É um grupo de funcionários *sui generis*, no seio do qual se elaboram representações e volições que envolvem a coletividade, embora não sejam obra da coletividade. Não é correto dizer que o Estado encarna a consciência coletiva, pois esta o transborda por todos os lados. É em grande parte difusa; a cada instante há uma infinidade de sentimentos sociais, de estados sociais de todo tipo de que o Estado só percebe o eco enfraquecido. Ele só é a sede de uma consciência especial, restrita, porém mais elevada, mais clara, que tem de si mesma um sentimento mais vivo. Nada de obscuro e vago como as representações coletivas que se espalham em todas as sociedades: mitos, lendas religiosas ou morais, etc. Não sabemos de onde vêm, nem para onde vão; não as deliberamos. As representações que vêm do Estado são sempre mais conscientes de si mesmas, de suas causas e seus objetivos. Foram concertadas de maneira menos subterrânea. O agente coletivo que as concerta percebe melhor o que faz. Não é que, também nesse caso, freqüentemente não haja obscuridade. O Estado, tal como o indivíduo, freqüentemente se engana a respeito dos motivos que o determinam, mas, sejam suas determinações mal motivadas ou não, o essencial é que sejam motivadas em algum grau. Há sempre, ou pelo menos geralmente, uma aparência de deliberação, uma apreensão do conjunto das circunstâncias que necessitam a resolução, e o órgão interior do Estado destina-se exatamente a tomar essas deliberações. Daí os conselhos, as assembléias, os discursos, os regulamentos que obrigam esses tipos de representações a elaborar-se com uma certa lentidão. Podemos então dizer em resumo: o Estado é um órgão especial encarregado de elaborar certas representações que valem para a coletividade. Essas representações distinguem-se das outras representações coletivas por seu maior grau de consciência e de reflexão.

Talvez haja quem se surpreenda ao nos ver, assim, excluir de nossa definição toda idéia de ação, de execução, de realização exterior. Afinal, diz-se correntemente dessa parte do Estado, ou pelo menos do que se chama mais especialmente de governo, que ele contém o poder executivo. Mas a expressão é totalmente imprópria: o Estado não executa nada. O Conselho dos Ministros, o príncipe, tanto quanto o Parlamento, não agem por si mesmos; eles dão ordens para que se aja. Organizam idéias, sentimentos, depreendem resoluções, transmitem essas resoluções a outros órgãos que as executam; mas seu papel limita-se a isso. Nesse aspecto, não há diferença entre o Parlamento ou os conselhos deliberativos de todos os tipos de que podem cercar-se o príncipe, o chefe do Estado e o governo propriamente ditos, o poder denominado executivo. Diz-se que este último é executivo porque está mais próximo dos órgãos de execução; porém não se confunde com eles. Toda a vida do Estado propriamente dito se passa não em ações exteriores, em movimentos, mas em deliberações, ou seja, em representações. Os encarregados pelos movimentos são outros, são as administrações de todos os tipos. Vê-se a diferença que há entre elas e o Estado; essa diferença é igualmente a que separa o sistema muscular do sistema nervoso central. Nas condições presentes, esse pensamento está voltado para um objetivo prático e não especulativo. O Estado, pelo menos em geral, não pensa por pensar, para construir sistemas de doutrinas, mas para dirigir a conduta coletiva. Nem por isso sua função essencial deixa de ser pensar.

Mas para o que se volta esse pensamento? Em outras palavras, que fim persegue normalmente e, por conseguinte, deve perseguir o Estado nas condições sociais em que nos encontramos atualmente? É a questão que nos resta resolver, e só quando ela estiver resolvida nos será possível compreender os deveres respectivos dos cidadãos para com o Estado e vice-versa. Ora, a esse problema são dadas, comumente, duas soluções contrárias.

Há em primeiro lugar a solução dita individualista, tal como foi exposta e defendida por Spencer e pelos economistas, por um lado, e por Kant, Rousseau e a escola espiritualista por outro. A sociedade, diz-se, tem por objeto o indivíduo, pela única razão de que ele é tudo o que há de real na sociedade. Não sendo mais que um agregado de indivíduos, ela não pode ter outro objetivo que não o desenvolvimento dos indivíduos. E, com efeito, em virtude da associação, ela torna mais produtiva a atividade humana na ordem das ciências, das artes e da indústria; e o indivíduo, encontrando à sua disposição, graças a uma produção maior, uma alimentação intelectual, material e moral mais abundante, se amplia e se desenvolve. Mas o Estado em si mesmo não é um produtor. Ele não acrescenta nada, e não pode acrescentar, às riquezas de todo tipo que a sociedade acumula e de que o indivíduo se beneficia. Qual será então seu papel? O de prevenir certos maus efeitos da associação. O indivíduo tem por si só, ao nascer, certos direitos, pelo simples fato de existir. Ele é, diz Spencer, um ser vivo, portanto tem direito de viver, de não ser atrapalhado por nenhum outro indivíduo no funcionamento normal de seus órgãos. Ele é, diz Kant, uma personalidade moral, e por isso mesmo investido de um caráter especial que faz dele objeto de respeito, tanto no estado civil quanto no estado denominado de natureza. Ora, esses direitos congênitos, seja qual for a maneira pela qual os entendamos ou expliquemos, são conformados em certos aspectos pela associação. O outro, nas relações que tem comigo, pelo único fato de estarmos em comércio social, pode ou ameaçar minha existência ou atrapalhar o funcionamento regular de minhas forças vitais, ou, para falar a língua de Kant, faltar ao respeito que me é devido, violar em mim os direitos do ser moral que sou. É preciso, portanto, que um órgão seja preposto à tarefa especial de zelar pela manutenção desses direitos individuais; pois, se a sociedade pode e deve acrescentar algo ao que possuo naturalmente e antes de toda instituição social desses direitos, ela deve antes de tudo impedir que isso seja tocado; caso contrário ela já não tem razão de ser. É um mínimo ao qual ela não deve se ater, mas abaixo do qual não deve permitir que se desça, mesmo que nos oferecesse um luxo que não tivesse preço caso o necessário nos faltasse totalmente ou em parte. Foi assim que tantos teóricos, pertencentes às mais diversas escolas, acreditaram dever limitar as atribuições do Estado à administração de uma justiça totalmente negativa. Seu papel deveria reduzir-se cada vez mais a impedir as usurpações ilegítimas dos indivíduos uns pelos outros, a manter intacta para cada um deles a esfera à qual tem direito, pelo simples fato de ele ser o que é. Sem dúvida eles bem sabem que de fato as funções do Estado foram, no passado, muito mais numerosas. Mas atribuem essa multiplicidade de atribuições às condições particulares em que vivem as sociedades que não chegaram a um grau suficientemente elevado de civilização. O estado de guerra às vezes é crônico, sempre muito freqüente. Ora, a guerra obriga a passar ao largo dos direitos individuais. Necessita de uma disciplina muito forte, e essa disciplina, por sua vez, supõe um poder fortemente constituído. É daí que provém a autoridade soberana de que os Estados freqüentemente são investidos com relação aos particulares. Em virtude dessa autoridade, o Estado interveio em domínios que, por natureza, deveriam permanecer-lhe estranhos. Ele regulamenta crenças, a indústria, etc. Mas essa extensão abusiva de sua influência só pode ser justificada na medida em que a guerra desempenha um papel importante na vida dos povos. Quanto mais ela regride, quanto mais rara se torna, mais é possível e ao mesmo tempo necessário desarmar o Estado. Como a guerra ainda não desapareceu completamente, como ainda há rivalidades internacionais a serem temidas, o Estado deve, em certa medida, conservar ainda hoje algumas de suas atribuições de antigamente. Mas trata-se apenas de uma sobrevivência mais ou menos anormal, cujos últimos traços estão fadados a se extinguir gradualmente.

Na altura a que chegamos do curso, não é necessário refutar esta teoria detalhadamente. Antes de tudo, ela contraria manifestamente os fatos. Quanto mais avançamos na história, mais vemos as funções do Estado se multiplicarem ao mesmo tempo que se tornam mais importantes, e esse desenvolvimento das funções tornou-se perceptível materialmente pelo desenvolvimento paralelo do órgão. Como é grande a distância entre o que é o órgão governamental numa sociedade como a nossa e o que era em Roma ou numa tribo de peles-vermelhas. Aqui, uma infinidade de ministérios de múltiplas engrenagens, ao lado de vastas assembléias cuja própria organização é de extrema complexidade, tendo acima o chefe de Estado com seus serviços especiais. Lá, um príncipe ou alguns magistrados, conselhos assistidos por secretários. O cérebro social, tal como o cérebro humano, cresceu ao longo da evolução. No entanto a guerra, enquanto isso, deixando de lado algumas involuções passageiras, tornou-se cada vez mais intermitente e rara. Portanto, dever-se-ia considerar radicalmente anormal esse desenvolvimento progressivo do Estado, essa ampliação ininterrupta de suas atribuições, da parte administração da justiça; e, dada a continuidade, a regularidade dessa ampliação ao longo da história, uma tal hipótese é insustentável. É preciso confiar singularmente na força de sua própria dialética para condenar como mórbidos, em nome de um sistema particular, movimentos de tal constância e tal generalidade. Não há um Estado cujo orçamento não inche a olhos vistos. Os economistas vêem nisso um produto deplorável de uma verdadeira aberração lógica e reclamam da cegueira geral. Talvez fosse de melhor método considerar regular e normal uma tendência tão universalmente irresistível, com ressalvas, é claro, aos excessos e abusos particulares, passageiros, que não pretendemos negar.

Descartada essa doutrina, resta dizer, portanto, que o Estado tem outros fins a perseguir, outro papel a desempenhar que não o de zelar pelo respeito aos direitos individuais. Mas então corremos o risco de nos ver diante da solução contrária à que acabamos de examinar, da solução que eu tenderia a chamar de solução mística, da qual as teorias sociais de Hegel deram a expressão mais sistemática em certos aspectos. Desse ponto de vista, foi dito que cada sociedade tem um fim superior aos fins individuais, sem relação com estes últimos, e que o papel do Estado é perseguir a realização desse fim verdadeiramente social, devendo o indivíduo ser um instrumento cujo papel é executar esses planos que ele não fez e que não lhe concernem. É pela glória da sociedade, pela grandeza da sociedade, pela riqueza da sociedade que ele deve trabalhar, e deve achar-se recompensado por seu esforço pelo único fato de, membro dessa sociedade, participar de alguma maneira desses bens que ele contribuiu para conquistar. Ele recebe uma parte dos raios dessa glória; um reflexo dessa grandeza lhe chega e é suficiente para interessá-lo pelos fins que o ultrapassam. Essa tese merece tanto mais nos deter por não ter apenas um interesse especulativo e histórico; mas, aproveitando a conturbação em que atualmente se encontram as idéias, está iniciando uma espécie de renascimento. Nosso país, que até agora estava fechado a ela, é testemunha de algumas disposições a acolhê-la com complacência. Porque os velhos fins individuais que acabo de explicar já não bastam, lançamo-nos desesperadamente sobre a fé contrária e, renunciando ao culto do indivíduo, que bastava a nossos pais, tentamos restaurar sob uma nova forma o culto da *Cité*.

QUINTA LIÇÃO

MORAL CÍVICA (*continuação*)

RELAÇÃO ENTRE O ESTADO E O INDIVÍDUO

Não há dúvida de que essa foi, realmente, num grande número de sociedades, a natureza dos fins perseguidos pelo Estado: aumentar o poder do Estado, tornar seu nome mais glorioso, esse era o único ou o principal objetivo da atividade pública. Os interesses e as necessidades individuais não eram levados em conta. O caráter religioso pelo qual era marcada a política das sociedades faz sentir essa indiferença do Estado pelo que dizia respeito aos indivíduos. O destino dos Estados e o dos Deuses que neles eram adorados eram vistos como intimamente solidários. Os primeiros não podiam ser rebaixados sem que o prestígio dos segundos diminuísse, e vice-versa. A religião pública e a moral cívica se confundiam, não eram mais que aspectos da mesma realidade. Contribuir para a glória da *Cité* era contribuir para a glória dos Deuses da *Cité* e vice-versa. Ora, o que caracteriza os fenômenos de ordem religiosa é serem de uma natureza totalmente diferente dos fenômenos de ordem humana. São do âmbito de outro mundo. O indivíduo, como indivíduo, pertence ao mundo profano; os Deuses são o próprio centro do mundo religioso e, entre esses dois mundos, há um hiato. Eles são feitos de uma substância diferente da dos homens, têm outras idéias, outras necessidades, uma existência diferente. Dizer que os fins da política eram religiosos e que os fins religiosos eram políticos é dizer que entre os fins do Estado e os fins perseguidos pelos particulares como particulares havia uma solução de continuidade. Como o indivíduo podia então se ocupar em perseguir objetivos tão estranhos a suas preocupações privadas? É que suas preocupações privadas contavam relativamente pouco para ele; é que sua personalidade e tudo o que dependia dela tinham pouco valor moral. Suas idéias pessoais, suas crenças pessoais, suas aspirações pessoais de todos os tipos eram consideradas quantidades desprezíveis. O que tinha valor aos olhos de todos eram as crenças coletivas, as aspirações coletivas, as tradições comuns e os símbolos que as exprimiam. Nessas condições, o indivíduo consentia espontaneamente e sem resistência em submeter-se ao instrumento pelo qual se realizavam os fins que não lhe concerniam diretamente. Absorvido pela sociedade, ele lhe seguia docilmente os impulsos e subordinava seu destino próprio aos destinos do ser coletivo, sem que o sacrifício lhe fosse custoso; pois a seus olhos seu destino particular não tinha o sentido e a elevada importância que lhe atribuímos hoje. E, se era assim, é porque era necessário que fosse assim; as sociedades então só podiam existir graças a essa dependência.

Porém, quanto mais avançamos na história, mais vemos as coisas mudarem. Antes perdida no seio da massa social, a personalidade individual se destaca dela. O círculo da vida individual, antes restrito e pouco respeitado, amplia-se e torna-se o objeto eminente do respeito moral. O indivíduo adquire direitos cada vez mais extensos a dispor de si mesmo, das coisas que lhe são atribuídas, a se fazer do mundo as representações que lhe pareçam mais convenientes, a desenvolver livremente sua natureza. A guerra, entravando sua atividade, diminuindo-o, torna-se o mal por excelência. Impondo-lhe um sofrimento desmerecido, ela aparece cada vez mais como a forma por excelência da falta moral. Nessas condições, é uma contradição solicitar do indivíduo a mesma subordinação de antigamente. Não se pode fazer dele ao mesmo tempo um Deus, o Deus por excelência, e um instrumento nas mãos dos Deuses. Não se pode fazer dele o fim supremo, e reduzi-lo ao papel de meio. Se ele é a realidade moral, é ele que deve nortear tanto a conduta pública como a conduta privada. O Estado deve voltar-se para revelar sua natureza. Haverá quem diga que esse culto do indivíduo é uma superstição da qual devemos nos desvencilhar. Mas isso é contrariar todos os ensinamentos da história; pois, quanto mais se avança, mais cresce a dignidade da pessoa. Não há lei mais bem estabelecida. Por isso qualquer tentativa de assentar as instituições sociais no princípio oposto é irrealizável e só pode ter um sucesso de um dia. Pois não se pode fazer com que as coisas sejam diferentes do que são. Não se pode fazer com que o indivíduo não tenha se tornado o que é, ou seja, um foco autônomo de atividade, um sistema imponente de forças pessoais cuja energia não pode ser mais destruída do que a das forças cósmicas. Já não é possível, a esta altura, transformar nossa atmosfera física no seio da qual respiramos.

Mas então chegamos a uma antinomia insolúvel? Por um lado, constatamos que o Estado vai se desenvolvendo cada vez mais; por outro, que os direitos do indivíduo, que são vistos como opostos aos direitos do Estado, se desenvolvem paralelamente. Se o órgão governamental assume proporções cada vez mais consideráveis é porque sua função se torna cada vez mais importante, porque os fins que ele persegue, que estão ligados à sua própria atividade, se multiplicam; e no entanto negamos que ele possa perseguir outros fins que não os que interessam ao indivíduo. Ora, estes são vistos, por definição, como pertencentes ao âmbito da atividade individual. Se, como se supõe, os direitos do indivíduo são dados com o indivíduo, o Estado não tem de intervir para constituí-los; eles não dependem do Estado. Mas então, se não dependem dele, se estão fora de sua competência, como os limites dessa competência podem se ampliar constantemente, ao passo que, por outro lado, eles devem conter cada vez menos coisas estranhas ao indivíduo?

O único meio de eliminar a dificuldade é negar o postulado segundo o qual os direitos do indivíduo são dados com o indivíduo, é admitir que a instituição desses direitos é obra do próprio Estado. Então, com efeito, tudo se explica. Compreende-se que as funções do Estado se ampliam sem que por isso resulte uma diminuição do indivíduo, ou que o indivíduo se desenvolve sem que por isso o Estado recue, uma vez que o indivíduo seria, em certos aspectos, o próprio produto do Estado, pois a atividade do Estado seria essencialmente libertadora do indivíduo. Ora, o que se depreende dos fatos é que a história autoriza efetivamente a admitir essa relação de causa e efeito entre o avanço do individualismo moral e o avanço do Estado. Salvo casos anormais de que teremos oportunidade de falar, quanto mais forte é o Estado, mais o indivíduo é respeitado. Sabemos que o Estado ateniense é construído muito menos fortemente do que o Estado romano, e está claro que o Estado romano, por sua vez, sobretudo o Estado da *Cité*, era uma organização rudimentar em comparação com nossos grandes Estados centralizados. A concentração governamental era mais avançada na *Cité* romana do que em todas as *Cités* gregas, e a unidade do Estado mais pronunciada. É isso que tivemos oportunidade de estabelecer no ano passado. Um fato entre outros torna perceptível essa diferença: o culto em Roma estava nas mãos do Estado. Em Atenas, estava difuso entre a infinidade de colégios sacerdotais. Não encontramos em Atenas nada que se assemelhe ao cônsul romano, entre cujas mãos todos os poderes governamentais estavam centralizados. A administração ateniense se dispersava entre uma infinidade incoerente de funcionários diversos. Cada um dos grupos elementares que constituíam a Sociedade – clãs, fratrias, tribos – havia conservado sua autonomia muito maior do que em Roma, onde logo foram absorvidos pela massa da sociedade. Quanto à distância em que se encontram, sob esse aspecto, os Estados europeus com relação aos Estados gregos ou italianos, ela é evidente. Ora, o individualismo era muito mais desenvolvido em Roma do que em Atenas. O vivo sentimento que se tinha em Roma do caráter respeitável da pessoa expressava-se nas fórmulas conhecidas em que se afirmava a dignidade do cidadão romano e nas liberdades que eram suas características jurídicas.

Esse é um dos pontos que Jhering contribuiu para elucidar (II, p. 131). O mesmo ocorre do ponto de vista da liberdade de pensamento. Mas, por mais notável que seja o individualismo romano, ele é insignificante ao lado do que se desenvolveu no seio das sociedades cristãs. O culto cristão é um culto interior: é feito de fé interior mais do que de práticas materiais; ora, a fé intensa escapa a todo controle exterior. Em Atenas, o desenvolvimento intelectual (científico e filosófico) foi muito mais considerável do que em Roma. Ora, a ciência e a filosofia, a reflexão coletiva, supostamente se desenvolvem como o individualismo. É certo, com efeito, que freqüentemente elas o acompanham. No entanto, não necessariamente. Na Índia, o bramanismo e o budismo tiveram uma metafísica muito elaborada e muito refinada; o culto do budismo repousa sobre toda uma teoria do mundo. As ciências foram muito desenvolvidas nos templos egípcios. Sabe-se todavia que, em ambas as sociedades, o individualismo era quase completamente ausente. É o que prova melhor do que qualquer outro fato o caráter panteísta tanto dessas metafísicas como das religiões de que elas tentam dar uma espécie de fórmula racional e sistemática. Pois a fé panteísta é impossível onde os indivíduos têm um sentimento agudo de sua individualidade. Assim, também, as letras e a filosofia foram muito praticadas nos mosteiros da Idade Média. Com efeito, a intensidade da reflexão, por parte tanto do indivíduo como da sociedade, está em razão inversa da atividade prática. Se, depois de uma circunstância qualquer, a atividade prática se reduzir abaixo do nível normal numa parte da sociedade, as energias intelectuais se desenvolverão tanto mais, tomando todo o lugar que assim lhes for deixado livre. Ora, é o caso dos sacerdotes e monges, sobretudo nas religiões contemplativas. Por outro lado, sabe-se também que a vida prática do ateniense reduzia-se a pouca coisa. Ele dispunha de seu tempo. Nessas condições, produziu-se um florescimento notável da ciência, da filosofia, que, sem dúvida, uma vez que nascem, podem suscitar um movimento individualista, mas não derivam dele. Pode até acontecer que a reflexão assim desenvolvida não tenha essa conseqüência, que permaneça essencialmente conservadora. Ela é empregada então para fazer a teoria do estado de coisas existente ou para fazer sua crítica. Esse é antes de tudo o caráter da especulação sacerdotal; e a própria especulação grega manteve durante muito tempo essa mesma disposição. As teorias políticas e morais de Aristóteles e de Platão fazem pouco mais do que reproduzir sistematicamente, uma, a organização de Esparta, a outra, a de Atenas.

Enfim, uma última razão que impede que se meça o grau de individualismo de um país pelo desenvolvimento alcançado pelas faculdades de reflexão é o fato de que o individualismo não é uma teoria; ele é da ordem da prática, não da especulação. Para que ele se realize, deve afetar os costumes, os órgãos sociais, e às vezes ocorre ele dissipar-se inteiramente, por assim dizer, em devaneios especulativos, em vez de penetrar a realidade e suscitar para si o corpo de práticas e instituições que lhe seria adequado. Vê-se então produzirem-se sistemas que manifestam as aspirações sociais por um individualismo mais desenvolvido, mas que permanece no estado de desiderato porque faltam as condições necessárias para que ele se torne uma realidade. Não é um pouco o caso do nosso individualismo francês? Ele foi expresso teoricamente na Declaração dos Direitos do Homem, embora de uma maneira exagerada; está longe, no entanto, de estar profundamente enraizado no país. A prova disso é a extrema facilidade com que muitas vezes, ao longo deste século, aceitamos regimes autoritários, na realidade baseados em princípios muito diferentes. Apesar do texto do nosso código moral, os velhos hábitos sobrevivem mais do que acreditamos, mais do que gostaríamos. É que, para instituir uma moral individualista, não basta afirmá-la, traduzi-la em belos sistemas, é preciso que a sociedade esteja organizada de maneira que essa constituição se torne possível e duradoura. Caso contrário ela permanece em estado difuso e doutrinário.

Assim, a história parece mesmo provar que o Estado não foi criado e não tem simplesmente o papel de impedir que o indivíduo não seja perturbado no exercício de seus direitos naturais, mas é o Estado que cria esses direitos, organiza-os e torna-os realidades. E, com efeito, o homem só é homem porque vive em sociedade. Retire-se do homem tudo o que é de origem social e não restará mais do que um animal análogo aos outros animais. Foi a sociedade que o elevou tão acima da natureza física, e ela alcançou esse resultado porque a associação, agrupando as forças psíquicas individuais, intensifica-as, leva-as a um grau de energia e de produtividade infinitamente superior ao que poderiam atingir se continuassem isoladas umas das outras. Surge assim uma vida psíquica de novo tipo, infinitamente mais rica, mais variada do que aquela de que o indivíduo solitário poderia ser o palco, e a vida que assim se produz, penetrando o indivíduo que dela participa, transforma-o. No entanto, por outro lado, ao mesmo tempo que a sociedade assim alimenta e enriquece a natureza individual, ela tende inevitavelmente a submetê-la, e isso pela mesma razão. Exatamente porque o grupo é uma força moral tão superior à das partes, o primeiro tende necessariamente a subjugar as segundas. Estas não podem deixar de se colocar sob sua dependência. Trata-se aí de uma lei de mecânica moral, tão inelutável quanto as leis da mecânica física. Todo grupo que dispõe de seus membros sob coação se esforça para modelá-los à sua imagem, para impor-lhes suas maneiras de pensar e de agir, para impedir as dissidências. Toda sociedade é despótica, a menos que algo exterior a ela venha conter seu despotismo. Não quero dizer, por outro lado, que esse despotismo tenha algo de artificial; ele é natural uma vez que é necessário e que, além do mais, em certas condições, as sociedades não podem se manter de outro modo. Tampouco quero dizer que ele seja insuportável; pelo contrário, o indivíduo não o sente, assim como não sentimos a atmosfera que pesa sobre nossos ombros. A partir do momento em que o indivíduo foi elevado dessa maneira pela coletividade, ele naturalmente quer o que ela quer, e aceita sem dificuldade o estado de sujeição a que se encontra reduzido. Para que ele tenha consciência disso e lhe resista, é preciso que aspirações individualistas tenham surgido, e elas não podem surgir nessas condições.

Mas, dir-se-á, para que seja diferente não basta que a sociedade tenha uma certa extensão? Sem dúvida, quando a sociedade é pequena, como ela cerca cada indivíduo por todos os lados e a todo instante, não lhe permite que se desenvolva em liberdade. Sempre presente, sempre atuante, ela não deixa nenhum espaço para sua iniciativa. Mas já não é a mesma coisa quando ela atinge dimensões suficientes. Quando inclui uma infinidade de indivíduos, ela não pode exercer sobre cada um deles um controle tão contínuo, tão atento e tão eficaz como quando sua vigilância se concentra num pequeno número. Somos muito mais livres em meio a uma multidão do que num pequeno grupo. Por conseguinte, as diversidades individuais podem se manifestar mais facilmente, a tirania coletiva diminui, o individualismo se estabelece de fato e, com o tempo, o fato se torna o direito. No entanto, as coisas só podem ocorrer assim sob uma condição. É preciso que no interior dessa sociedade não se formem grupos secundários que desfrutem de uma autonomia suficiente para que cada um deles se torne, de certo modo, uma pequena sociedade no seio da grande. Pois então cada uma delas se comporta para com seus membros mais ou menos como se fosse única, e tudo acontece como se a sociedade total não existisse. Cada um desses grupos, envolvendo muito estreitamente os indivíduos que o formam, irá atrapalhar sua expansão; o espírito coletivo irá impor-se às condições particulares. Uma sociedade formada por clãs justapostos, por cidades ou por aldeias mais ou menos independentes, ou por grupos profissionais numerosos e autônomos uns com relação aos outros, será quase tão opressora da individualidade quanto se fosse formada por um só clã, uma só cidade, uma só corporação. Ora, a formação de grupos secundários desse tipo é inevitável; pois, numa sociedade ampla, sempre há interesses particulares locais, profissionais, que tendem naturalmente a aproximar as pessoas que lhes concernem. Há então motivo para associações particulares, corporações, uniões de todo tipo, e, se nenhum contrapeso neutralizar sua ação, cada uma tenderá a absorver seus membros. Seja como for, houve pelo menos a sociedade doméstica e sabemos o quanto ela é absorvente quando abandonada a si mesma, o quanto ela mantém em sua órbita e sob sua dependência imediata todos os que a compõem. (Enfim, se não se formam grupos secundários desse tipo, pelo menos se constituirá à frente da sociedade uma força coletiva para governá-la. E, se essa força coletiva, por sua vez, for única, se só houver diante dela indivíduos, a mesma lei de mecânica os fará cair sob sua dependência.)

Para prevenir tal resultado, para criar terreno para o desenvolvimento individual, não basta portanto que uma sociedade seja ampla, é preciso que o indivíduo possa mover-se com certa liberdade por uma ampla extensão; é preciso que ele não seja retido e açambarcado pelos grupos secundários, é preciso que estes não possam tornar-se donos de seus membros e moldá-los à sua vontade. É preciso portanto que haja, acima de todos esses poderes locais, familiares, enfim, secundários, um poder geral que faça a lei para todos, que lembre a cada um deles que ele é, não o todo, mas uma parte do todo, e que não deve reter para si o que, em princípio, pertence ao todo. O único meio de prevenir esse particularismo coletivo e as conseqüências que ele implica para o indivíduo é que um órgão especial seja encarregado de representar junto a essas coletividades particulares a coletividade total, seus direitos e seus interesses. E esses direitos e esses interesses se confundem com os do indivíduo. Eis como a função essencial do Estado é libertar as personalidades individuais. Pelo simples fato de conter as sociedades elementares que ele inclui, ele as impede de exercer sobre o indivíduo a influência opressiva que, caso contrário, elas exerceriam. Sua intervenção nas diferentes esferas da vida coletiva não tem, portanto, nada de tirânica por si mesma; muito pelo contrário, ela tem por objetivo e por efeito aliviar tiranias existentes. Mas, dir-se-á, ele não pode por sua vez tornar-se despótico? Sim, sem dúvida, desde que não haja nada que o contrabalance. Então, única força coletiva existente, ele produz os efeitos engendrados sobre os indivíduos por toda força coletiva que não seja neutralizada por nenhuma força antagônica de mesmo tipo. Também ele torna-se nivelador e opressivo. E a opressão exercida por ele tem algo de mais insuportável que aquela que provém de pequenos grupos, por ser mais artificial. O Estado, em nossas grandes sociedades, está tão longe dos interesses particulares que não pode levar em conta as condições especiais, locais, etc., em que elas se encontram. Portanto, quando tenta regulamentá-las, só o consegue violentando-as e desnaturando-as. Além disso, não está suficientemente em contato com a infinidade de indivíduos para poder moldá-los interiormente de tal maneira que aceitem de bom grado a ação que terá sobre eles. Em parte eles lhe escapam, ele não pode fazer com que no seio de uma sociedade ampla a diversidade intelectual não se manifeste. Daí todos os tipos de resistências e de conflitos dolorosos. Os pequenos grupos não têm esse inconveniente; estão bastante próximos das coisas que são sua razão de ser para poder adaptar exatamente sua ação; e envolvem de bastante perto os indivíduos para fazê-los à sua imagem. Mas a conclusão que se tira dessa observação é simplesmente a de que a força coletiva que é o Estado, para ser libertadora do indivíduo, precisa de contrapeso; ela deve ser contida por outras forças coletivas, ou seja, pelos grupos secundários de que falaremos adiante. Embora não seja bom que eles sejam os únicos, é preciso que existam. E é desse conflito de forças sociais que nascem as liberdades individuais. Assim, vemos dessa maneira, mais uma vez, qual é a importância desses grupos. Eles não servem apenas para regular e administrar os interesses que são de sua competência; são uma das condições indispensáveis da emancipação individual.

A verdade é que o Estado não é por si mesmo um antagonista do indivíduo. O individualismo só é possível por meio dele, embora ele só possa servir à sua realização em condições determinadas. Pode-se dizer que é ele que constitui a função essencial. Foi ele que subtraiu a criança à dependência patriarcal, à tirania doméstica, foi ele que livrou o cidadão dos grupos feudais, mais tarde comunais, foi ele que livrou o operário e o patrão da tirania corporativa, e, se ele exerce sua atividade com muita violência, ela só é viciada, em suma, porque se limita a ser puramente destrutiva. Eis o que justifica a extensão cada vez maior de suas atribuições. Essa concepção do Estado é, portanto, individualista, sem todavia confinar o Estado à administração de uma justiça totalmente negativa; reconhece-lhe o direito e o dever de desempenhar um papel dos mais extensos em todas as esferas da vida coletiva, sem ser[1] místico. Pois o fim que ela atribui assim ao Estado pode ser compreendido pelos indivíduos, assim como as relações que esse fim tem com eles. Os indivíduos podem colaborar para ele tendo conhecimento do que fazem, do objetivo de sua ação, porque é deles mesmos que se trata. Podem até contradizê-lo, e mesmo assim fazer-se os instrumentos do Estado, pois é para realizá-los que tende a ação do Estado. E no entanto eles não são, como pretende a escola individualista utilitária, ou a escola kantiana, totalidades que bastam a si mesmas e que o Estado deve limitar-se a respeitar, pois é pelo Estado e só por ele que os indivíduos existem moralmente.

---

1. Entenda-se: sem se tornar, por isso, uma concepção mística do Estado. (N. ed. fr.)

SEXTA LIÇÃO
MORAL CÍVICA (*continuação*)

O ESTADO E O INDIVÍDUO. A PÁTRIA

Pode-se explicar agora como o Estado, sem perseguir fim místico de nenhum tipo, desenvolve cada vez mais suas atribuições. Com efeito, se os direitos do indivíduo não são dados *ipso facto* com o indivíduo, se não estão inscritos na natureza das coisas com uma tal evidência que baste ao Estado constatá-los nela e promulgá-los, se, ao contrário, eles precisam ser conquistados vencendo as forças contrárias que os negam e se só o Estado está apto a desempenhar esse papel, ele não pode se ater às funções de árbitro supremo, de administrador de uma justiça totalmente negativa, como pretenderia o individualismo utilitário ou kantiano. Mas é preciso que ele desenvolva energias proporcionais àquelas a que deve fazer contrapeso. É preciso até que ele penetre todos aqueles grupos secundários – família, corporação, Igreja, distritos territoriais, etc. – que tendem, como vimos, a absorver a personalidade de seus membros, e isso a fim de prevenir essa absorção, a fim de libertar esses indivíduos, a fim de lembrar a essas sociedades parciais que elas não estão sozinhas e que há um direito acima dos direitos delas. É preciso, portanto, que o Estado se imiscua em sua vida, vigie e controle a maneira pela qual elas funcionam, e, para isso, que estenda suas ramificações em todos os sentidos. Para cumprir essa tarefa, ele não pode fechar-se nos pretórios dos tribunais, é preciso que esteja presente em todas as esferas da vida social, fazendo sentir sua ação. Por toda parte em que se encontrem essas forças coletivas particulares, que se ficassem sozinhas e abandonadas a si mesmas arrastariam o indivíduo a depender exclusivamente delas, é preciso que o Estado esteja presente para neutralizá-las. Ora, as sociedades tornam-se cada vez mais consideráveis e complexas, são feitas de círculos cada vez mais diversos, de órgãos múltiplos que por si sós já são de um valor considerável. Para cumprir sua função, é preciso portanto que o Estado também se amplie e se desenvolva nas mesmas proporções.

Compreenderemos mais ainda a necessidade desse movimento de ampliação se representarmos melhor em que consistem esses direitos do indivíduo que o Estado conquista gradualmente vencendo as resistências do particularismo coletivo. Quando se considera – como Spencer e como Kant, por exemplo, para citar apenas os nomes dos que fizeram escola – que esses direitos derivam da própria natureza do indivíduo, que apenas enunciam as condições que lhe são necessárias para que ele se realize, eles são concebidos necessariamente como definidos e determinados de uma vez por todas, assim como a natureza individual que expressam e da qual derivam. Todo ser tem uma dada constituição, seus direitos dependem de sua constituição, estão implicitamente inscritos nela. Pode-se fazer sua lista exaustiva, definitiva; por certo é possível que se cometam omissões, mas por si mesma sua lista não pode ter nada de indefinido; portanto, ela poderá ser estabelecida de maneira completa se procedermos com método suficiente. Se os direitos individuais têm por objetivo permitir o livre funcionamento da vida individual, basta determinar o que ela implica para deduzir os direitos que devem ser reconhecidos ao indivíduo. Por exemplo, segundo Spencer, a vida supõe um equilíbrio constante entre as forças vitais e as forças exteriores, e isso implica que a reparação seja proporcional ao dispêndio ou gasto. Será preciso então que cada um de nós receba em troca de seu trabalho uma remuneração que lhe permita reparar as forças que o trabalho absorveu, e para isso bastará que os contratos sejam livres e respeitados, o indivíduo não devendo, de fato, abandonar o que ele fez em troca de um valor menor. O homem, diz Kant, é uma pessoa moral. Seu direito deriva do caráter moral de que ele é investido e, por conseguinte, é determinado por isso mesmo. Esse caráter moral torna-o inviolável; tudo o que atenta contra essa inviolabilidade é uma violação desse direito. É assim que os partidários do que chamamos de direito natural, ou seja, da tese segundo a qual o direito individual é derivado da natureza individual, o concebem como algo universal, como um código que pode ser estabelecido de uma vez por todas e que vale para todos os tempos e todos os lugares. E o caráter negativo que eles tentam conferir a esse direito torna-o, aparentemente, mais facilmente determinável.

Mas o postulado em que se baseia essa teoria é de um simplismo artificial. O que está na base do direito individual não é a noção do indivíduo tal como ele é, mas a maneira pela qual a sociedade o pratica, o concebe, a apreciação que faz dele. O que importa não é o que ele é, mas o que ele vale e, inversamente, o que ele deve ser. O que faz com que o indivíduo tenha mais direitos ou menos, estes direitos e não aqueles, não é o fato de ele ser constituído de determinada maneira, mas é o fato de a sociedade lhe atribuir determinado valor, atribuir ao que lhe concerne um preço maior ou menor. Se tudo o que toca a ele tocar a ela, a sociedade reagirá contra tudo o que possa diminuí-lo. Além de isso não permitir contra ele as mínimas ofensas, a sociedade se considerará como que obrigada a engrandecê-lo e a desenvolvê-lo. Inversamente, se o indivíduo for considerado apenas mediocremente, a sociedade será insensível até mesmo a graves atentados e os tolerará. Conforme as idéias, ou seja, conforme os tempos, sérias ofensas aparecerão como veniais, ou, ao contrário, nunca se julgará demasiado o favorecimento que se dê a livres expressões. Aliás, basta examinar um pouco de perto os teóricos do direito natural que acreditam poder distinguir definitivamente o que é e o que não é de direito para perceber que, na realidade, o limite que eles imaginam estabelecer assim não tem nada de preciso e depende exclusivamente do estado da opinião. É preciso e é suficiente, diz Spencer, que a remuneração seja igual ao valor do trabalho. Mas como determinar esse equilíbrio? Esse valor é questão de apreciação. Diz-se que cabe aos contratantes decidi-lo, contanto que decidam livremente. Porém em que consiste essa liberdade? Nada foi tão variável ao longo do tempo como a idéia que se teve da liberdade contratual. Aos romanos, bastava que a fórmula do vínculo fosse pronunciada para que o contrato tivesse toda a força de obrigação, e era a letra da fórmula que determinava os compromissos contraídos, não as intenções. Depois as intenções entraram em conta: deixou-se de considerar normal um contrato obtido pela obrigação material. Certas formas da obrigação moral começam até a ser excluídas. O que provocou essa evolução? É que se passou a fazer uma idéia cada vez mais elevada da pessoa humana, os menores atentados à sua liberdade tornaram-se mais intoleráveis. E tudo leva a prever que essa evolução não terminou, que nos tornaremos mais rigorosos ainda a esse respeito. Kant declara que a pessoa humana deve ser autônoma. Mas uma autonomia absoluta é impossível. A pessoa faz parte do meio físico e social, é solidária dele, só pode ser relativamente autônoma. E, então, qual é o grau de autonomia que lhe convém? Quem não vê que a resposta depende do estado das sociedades, ou seja, do estado da opinião? Houve um tempo em que a servidão material, contraída em certas condições, não parecia de modo algum imoral; nós a abolimos, mas quantas formas de servidão moral sobrevivem? Pode-se dizer que um homem que não tem do que viver é autônomo, que é dono de seus atos? Quais são então as dependências legítimas e quais são as ilegítimas? A esses problemas não se pode dar uma resposta definitiva.

Os direitos individuais estão portanto em evolução; progridem incessantemente, e não é possível designar-lhes um termo que não devem ultrapassar. O que ontem parecia ser uma espécie de luxo tornar-se-á, amanhã, de estrito direito. A tarefa que cabe assim ao Estado é ilimitada. Não se trata simplesmente, para ele, de realizar um ideal definido, que mais dia menos dia deverá ser atingido e definitivamente. Mas o campo aberto à sua atividade moral é infinito. Não há razão para que chegue um momento em que ele se feche, em que a obra possa ser considerada terminada. Tudo leva a prever que nos tornaremos mais sensíveis ao que concerne à personalidade humana. Mesmo que não se consiga imaginar de antemão as mudanças que poderão se fazer nesse sentido e com esse espírito, a pobreza de nossa imaginação não deve autorizar-nos a negá-las. E, aliás, há uma quantidade bastante grande delas cuja necessidade pressentimos já agora. Isso explica melhor ainda os progressos contínuos do Estado e o que os justifica, pelo menos em certa medida. É isso que nos permite afirmar que, longe de ser uma espécie de anomalia passageira, eles estão destinados a prosseguir indefinidamente no futuro.

Ao mesmo tempo, pode-se compreender melhor que não havia nenhum exagero em dizer que nossa individualidade moral, em vez de se opor ao Estado, era um produto dele. É ele que a libera. E essa liberação progressiva não consiste simplesmente em manter à distância dos indivíduos as forças contrárias que tendem a absorvê-lo, mas em dispor o meio no qual o indivíduo se move para que, nesse meio, ele possa se desenvolver livremente. O papel do Estado nada tem de negativo. Ele tende a assegurar a individuação mais completa que o estado social permita. Longe de ser o tirano do indivíduo, é ele que resgata o indivíduo da sociedade. Mas, ao mesmo tempo que esse fim é essencialmente positivo, ele não tem nada de transcendente para as consciências individuais. Pois é um fim essencialmente humano. Não temos nenhuma dificuldade em compreender seu atrativo, pois afinal é a nós que ele concerne. Os indivíduos podem, sem se contradizer, fazer-se os instrumentos do Estado, pois a ação do Estado é voltada para a realização deles. Contudo não os consideramos, como Kant e Spencer, espécies de absolutos que bastam quase completamente a si mesmos, egoísmos que só conhecem seu próprio interesse. Pois, embora esse fim interesse a todos eles, não é o fim principal de nenhum deles em particular. Não é um determinado indivíduo que o Estado procura desenvolver, é o indivíduo *in genere*, que não se confunde com nenhum de nós, e, prestando-lhe nosso concurso, sem o qual ele nada pode, não nos tornamos os agentes de um fim que nos é estranho, não deixamos de perseguir um fim impessoal que paira acima de todos os nossos fins privados, ao mesmo tempo que está ligado a eles. Por um lado, nossa concepção do Estado nada tem de mística, no entanto ela é essencialmente individualista.

Por isso mesmo é determinado o dever fundamental do Estado, que é chamar progressivamente o indivíduo à existência moral. Digo que é seu dever fundamental porque a moral cívica não pode ter outro pólo que não as causas morais. Porque o culto da pessoa humana parece ser o único destinado a sobreviver, ele deve ser o culto tanto do Estado como dos particulares. Esse culto, aliás, tem tudo para desempenhar o mesmo papel que os cultos de antigamente. Não está menos apto a garantir a comunhão dos espíritos e das vontades que é a condição primeira de toda vida social. É tão fácil unir-se para trabalhar pela grandeza do homem quanto para trabalhar pela glória de Zeus, ou de Javé, ou de Atena. A única diferença dessa religião com relação aos indivíduos é que o Deus que ela adora está mais próximo de seus fiéis. Mas, embora esteja menos distante deles, não deixa de ultrapassá-los; e o papel do Estado é, a esse respeito, o mesmo de antigamente. Cabe a ele, por assim dizer, organizar o culto, presidir a ele, garantir seu funcionamento regular e seu desenvolvimento.

Diremos que esse dever é o único que cabe ao Estado, que toda a atividade do Estado deve voltar-se nesse sentido? Seria assim se cada sociedade vivesse isolada das outras, sem precisar temer as hostilidades. Mas sabe-se que a concorrência internacional ainda não desapareceu; que os Estados, mesmo civilizados, em suas relações mútuas ainda vivem, em parte, em pé de guerra. Eles se ameaçam mutuamente, e, como o primeiro dever de um Estado para com seus membros é manter intacto o ser coletivo que eles formam, ele deve, na mesma medida, organizar-se com esse objetivo. É preciso estar pronto para se defender, talvez até para atacar, se a ameaça for sentida. Ora, toda essa organização supõe uma disciplina moral diferente da que tem como objetivo o culto do homem. Está orientada num sentido completamente diferente. Tem por objetivo a coletividade nacional e não o indivíduo. É a disciplina de outrora que sobrevive porque as antigas condições da existência coletiva ainda não desapareceram. Nossa vida moral é, assim, atravessada por duas correntes de sentidos divergentes. Seria ignorar o estado de coisas querer desde já reduzir essa dualidade à unidade, querer extinguir já agora todas essas instituições, todas essas práticas que o passado nos legou, ao passo que as condições que as suscitaram ainda sobrevivem entre nós. Assim como não podemos fazer com que a personalidade individual não tenha chegado ao grau de desenvolvimento a que chegou, não podemos fazer com que a concorrência internacional não tenha conservado uma forma militar. Daí, portanto, deveres de natureza completamente diferente para o Estado. Nada permite nem mesmo afirmar que algo disso não subsistirá sempre. Em geral, o passado não desaparece inteiramente. Alguma coisa dele sempre subsiste no futuro. Mas, dito isso, é preciso apressar-se em acrescentar que, quanto mais se avança, mais também, pelas razões que expusemos, esses deveres antes fundamentais e essenciais se tornam secundários e anormais, deixando-se de lado as circunstâncias excepcionais e regressões passageiras que podem ocorrer acidentalmente. Antigamente, a ação do Estado era inteiramente voltada para fora; ela está destinada a se voltar cada vez mais para dentro. Pois é por toda a sua organização, e só por ela, que a sociedade poderá chegar a realizar o fim que deve perseguir antes de qualquer outro. E, nesse aspecto, não há risco de lhe faltar matéria. Dispor o meio social de modo que a pessoa possa realizar-se mais plenamente nele, regular a máquina coletiva de modo que ela pese menos para os indivíduos, garantir a troca pacífica dos serviços, o concurso de todas as boas vontades com vistas ao ideal perseguido pacificamente em comum, não é bastante ocupação para a atividade pública? Os problemas, as dificuldades internas não faltam a nenhum país europeu, e, quanto mais avançarmos, mais essas dificuldades se multiplicarão, pois a vida social, tornando-se mais complexa, tornar-se-á também de funcionamento mais delicado; e, como os organismos superiores são de equilíbrio mais fácil de ser perturbado e necessitam de mais cuidados para poder ser mantidos, também as sociedades terão cada vez mais necessidade de concentrar suas forças em si mesmas, numa espécie de recolhimento, em vez de despendê-las fora, em manifestações violentas.

Eis o que há de fundado nas teses de Spencer. Ele bem viu que a regressão da guerra e das formas sociais que lhe são solidárias devia afetar profundamente a vida das sociedades. Mas disso não se segue que essa regressão não deixe outro alimento à vida social que não os interesses econômicos e que se deva necessariamente escolher entre o militarismo e o mercantilismo. Se, para retomar suas palavras, os órgãos em depredação tendem a desaparecer, isso não significa que os órgãos da vida vegetativa devam tomar todo o lugar nem que os órgãos sociais devam algum dia reduzir-se a não ser mais do que um vasto aparelho digestivo. Há uma atividade interna que não é econômica ou mercantil: é a atividade moral. Essas forças que se desviam do exterior para o interior não são empregadas apenas para produzir o mais possível, para aumentar o bem-estar, mas para organizar, para moralizar a sociedade, para manter essa organização moral, para regular seu desenvolvimento progressivo. Não se trata simplesmente de multiplicar as trocas, mas de fazer com que elas se efetuem segundo regras mais justas; não se trata simplesmente de fazer de modo que cada um tenha à sua disposição uma alimentação rica, mas de fazer com que cada um seja tratado como merece, seja libertado de toda dependência injusta e humilhante, seja ligado aos outros e ao grupo sem nisso perder sua personalidade. E o agente especialmente encarregado dessa atividade é o Estado. O Estado, portanto, não está destinado a tornar-se nem, como pretendem os economistas, um simples espectador da vida social em cujo jogo ele só interviria negativamente, nem, como pretendem os socialistas, uma simples engrenagem da máquina econômica. Ele é antes de tudo o órgão por excelência da disciplina moral. Ele desempenha esse papel hoje como outrora, embora a disciplina tenha mudado. Erro dos socialistas.

A concepção a que chegamos assim permite entrever como está chamado a se resolver um dos mais graves conflitos morais que perturbam nossa época, isto é, o conflito que se produziu entre ordens de sentimentos igualmente elevados, os que nos ligam ao ideal nacional, ao Estado que encarna esse ideal, e os que nos ligam ao ideal humano, ao homem em geral, em resumo, entre o patriotismo e o cosmopolitismo. A antiguidade não conheceu esse conflito, pois havia então um só culto possível: o culto do Estado, de que a religião pública nada mais era do que a forma simbólica. Portanto não havia entre os fiéis motivos para escolha ou hesitação. Eles não concebiam nada acima do Estado, da grandeza e da glória do Estado. Mas as coisas mudaram. Por mais apego que possamos ter à nossa pátria, hoje todo o mundo sente que acima das forças nacionais há outras, menos efêmeras e mais elevadas, porque não se atêm às condições especiais em que se encontra um grupo político determinado e não são solidárias de seus destinos. Há algo de mais universal e mais duradouro. Ora, não há dúvida de que os fins mais gerais e mais constantes são também os mais elevados. Quanto mais avançamos na evolução mais vemos o ideal perseguido pelos homens se desprender das circunstâncias locais e étnicas, próprias a determinado ponto do globo ou a determinado grupo humano, elevar-se acima de todas essas particularidades e tender para a universalidade. Pode-se dizer que as forças morais se hierarquizam segundo seu grau de generalidade! Tudo autoriza a crer, portanto, que os fins nacionais não estão no cume dessa hierarquia e que os fins humanos estão destinados a ocupar o primeiro plano.

Partindo desse princípio, às vezes julgou-se possível tratar o patriotismo como simples sobrevivência cujo desaparecimento próximo se anuncia. Mas, então, vemo-nos em presença de outra dificuldade. Com efeito, o homem só é um ser moral porque vive no seio de sociedades constituídas. Não há moral sem disciplina, sem autoridade; ora, a única autoridade racional é aquela de que a sociedade é investida com relação a seus membros. A moral não nos aparece como uma obrigação, ou seja, não nos aparece como a moral e, por conseguinte, só podemos ter o sentimento do dever se existe em torno de nós, e acima de nós, um poder que o sancione. Não é que a sanção moral seja todo o dever; mas é o sinal exterior pelo qual ele é reconhecido, é a prova sensível de que há algo acima de nós de que dependemos. O crente tem a liberdade de representar essa potência sob a forma de um ser sobre-humano, inacessível à razão e à ciência. Mas, por esse motivo mesmo, não nos cabe discutir a hipótese e ver o que há e o que não há de fundamento no símbolo. O que bem mostra o quanto uma organização social é necessária à moralidade é o fato de toda desorganização, toda tendência à anarquia política ser acompanhada de um aumento de imoralidade. Não é apenas porque os criminosos têm mais possibilidade de escapar aos castigos; mas acontece que, de maneira geral, o sentimento do dever se enfraquece, porque já não sentimos acima de nós nada de que dependamos. Ora, o patriotismo é exatamente o conjunto das idéias e dos sentimentos que ligam o indivíduo a um Estado determinado. Suponhamos que ele se enfraqueça, que desapareça; onde o homem encontrará essa autoridade moral cujo jugo lhe é tão salutar? Se não há uma sociedade definida, que tenha consciência de si mesma, que lhe lembre a cada instante seus deveres, que o faça sentir a necessidade da regra, como ele poderia senti-lo? Sem dúvida, quando se acredita que a moral é natural e está *a priori* em cada uma de nossas consciências, que basta ler nelas para saber em que ela consiste e ter um pouco de boa vontade para compreender que nos devemos submeter a ela, o Estado aparece então como algo totalmente exterior à moral, e por conseguinte parece que ele pode perder a influência sem que haja perda para a moralidade. No entanto, quando se sabe que a moral é um produto da sociedade, que ela penetra o indivíduo a partir do exterior, que em certos aspectos ela violenta sua natureza física, sua constituição natural, compreende-se também que a moral é o que é a sociedade, e que a primeira só é forte na medida em que a segunda é organizada. Ora, os Estados são hoje as mais elevadas sociedades organizadas que existem. Certas formas do cosmopolitismo estão, por sua vez, muito próximas de um individualismo egoísta. Elas têm por efeito denunciar a lei moral que existe, mais do que criar outras que tivessem mais valor. E é por essa razão que tantos espíritos resistem a essas tendências, embora sintam o que elas têm de lógico e de inevitável.

Haveria uma solução teórica do problema; seria imaginar a própria humanidade organizada em sociedade. Não é preciso dizer, porém, que essa idéia, se não é totalmente irrealizável, deverá ser rejeitada num futuro tão indeterminado que, na verdade, não é possível fazer com que seja levada em conta. Em vão concebem-se como meio-termo sociedades mais amplas do que as que existem atualmente, uma Confederação dos Estados europeus, por exemplo. Essa confederação mais ampla seria, por sua vez, como um Estado particular, que tivesse sua personalidade, seus interesses, sua fisionomia própria. Não será a humanidade.

Há, no entanto, um meio de conciliar esses dois sentimentos. É o ideal nacional confundir-se com o ideal humano; é os Estados particulares se tornarem, cada um com suas forças, os órgãos pelos quais se realize esse ideal geral. Que cada Estado dê a si mesmo como tarefa essencial, não a de crescer, de estender suas fronteiras, mas a de dispor da melhor maneira possível sua autonomia, de convocar para uma vida moral cada vez mais elevada o maior número possível de seus membros, e então desaparecerá toda contradição entre a moral nacional e a moral humana. Que o Estado não tenha outro objetivo senão o de fazer de seus cidadãos homens, no sentido pleno da palavra, e então os deveres cívicos serão apenas uma forma mais particular dos deveres gerais da humanidade. Ora, vimos que é nesse sentido que se faz a evolução. Quanto mais as sociedades concentrarem suas forças dentro, em sua vida interior, mais também elas se desviarão dos conflitos que põem em confronto cosmopolitismo e patriotismo; e elas se concentram cada vez mais em si mesmas na medida em que se tornam mais vastas e mais complexas. É nesse sentido que o advento de sociedades mais consideráveis ainda do que as que temos sob nossos olhos será um progresso do futuro.

Assim, o que resolve a antinomia é que o patriotismo tende a se tornar como que uma pequena parte do cosmopolitismo. O que acarreta o conflito é o fato de muitas vezes ele ser concebido de maneira diferente. Ao que parece, o verdadeiro patriotismo só se manifesta nas formas da ação coletiva que são orientadas para fora; que só podemos marcar nosso apego ao grupo patriótico ao qual pertencemos nas circunstâncias que o põem em confronto com algum grupo diferente. Por certo essas crises externas são fecundas em ocasiões de devoção exaltada. Porém, ao lado desse patriotismo, há um outro, mais silencioso, mas cuja ação útil também é mais contínua, e que tem por objeto a autonomia interna da sociedade e não sua expansão externa. Esse patriotismo não exclui, de modo algum, orgulho nacional; nem a personalidade coletiva nem as personalidades individuais podem existir sem ter um certo sentimento de si mesmas, do que elas são, e esse sentimento sempre tem algo de pessoal. Enquanto houver Estados, haverá um amor-próprio social, e nada é mais legítimo. No entanto as sociedades podem depositar seu amor-próprio não em serem as maiores ou as mais abastadas, mas em serem as mais justas, as mais bem-organizadas, em ter a melhor constituição moral. Sem dúvida, não estamos ainda no tempo em que esse patriotismo possa reinar irrestritamente, se é que um tal momento jamais poderá chegar.

SÉTIMA LIÇÃO

MORAL CÍVICA (*continuação*)

FORMAS DO ESTADO. A DEMOCRACIA

Mas os deveres respectivos do Estado e dos cidadãos variam segundo as formas particulares dos Estados. Eles não são os mesmos no que chamamos de aristocracia, democracia ou monarquia. É importante saber, portanto, em que consistem essas diferentes formas, qual a razão de ser daquela que tende a se tornar geral nas sociedades européias. É sob essa condição que poderemos compreender as razões de nossos deveres cívicos atuais.

Desde Aristóteles, os Estados foram classificados de acordo com o número dos que participam do governo. Diz Montesquieu: "Quando o povo como corpo tem o poder soberano, é uma democracia. Quando o poder soberano está nas mãos de uma parte do povo, isso se chama aristocracia" (II, 2). O governo monárquico é aquele em que apenas um governa. Todavia, para Montesquieu, só há monarquia verdadeira quando o rei governa de acordo com leis fixas e estabelecidas. Quando, ao contrário, "um só, sem lei e sem regras, conduz tudo por sua vontade e seus caprichos", a monarquia toma o nome de despotismo. Assim, salvo essa consideração relativa à presença ou à ausência de uma constituição, é pelo número de governantes que Montesquieu define a forma dos Estados.

Sem dúvida, na seqüência de seu livro, quando busca o sentimento que constitui o motor de cada um desses tipos de governo – honra, virtude, temor –, ele mostra que percebia diferenças qualitativas que distinguem esses diferentes tipos de Estado. Mas para ele essas diferenças qualitativas são apenas conseqüência das diferenças puramente quantitativas que lembramos em primeiro lugar, e ele deriva as primeiras das segundas. É o número de governantes que determina a natureza do sentimento que deve servir de motor à atividade coletiva, assim como todos os detalhes da organização.

Porém essa maneira de definir as diferentes formas políticas é tão difundida quanto superficial. Em primeiro lugar, o que se entende por número de governantes? Onde começa e onde acaba o órgão governamental cujas variações determinariam a forma dos Estados? Designa-se assim o conjunto de todos os homens prepostos à direção geral do país? Mas nunca ou quase nunca todos esses poderes estão concentrados nas mãos de um só homem. Por mais absoluto que seja um príncipe, ele está sempre cercado de conselhos, de ministros, que dividem entre si essas funções reguladoras. Desse ponto de vista, há apenas diferenças de grau entre a monarquia e a aristocracia. Um soberano está sempre cercado de um corpo de funcionários, de dignitários, muitas vezes tão ou mais poderosos do que ele. Pretende-se levar em conta apenas a porção mais eminente do órgão governamental, aquela em que se encontram concentrados os mais altos poderes, aqueles que, para empregar as palavras dos antigos teóricos da política, pertencem ao príncipe? Tem-se em vista apenas o chefe do Estado? Nesse caso, será preciso distinguir os Estados conforme tenham por chefe uma só pessoa, um conselho de pessoas ou todo o mundo. Mas, por esse critério, seria preciso incluir numa mesma categoria e qualificar igualmente como monarquia a França do século XVII, por exemplo, e uma república centralizada como nossa França atual ou a República americana. Em todos esses casos, há no cume da monarquia dos funcionários uma só pessoa, que apenas tem nomes diferentes nessas diferentes sociedades.

Por outro lado, o que se entende pela palavra governar? Governar é, sem dúvida, exercer uma ação positiva sobre o andamento dos negócios públicos. Ora, nesse aspecto, a democracia pode ser indistinta da aristocracia. Com efeito, muitas vezes é a vontade da maioria que constitui lei e sem que os sentimentos da minoria tenham a menor influência. Uma maioria pode ser tão opressora quanto uma casta. Pode até acontecer que a minoria não consiga se fazer representar nos conselhos governamentais. Pensem aliás que, em todo caso, as mulheres, as crianças e os adolescentes, todos os que são impedidos de votar por alguma razão, são mantidos fora dos colégios eleitorais; disso resulta que estes últimos se compõem, na verdade, da minoria da nação. E, como os eleitos representam nada mais que a maioria desses colégios, na realidade eles representam uma minoria da minoria. Na França, de 38 milhões de habitantes, em 1893, havia apenas 10 milhões de eleitores; desses 10 milhões, apenas 7 milhões fizeram uso de seus direitos, e os deputados eleitos por esses 7 milhões não representavam mais do que 4 592 000 de votos. Com relação ao conjunto dos eleitores, 5 930 000 de votos não estavam representados, ou seja, um número de votos superior ao dos votos que haviam produzido o sucesso dos deputados eleitos. Portanto, se nos ativermos às considerações numéricas, será preciso dizer que nunca houve democracia. Poder-se-ia dizer no máximo, para diferenciála da aristocracia, que sob um regime aristocrático a minoria que governa está definida de uma vez por todas, ao passo que numa democracia a minoria que venceu hoje pode ser derrotada amanhã e substituída por uma outra. E a diferença é mínima.

Mas, afora essas considerações um pouco dialéticas, há um fato histórico que evidencia a insuficiência dessas definições usuais.

Elas obrigam, de fato, a confundir tipos de Estado que se situam, por assim dizer, nos dois extremos opostos da evolução. Se, com efeito, chamamos de democracia as sociedades em que todo o mundo participa na direção da vida comum, a palavra convém perfeitamente às sociedades políticas mais inferiores que conhecemos. É o que caracteriza a organização que os ingleses chamam de tribal. Uma tribo é formada por um certo número de clãs. Cada clã é administrado pelo próprio grupo; quando há um chefe, ele tem apenas poderes muito débeis. E a confederação é governada por um conselho de representantes. É, em certos aspectos, o mesmo regime sob o qual nós vivemos. Não faltou quem se apoiasse nessa comparação para concluir que a democracia é uma forma de organização essencialmente arcaica, que tentar instituí-la no seio das sociedades atuais é levar a civilização de volta às suas origens, é inverter o curso da história. É em virtude do mesmo método que às vezes se comparam os projetos dos socialistas com a vida econômica do comunismo antigo para demonstrar sua pretensa inanidade. E é preciso reconhecer que, tanto num caso como no outro, a conclusão seria legítima se o postulado fosse correto, ou seja, se as duas formas de organização social assim identificadas fossem realmente idênticas. É verdade que não há formas de governo às quais não se possa aplicar a mesma crítica, pelo menos se nos ativermos às definições precedentes. A monarquia não é muito menos arcaica que a democracia. Com muita freqüência os clãs e as tribos confederadas se concentram nas mãos de um soberano absoluto. A monarquia em Atenas e em Roma foi anterior à República. Todas essas confusões são simplesmente a prova de que os tipos de Estado devem ser definidos de outra maneira.

Para encontrar a definição conveniente, voltemos ao que dissemos sobre a natureza do Estado em geral. O Estado, dissemos, é o órgão do pensamento social. Isso não quer dizer que todo o pensamento social emana do Estado. Mas há pensamentos sociais de dois tipos. Um vem da massa coletiva e está difuso nela; é feito dos sentimentos, das aspirações, das crenças que a sociedade elaborou coletivamente e que estão disseminados em todas as consciências. O outro é elaborado no órgão especial que chamamos de Estado ou governo. Ambos estão intimamente ligados. Os sentimentos difusos que circulam em toda a extensão da sociedade afetam as decisões tomadas pelo Estado e, inversamente, as decisões tomadas pelo Estado, as idéias expostas na Câmara, as palavras que nela se pronunciam, as medidas concertadas pelos ministros, repercutem em toda a sociedade, modificam as idéias esparsas nela. Mas, por mais reais que sejam essa ação e essa reação, há duas formas muito diferentes da vida psicológica coletiva. Uma é difusa, outra é organizada e centralizada. Uma, em virtude dessa difusão, permanece na penumbra do subconsciente. Dificilmente nos damos conta de todos os preconceitos coletivos a que somos submetidos desde a infância, de todas as correntes de opinião que se formam aqui ou ali e nos arrastam num sentido ou no outro. Em tudo isso não há nada que seja deliberado. Toda essa vida tem algo de espontâneo e de automático, de irrefletido. Ao contrário, a deliberação, a reflexão, é a característica de tudo o que se passa no órgão governamental. É verdadeiramente um órgão de reflexão, ainda bem rudimentar, mas fadado a se desenvolver cada vez mais. Nele tudo é organizado, e, principalmente, tudo se organiza cada vez mais com vistas a prevenir os movimentos irrefletidos. As discussões das assembléias, forma coletiva do que é a deliberação na vida do indivíduo, têm exatamente o objetivo de manter muito claros, de forçar os espíritos a tomar consciência dos motivos que os inclinam num sentido ou no outro, a se dar conta do que fazem. É isso que há de pueril nas repreensões que se fazem à instituição das assembléias dos conselhos deliberativos. São os únicos dispositivos de que a coletividade dispõe para prevenir a ação irrefletida, automática, cega. Assim, entre a vida psicológica difusa na sociedade e a que se concentra e se elabora especialmente nos órgãos governamentais, há a mesma oposição que entre a vida psicológica difusa do indivíduo e sua consciência clara. Em cada um de nós, assim, há a cada instante uma infinidade de idéias, de tendências, de hábitos, que agem sobre nós sem sabermos exatamente como e por quê. Mal o percebemos, dificilmente o distinguimos. Elas estão no subconsciente. Contudo, afetam nossa conduta e, até, há muitos homens que não têm outros móbeis. Mas, na parte refletida, há algo mais. O eu que ele é, a personalidade consciente que constitui, não se deixa levar a reboque de todas as correntes obscuras que podem se formar nas profundezas de nosso ser. Reagimos contra essas correntes, queremos agir com conhecimento de causa, por isso refletimos, deliberamos. Há também no centro de nossa consciência um círculo interior no qual nos esforçamos para concentrar a luz. Percebemos mais claramente o que acontece nele, pelo menos o que acontece nas regiões subjacentes. Essa consciência central e relativamente clara é para as representações anônimas, confusas, que são a subestrutura de nosso espírito, o que a consciência coletiva esparsa da sociedade é para a consciência governamental. Ora, uma vez bem entendido o que esta tem de particular, que não se trata de um simples reflexo da consciência coletiva obscura, é fácil indicar a diferença que separa as formas dos Estados.

Compreende-se, com efeito, que essa consciência governamental pode estar concentrada nos órgãos mais restritos, ou, ao contrário, mais difundida no conjunto da sociedade. Quando o órgão governamental é ciosamente subtraído aos olhares da multidão, tudo o que acontece permanece ignorado. As massas inferiores da sociedade recebem sua ação sem assistir, nem mesmo de longe, às deliberações que ocorrem, sem perceber os motivos que determinam os governantes nas medidas que decretam. Por conseguinte, o que chamamos de consciência governamental permanece estritamente localizado nessas esferas especiais, sempre de pouca extensão. Mas pode acontecer também que essas espécies de barreiras estanques que separam esse meio particular do resto da sociedade sejam mais permeáveis. Pode acontecer que pelo menos uma grande parte das deliberações que nele se produzem se façam abertamente; que as palavras trocadas sejam pronunciadas de modo que todos as ouçam. Todo o mundo, então, pode se dar conta dos problemas que se colocam, das condições em que se colocam, das razões pelo menos aparentes que determinam as soluções adotadas. Assim as idéias, os sentimentos, as resoluções que se elaboram no seio dos órgãos governamentais não permanecem encerradas neles; toda essa vida psicológica, à medida que se manifesta, repercute em todo o país. Todo o mundo participa então dessa consciência *sui generis*, todo o mundo se coloca as questões que se colocam os governantes, todo o mundo reflete ou pode refletir sobre elas. Depois, por um retorno natural, todas as reflexões esparsas que assim se produzem reagem sobre esse pensamento governamental de que elas emanam. A partir do momento em que o povo se coloca as mesmas questões que o Estado, o Estado, para resolvêlas, não pode deixar de lado o que o povo pensa. Precisa levá-lo em conta. Daí a necessidade de consultas mais ou menos regulares, mais ou menos periódicas. Não é porque o costume dessas consultas se estabeleceu que a vida governamental se comunicou mais à massa dos cidadãos. Mas é porque essa comunicação se estabeleceu por si mesma anteriormente que essas consultas se tornaram indispensáveis. E o que deu origem a essa comunicação foi o fato de que o Estado deixou cada vez mais de ser o que fora durante muito tempo, uma espécie de ser misterioso para o qual o vulgo não ousava levantar os olhos e que, na maioria das vezes, ele só representava sob a forma de símbolo religioso. Os representantes do Estado eram marcados por um caráter sagrado e, como tais, separados do comum dos homens. Mas, pouco a pouco, pelo movimento geral das idéias, o Estado perdeu essa espécie de transcendência que o isolava em si mesmo. Aproximou-se dos homens, e os homens se aproximaram dele. As comunicações tornaram-se mais íntimas, e foi assim que, aos poucos, estabeleceu-se o circuito que descrevemos há pouco. O poder governamental, em vez de permanecer recolhido em si mesmo, desceu às camadas inferiores da sociedade, recebeu uma nova elaboração, e voltou ao ponto de partida. O que ocorre nos meios ditos políticos é observado, controlado por todo o mundo, e o resultado dessas observações, desse controle, das reflexões que resultam dele, reage sobre os meios governamentais. Reconhecemos nisso uma das características que distinguem o que geralmente se chama de democracia.

Não se deve dizer que a democracia é a forma política de uma sociedade que governa a si mesma, em que o governo se difunde no meio da nação. Uma tal definição é contraditória em seus termos. É quase dizer que a democracia é uma sociedade política sem Estado. Com efeito, o Estado ou não é nada ou é um órgão distinto do resto da sociedade. Se o Estado está em toda parte, ele não está em lugar nenhum. Resulta de uma concentração que destaca da massa coletiva um grupo de indivíduos determinado, em que o pensamento social é submetido a uma elaboração de um tipo particular e chega a um grau de clareza excepcional. Se essa concentração não existe, se o pensamento social permanece inteiramente difuso, ele permanece obscuro, e a característica distintiva das sociedades políticas inexiste. Apenas, as comunicações entre esse órgão especial e os outros órgãos sociais podem ser mais estreitas ou menos estreitas, mais contínuas ou mais intermitentes. Certamente, quanto a esse aspecto, pode haver diferenças apenas de grau. Não há Estado tão absoluto, em que os governos rompam todo contato com a multidão de seus membros; mas as diferenças de grau podem ser importantes e elas aumentam exteriormente pela presença ou ausência, ou pelo caráter menos ou mais rudimentar, menos ou mais desenvolvido de certas instituições destinadas a estabelecer o contato. Essas instituições são as que permitem ao público seja seguir a marcha do governo (assembléia pública, jornais oficiais, educação destinada a algum dia dar condições ao cidadão para desempenhar suas funções, etc.), seja transmitir direta ou indiretamente aos órgãos governamentais o produto de suas reflexões (órgão do direito de sufrágio). Mas o que se deve recusar a todo custo é admitir uma concepção que, fazendo o Estado se esvanecer, ofereça à crítica uma objeção fácil. A democracia assim entendida é a que observamos no início das sociedades. Se todo o mundo governa, é porque na realidade não há governo. São sentimentos coletivos difusos, vagos e obscuros que conduzem as populações. Nenhum pensamento claro preside à vida dos povos. Essas espécies de sociedades se assemelham aos indivíduos cujos atos são inspirados unicamente pela rotina e pelo preconceito. Quer dizer que não poderiam ser apresentadas como um termo do progresso: são antes um ponto de partida. Se convimos em reservar o nome de democracia a sociedades políticas, não se deve aplicá-lo às tribos amorfas que ainda não têm Estado, que não são sociedades políticas. A distância, portanto, é grande, apesar das aparências análogas. Sem dúvida, em ambos os casos – e é isso que constitui a semelhança – a sociedade toda participa da vida pública, mas participa de maneiras muito diferentes. E a diferença é que num caso há um Estado e no outro não há.

No entanto, essa primeira característica não é suficiente. Há uma outra, aliás solidária da precedente. Nas sociedades em que a consciência governamental é estreitamente localizada, ela se refere também a um pequeno número de objetos. Ao mesmo tempo que essa parte clara da consciência pública está toda encerrada num pequeno número de indivíduos, ela também é de pouca extensão. Há todos os tipos de usos, de tradições, de regras que funcionam automaticamente sem que o próprio Estado os sinta, e que, portanto, escapam à sua ação. A quantidade de coisas às quais se referem as deliberações governamentais numa sociedade como a monarquia do século XVII é muito limitada. Toda a religião está fora de seu domínio, e, com a religião, todos os tipos de preconceitos coletivos contra os quais o poder mais absoluto viria se chocar se resolvesse destruí-los. Ao contrário, hoje não admitimos que haja na organização pública nada que não possa ser atingido pela ação do Estado. Colocamos como princípio que tudo pode ser perpetuamente questionado, que tudo pode ser examinado, e que, para as resoluções a serem tomadas, não estamos presos pelo passado. Na realidade, o Estado tem uma esfera de influência bem maior hoje do que antigamente, porque a esfera da consciência clara se ampliou.

Todos esses sentimentos obscuros difusos por sua natureza, todos os hábitos adquiridos são resistentes à mudança justamente porque estão nas trevas. Ao contrário, quanto mais a luz penetra nas profundezas da vida social, mais a mudança pode introduzir-se nela. Por isso o homem cultivado, que tem consciência de si, muda mais facilmente e mais profundamente do que um homem inculto. Essa é uma outra característica das sociedades democráticas. Elas são mais maleáveis, mais flexíveis, e devem esse privilégio ao fato de a consciência governamental ter se ampliado passando a abranger cada vez mais objetos. Por isso mesmo, a oposição é bem nítida com relação às sociedades inorganizadas do princípio, às pseudodemocracias. Elas se dobram inteiramente sob o jugo da tradição. – A Suíça e também os países escandinavos manifestam bem essa oposição.

Em resumo, não há diferença de natureza propriamente dita entre as diferentes formas de governo; mas todas elas estão situadas entre dois planos opostos. No ponto extremo, a consciência governamental é tão isolada quanto possível do resto da sociedade, e tem um mínimo de extensão.

Entre as sociedades de forma aristocrática ou monárquica talvez seja difícil fazer uma distinção. Quanto mais estreita se torna a comunicação entre a consciência governamental e o resto da sociedade, mais essa consciência se estende e abrange coisas, mais a sociedade tem um caráter democrático. A noção de democracia é definida, portanto, por uma extensão máxima dessa consciência, e, por isso mesmo, decide essa comunicação.

OITAVA LIÇÃO

MORAL CÍVICA (*continuação*)

FORMAS DO ESTADO. A DEMOCRACIA

Vimos na última lição que era totalmente impossível definir a democracia e os outros tipos de Estado pelo número de governantes. Fora as povoações mais inferiores, não há sociedades em que o governo seja imediatamente exercido por todo o mundo; está sempre nas mãos de uma minoria, designada aqui por nascimento ali por eleição, que é, conforme o caso, mais extensa ou menos extensa, mas que inclui sempre apenas um círculo restrito de indivíduos. Quanto a esse aspecto, só há nuanças entre as diferentes formas políticas. Governar é sempre função de um órgão definido, portanto delimitado. Porém o que varia de modo muito sensível conforme as sociedades é a maneira pela qual o órgão governamental se comunica com o resto da nação. Ora as relações são raras, irregulares; o governo se furta aos olhares, vive recolhido em si mesmo e, por outro lado, ele mesmo só tem contatos intermitentes e insuficientemente multiplicados com a sociedade. Não a sente de maneira constante e não é sentido por ela. É de indagar em que, nessas condições, ele emprega sua atividade. Ela se volta, em sua maior parte, para fora. Se ele se envolve tão pouco na vida interna, é porque sua vida está em outro lugar; ele é, antes de tudo, agente das relações exteriores, agente das conquistas, órgão da diplomacia. Em outras sociedades, ao contrário, as comunicações entre o Estado e as outras partes da sociedade são numerosas, regulares, organizadas. Os cidadãos são mantidos ao par do que o Estado faz, e o Estado é periodicamente, ou mesmo ininterruptamente, informado do que ocorre nas profundezas da sociedade. Seja por via administrativa, seja por meio das consultas eleitorais, ele é informado sobre o que ocorre até mesmo nas camadas mais longínquas e mais obscuras da sociedade, e estas, por sua vez, são informadas sobre os acontecimentos que se produzem nos meios políticos. Os cidadãos assistem de longe a algumas das deliberações que ocorreram neles, sabem as medidas decretadas; e seu julgamento e o resultado de sua reflexão voltam ao Estado por vias especiais. É nisso, verdadeiramente, que consiste a democracia. Pouco importa o número de chefes ou dirigentes do Estado; o essencial e característico é a maneira pela qual eles se comunicam com o conjunto da sociedade. Sem dúvida, mesmo quanto a esse aspecto, só há diferenças de grau entre os diferentes tipos de regimes políticos, mas essas diferenças de grau são, neste caso, marcadas muito realmente, e aliás elas se denunciam exteriormente pela presença ou ausência das instituições próprias para garantir essa comunicação estreita que distingue a democracia.

Mas essa primeira característica não é a única. Há uma segunda que, aliás, é solidária da anterior. Quanto mais a consciência do governo está localizada dentro dos próprios limites do órgão, menor é o número de objetos aos quais ela se refere. Quanto menos são os laços que a unem às diversas regiões da sociedade, menor é a extensão dela. E isso é muito natural, pois onde ela poderia se alimentar, uma vez que só tem relações longínquas e raras com o resto da nação? O órgão governamental só tem uma consciência muito débil do que ocorre no interior do órgão-sociedade, por conseguinte, por força das circunstâncias, quase toda a vida coletiva permanece confusa, difusa, inconsciente. É totalmente feita de tradições inconfessas, de preconceitos, de sentimentos obscuros, que nenhum órgão apreende para elucidá-los. Compare-se o pequeno número de coisas sobre as quais as deliberações governamentais se referiam no século XVII com a infinidade de objetos aos quais elas se aplicam atualmente. A diferença é enorme. Antigamente, quase só os assuntos exteriores ocupavam a atividade pública. Todo o direito funcionava automaticamente, de maneira inconsciente; era o costume. O mesmo ocorria para a religião, a educação, a higiene, a vida econômica, pelo menos em grande parte; os interesses locais e regionais eram abandonados a si mesmos e ignorados. Hoje, em um Estado como o nosso, e mesmo, com diferenças de grau, como o são cada vez mais os grandes Estados europeus, tudo o que concerne à administração da justiça, à vida pedagógica, econômica do povo, tornou-se consciente. Cada dia traz deliberações sobre essas questões que suscitam diferentes reações. E essa diferença é perceptível mesmo de fora. O que é difuso, obscuro, incognoscível, escapa a nossa ação. Quando não se sabe ou se sabe mal qual é seu caráter, pouco se pode mudá-lo.

Para modificar uma idéia, um sentimento, antes é preciso vê-los, captá-los o mais claramente possível, saber o que são. Por essa razão, quanto mais um indivíduo tem consciência de si mesmo e reflete, mais ele é acessível às mudanças. Os espíritos incultos, ao contrário, são os espíritos rotineiros, imutáveis, sobre os quais nada age. Por essa mesma razão, quando as idéias coletivas e os sentimentos coletivos são obscuros, inconscientes, quando estão difusos em toda a sociedade, eles permanecem imutavelmente os mesmos. Subtraem-se à ação porque são subtraídos da consciência. São inatingíveis porque estão nas trevas. O governo nada pode sobre eles. Por isso é um erro acreditar que os governos ditos absolutos sejam onipotentes. É uma dessas ilusões produzidas pela visão superficial das coisas. Eles são onipotentes contra os indivíduos, e é isso que significa a qualificação de absolutos que lhes é aplicada; nesse sentido, ela tem fundamento. Mas, contra o próprio estado social, contra a organização da sociedade, eles são relativamente impotentes. Luís XIV podia emitir cartas régias contra quem quisesse, mas não tinha forças para modificar o direito vigente, os usos vigentes, os costumes estabelecidos, as crenças recebidas. O que podia ele contra a organização religiosa e os privilégios de todo tipo que acarretava essa organização que, por isso mesmo, encontrava-se subtraída à ação governamental? Os privilégios das cidades ou das corporações resistiram até o fim do Antigo Regime a todos os esforços feitos para modificá-los. Sabe-se a lentidão com que então evoluía o direito. Observe-se a rapidez com que mudanças importantes são introduzidas hoje nas diferentes esferas da atividade social. A cada instante é votado um novo regulamento de direito, outro é abolido, uma modificação é introduzida na instituição religiosa ou administrativa, na educação, etc. É que todas as coisas obscuras entram cada vez mais na região clara da consciência social, ou seja, na consciência governamental. Por conseguinte, sua maleabilidade torna-se maior. Quanto mais uma idéia ou um sentimento são claros, mais completamente estão sob a dependência da reflexão, mais esta tem influência sobre eles. Significa que podem ser livremente criticados, discutidos, e essas discussões têm necessariamente o efeito de lhes fazer perder força de resistência, de torná-los mais aptos a mudanças ou até de mudá-los diretamente. Essa extensão do campo da consciência governamental, essa maior maleabilidade são mais um traço distintivo da democracia. Por haver uma quantidade maior de coisas submetidas à deliberação coletiva, há também mais coisas em via de se transformar. O tradicionalismo, ao contrário, é a característica dos outros tipos políticos. Ainda sob esse aspecto, a distinção é muito nítida com relação às pseudodemocracias de que encontramos exemplos nas sociedades inferiores e que são, ao contrário, incapazes de se separar das tradições e dos costumes.

Em resumo, para chegar a ter uma idéia um pouco definida do que é a democracia, é preciso começar por se desvencilhar de algumas concepções correntes que só podem confundir as idéias. É preciso deixar de lado o número de governantes, mais ainda os títulos que eles têm. Também não se deve crer que uma democracia seja necessariamente uma sociedade em que o poder do Estado é fraco. Um Estado pode ser democrático e ser fortemente organizado. A verdadeira característica é dupla: 1º A extensão maior da consciência governamental. 2º As comunicações mais estreitas das consciências individuais com essa consciência da massa. O que justifica em certa medida as confusões que foram cometidas é o fato de que, nas sociedades em que o poder governamental é restrito e fraco, suas comunicações com o resto da sociedade são necessariamente bastante estreitas, porque ele não se distingue dela. Ele não existe, por assim dizer, fora da massa da nação, então se comunica necessariamente com ela. Numa população primitiva, os chefes políticos são apenas delegados sempre provisórios, sem funções muito especiais. Eles vivem a vida de todo o mundo, e suas deliberações decisivas estão sob o controle da coletividade inteira. Mas eles não constituem um órgão definido e distinto. Assim não encontramos nesse caso nada que lembre a segunda característica que indicamos, ou seja, a plasticidade devida à extensão da consciência governamental, isto é, do campo das idéias claras coletivas. Sociedades como essas são as vítimas da rotina tradicional. Essa segunda característica, portanto, talvez seja ainda mais distintiva do que a primeira. No entanto o primeiro critério pode ter muita utilidade, desde que seja empregado com discernimento e que se evite confundir a confusão que provém do fato de o Estado não estar ainda separado da sociedade e constituído à parte, e as comunicações que podem existir entre um Estado definido e a sociedade que ele governa.

Desse ponto de vista, a democracia nos aparece então como a forma política pela qual a sociedade chega à mais pura consciência de si mesma. Um povo é tanto mais democrático quanto mais considerável o papel que a deliberação, a reflexão, o espírito crítico desempenham no andamento dos assuntos públicos. Ele o é tanto menos quanto mais a inconsciência, os hábitos inconfessos, os sentimentos obscuros, os preconceitos, enfim, subtraídos ao exame são preponderantes. Isso quer dizer que a democracia não é uma descoberta ou uma renascença de nosso século. É o caráter assumido cada vez mais pelas sociedades. Se soubermos nos livrar dos rótulos vulgares que só podem prejudicar a clareza do espírito, reconheceremos que a sociedade do século XVII era mais democrática do que a do XVI, mais democrática do que todas as sociedades de base feudal. O feudalismo é a dissolução da vida social, é o máximo de obscuridade e de inconsciência, que as grandes sociedades atuais restringiram. A monarquia, centralizando cada vez mais as forças coletivas, estendendo suas ramificações em todos os sentidos, penetrando mais intimamente as massas sociais, preparou o futuro da democracia e foi ela mesma, relativamente ao que existia antes, um governo democrático. É absolutamente secundário que o chefe de Estado tivesse então o nome de rei; o que se deve considerar são as relações que ele mantinha com o conjunto do país; era o país, então, que se encarregava efetivamente da clareza das idéias sociais. Portanto, não é que há quarenta ou cinqüenta anos a democracia começasse a fluir com sua plena capacidade; sua escalada foi contínua, desde o início da história.

E é fácil entender o que determina esse desenvolvimento. Quanto mais as sociedades são amplas, complexas, mais elas têm necessidade de reflexão para se conduzir. A rotina cega, a tradição uniforme não podem servir para regular o funcionamento de um mecanismo mais delicado. Quanto mais complexo se torna o meio social, mais ele se torna móvel; é preciso, portanto, que a organização social mude na mesma medida, e para isso, como dissemos, é preciso que ela tenha consciência de si mesma e reflita. Quando as coisas ocorrem sempre da mesma maneira, o hábito basta à conduta; mas, quando as circunstâncias mudam constantemente, é preciso, ao contrário, que o hábito não seja mestre soberano. Só a reflexão permite descobrir as práticas novas que são úteis, pois só ela pode antecipar o futuro. Por isso as assembléias deliberativas tornam-se uma instituição cada vez mais geral; são o órgão através do qual as sociedades refletem sobre si mesmas, e, por conseguinte, o instrumento das transformações quase ininterruptas de que necessitam as condições atuais da existência coletiva. Hoje, para poder viver, é preciso que os órgãos sociais mudem em tempo, e, para que eles mudem em tempo e rapidamente, é preciso que a reflexão social acompanhe atentamente as mudanças das circunstâncias e organize os meios de adaptar-se a elas. Ao mesmo tempo que os progressos da democracia são necessários ao estado do meio social, também são incitados por nossas idéias morais mais essenciais. A democracia, com efeito, tal como a definimos, é o regime político que mais se conforma à nossa concepção atual do indivíduo. O valor que atribuímos à personalidade individual faz com que rejeitemos fazer dela um instrumento mecânico que a autoridade social maneje de fora. Ela só se afirma na medida em que é uma sociedade autônoma de ação. Sem dúvida, num certo sentido, ela recebe tudo de fora, tanto suas forças morais quanto suas forças físicas. Do mesmo modo como só sustentamos nossa vida material com ajuda dos alimentos que extraímos do meio cósmico, nós só alimentamos nossa vida mental com ajuda de idéias, de sentimentos que nos vêm do meio social. Nada vem do nada, e o indivíduo abandonado a si mesmo não poderia elevar-se acima de si mesmo. O que faz com que ele se supere, com que ele tenha ultrapassado a tal ponto o nível da animalidade, é o fato de a vida coletiva repercutir nele, de penetrá-lo; são esses elementos adventícios que lhe fazem uma outra natureza. Mas há duas maneiras, para um ser, de receber ajuda das forças exteriores. Ou as recebe passivamente, inconscientemente, sem saber por quê, e nesse caso ele é apenas uma coisa. Ou ele percebe o que elas são, as razões que tem para submeter-se a elas, de abrir-se para elas, e então ele não se submete, ele age conscientemente, voluntariamente, entendendo o que faz. A ação, nesse sentido, é um estado passivo de que sabemos e compreendemos a razão de ser. A autonomia de que o indivíduo pode desfrutar não consiste então em se insurgir contra a natureza; uma tal insurreição é absurda, estéril, quer a tentemos contra as forças do mundo material ou contra as do mundo social. Ser autônomo é, para o homem, compreender as necessidades às quais ele deve se dobrar e que ele deve aceitar com conhecimento de causa. Não podemos fazer com que as leis das coisas sejam diferentes do que são; mas nos libertamos delas pensando-as, ou seja, fazendo-as nossas pelo pensamento. É isso que constitui a superioridade moral da democracia. Por ser o regime da reflexão, ela permite ao cidadão aceitar as leis de seu país com mais inteligência, portanto com menos passividade. Por haver comunicações constantes entre eles e o Estado, o Estado já não é para os indivíduos como que uma força exterior que lhes imprime um impulso totalmente mecânico. Graças às trocas constantes que se fazem entre os indivíduos e o Estado, sua vida está ligada à deles, assim como a deles à sua.

Mas, dito isto, há uma concepção da democracia e uma maneira de praticá-la que deve ser cuidadosamente distinguida desta que acabamos de expor.

Diz-se com freqüência que sob o regime democrático a vontade, o pensamento dos governantes são idênticos ao pensamento e às vontades dos governados e se confundem com eles. Desse ponto de vista, o Estado só faz representar a massa dos indivíduos, e toda a organização governamental não teria outro objetivo que não o de traduzir o mais fielmente possível, sem nada lhes acrescentar, os sentimentos disseminados na coletividade. O ideal consistiria, por assim dizer, em exprimi-los da maneira mais adequada possível. É a essa concepção que responde principalmente o uso do que chamamos de mandato imperativo e de todos os seus sucedâneos. Pois se, sob sua forma pura, ele não entrou em nossos costumes, as idéias que lhe servem de base são muito difundidas. Essa maneira de considerar os governantes e suas funções é de certa generalidade. Ora, nada é mais contrário, em certos aspectos, à própria noção de democracia. Pois a democracia supõe um Estado, um órgão governamental, distinto do resto da sociedade, embora intimamente relacionado com ela, e essa maneira de ver é a própria negação de qualquer Estado, no sentido próprio da palavra, porque ela funde o Estado na nação. Se o Estado só faz receber as idéias e as vontades particulares, a fim de saber quais são as mais difundidas, que têm, como se diz, a maioria, ele não traz nenhuma contribuição verdadeiramente pessoal à vida social. É apenas um decalque do que ocorre nas regiões subjacentes. Ora, isso é contraditório com a própria definição de Estado. O papel do Estado, com efeito, não é exprimir, resumir o pensamento irrefletido da multidão, mas sobrepor a esse pensamento irrefletido um pensamento mais meditado e que, por conseguinte, não pode deixar de ser diferente. Ele é e deve ser um foco de representações novas, originais, que devem pôr a sociedade em condições de se conduzir com mais inteligência do que quando é movida simplesmente pelos sentimentos obscuros que a inquietam. Todas as deliberações, todas as discussões, todas as informações estatísticas, todas as informações administrativas que são colocadas à disposição dos conselhos governamentais e que se tornarão cada vez mais abundantes, tudo isso é o ponto de partida de uma nova vida mental. São reunidos, assim, materiais de que o povo não dispõe, e eles são submetidos a uma elaboração de que o povo não é capaz, justamente porque não tem unidade, porque não se concentra dentro de um mesmo circuito, porque sua atenção não pode aplicar-se no mesmo momento a um mesmo objeto. Como de tudo isso não sairia algo de novo? O dever do governo é servir-se de todos esses meios, não apenas para depreender o que a sociedade pensa, mas para descobrir o que há de mais útil para a sociedade. Para saber o que é útil, ele está em melhores condições do que o povo; portanto, deve ver as coisas de maneira diferente que o povo. Sem dúvida, é necessário que esteja informado do que os cidadãos pensam; mas esse é apenas um de seus elementos de meditação e de reflexão, e, uma vez que é constituído para pensar de uma maneira especial, deve pensar à sua maneira. É sua razão de ser. Também é indispensável que o resto da sociedade saiba o que ele faz, o que pensa, que o acompanhe e o julgue; é necessário que haja entre essas duas partes da organização social uma harmonia tão completa quanto possível. Mas essa harmonia não implica que o Estado seja submetido pelos cidadãos e reduzido a ser apenas um eco de suas vontades. Essa concepção do Estado se aproxima com muita evidência daquela que está na base das assim-chamadas democracias primitivas. Distingue-se delas pelo fato de a organização do Estado ser mais elaborada e complicada. Não se pode comparar um conselho de sachéns com nossa organização governamental; apesar disso a função seria sensivelmente a mesma. Tanto em um caso como no outro, seria privada de toda autonomia. O que significa isso? Que um tal Estado falta à sua missão; em vez de elucidar os sentimentos obscuros do povo, de subordiná-los a idéias mais claras, mais racionais, ele só dá predominância aos sentimentos que parecem ser mais gerais.

Mas não é o único inconveniente de uma tal concepção. Vimos que nas sociedades inferiores a ausência ou o caráter rudimentar do governo tão fraco têm por conseqüência um tradicionalismo rigoroso. É assim porque a sociedade tem tradições fortes e vigorosas que estão profundamente gravadas nas consciências individuais; e essas tradições são fortes justamente porque as sociedades são simples. Mas não ocorre o mesmo nas grandes sociedades de hoje; as tradições perderam seu império e, como são incompatíveis com o espírito de análise e de livre crítica cuja necessidade se faz sentir cada vez mais intensamente, elas não podem e não devem conservar sua autoridade de antes. O que significa isso? São os indivíduos que, na concepção da democracia que estamos examinando, dão impulso aos governantes; o Estado é incapaz de exercer sobre eles uma influência moderadora. Por outro lado, eles já não encontram em si mesmos uma quantidade suficiente de idéias e de sentimentos bastante arraigados para poder não ceder aos primeiros embates da dúvida e da discussão. Não são mais numerosos os Estados despóticos suficientemente fortes para se colocar acima da crítica, nem as crenças ou práticas sobre as quais não se admitem controvérsias. Por conseguinte, como os cidadãos não são contidos de fora pelo governo, porque este está a reboque deles, nem de dentro pelo estado das idéias e do sentimento coletivo que trazem em si, tudo, tanto na prática como na teoria, torna-se matéria de controvérsia e divisão, tudo vacila. Falta terra firme à sociedade. Já não há nada fixo. E, como o espírito crítico está então bem desenvolvido, como cada um tem sua maneira própria de pensar, a confusão é mais ampliada ainda por todas essas diversidades individuais. Daí o aspecto caótico que apresentam certas democracias, sua perpétua mobilidade e instabilidade. São viradas bruscas, é uma existência descosturada, ofegante e exaustiva. Ainda se um tal estado de coisas se prestasse às transformações profundas! Mas freqüentemente as transformações produzidas são apenas superficiais. Pois as grandes transformações demandam tempo, reflexão, exigem continuidade de esforço. Muitas vezes todas essas modificações que ocorrem dia a dia anulam-se mutuamente e, finalmente, o Estado permanece fundamentalmente estacionário. Essas sociedades tão agitadas na superfície são com freqüência muito rotineiras.

Não adianta nada dissimular que esse estado é em parte o nosso. Essas idéias segundo as quais o governo é apenas o tradutor das vontades gerais são correntes entre nós. Já estão na base da doutrina de Rousseau; com ressalvas mais ou menos importantes, encontram-se na base de nossas práticas parlamentares. É extremamente importante, portanto, saber de que causas elas dependem.

Seria cômodo, sem dúvida, dizer que se devem simplesmente a um erro dos espíritos, que constituem uma simples falta de lógica e que, para corrigir essa falta, bastaria indicá-la, demonstrá-la com prova de apoio, prevenir sua volta com ajuda da educação e de uma exortação apropriada. Mas os erros coletivos, assim como os erros individuais, estão ligados a causas objetivas, e só se podem saná-los agindo sobre as causas. Se os indivíduos afetados de daltonismo se enganam quanto às cores é porque seu órgão é constituído de tal modo que causa esse engano; e, por mais que sejam advertidos, eles continuarão vendo as coisas como as vêem. Do mesmo modo, se uma nação representa de determinada maneira o papel do Estado, a natureza das relações que deve ter com ele, é porque há algo no estado social que necessita essa representação falsa. E todas as objurgações, todas as exortações não serão suficientes para dissipá-la, enquanto não se tiver modificado a constituição orgânica que a determina. Sem dúvida, não é inútil revelar para o doente o seu mal, mas, para que ele possa se curar, será preciso mostrar-lhe quais são as condições desse mal, a fim de que lhe seja possível mudá-las. Não é com boas palavras que se podem produzir essas mudanças.

Ora, nesse caso, parece inevitável que essa forma desviada da democracia substitua a forma normal todas as vezes que o Estado e a massa dos indivíduos se relacionam diretamente, sem que nenhum intermediário se intercale entre eles. Pois, em conseqüência dessa proximidade, é automaticamente necessário que a força coletiva mais fraca, ou seja, a do Estado, não seja absorvida pela mais intensa, a da nação. Quando o Estado está perto demais dos particulares, ele cai sob sua dependência ao mesmo tempo que os incomoda. Sua vizinhança os incomoda, pois, apesar de tudo, ele procura regulamentá-las diretamente, ao passo que, como sabemos, ele é incapaz de desempenhar esse papel. Mas essa mesma vizinhança faz com que ele dependa estreitamente dos particulares, pois, sendo numerosos, estes podem modificá-lo conforme lhes agrade. Uma vez que são os cidadãos que elegem diretamente seus representantes, ou seja, os membros mais influentes do órgão governamental, não é possível que esses representantes não se empenhem mais ou menos exclusivamente em traduzir fielmente os sentimentos de seus mandantes, e não é possível que estes últimos não reclamem essa docilidade como dever. Não se trata de um mandato contratado entre essas duas partes? Sem dúvida, seria de política mais elevada dizer que os governantes devem gozar de grande iniciativa, que só sob essa condição eles podem cumprir seu papel. Mas há uma força das circunstâncias contra a qual os melhores raciocínios nada podem. Na medida em que os arranjos políticos colocam os deputados e, mais geralmente, os governos em contato imediato com a multidão dos cidadãos, é materialmente impossível que estes não façam a lei. Por isso, espíritos sensatos muitas vezes reclamaram que os membros das assembléias políticas fossem designados por um sufrágio em dois ou vários graus. É que os intermediários intercalados libertam o governo. E esses intermediários puderam ser inseridos sem que por isso as comunicações entre os conselhos governamentais fossem interrompidas. Não é de modo nenhum necessário que eles sejam imediatos. A vida deve circular sem solução de continuidade entre o Estado e os particulares e entre eles e o Estado; mas não há nenhuma razão para que essa circulação não se faça através dos órgãos interpostos. Graças a essa interposição, o Estado dependerá mais de si mesmo, a distinção entre ele e o resto da sociedade será mais nítida e, por isso mesmo, ele será mais capaz de autonomia.

Nosso mal político está ligado, portanto, à mesma causa que nosso mal social: à ausência de quadros secundários intercalados entre o indivíduo e o Estado. Já vimos que esses grupos secundários são indispensáveis para que o Estado não seja opressor do indivíduo; vemos agora que eles são necessários para que o Estado seja suficientemente liberado do indivíduo. E entende-se, com efeito, que eles são úteis para os dois lados; pois, de um lado e de outro, há interesse em que essas duas forças não estejam em contato imediato, embora estejam necessariamente ligadas uma à outra.

Mas quais são esses grupos que devem assim liberar o Estado do indivíduo? Há dois tipos de grupos que podem desempenhar esse papel. Há, em primeiro lugar, os grupos territoriais. É possível conceber, de fato, que os representantes das comunas de um mesmo distrito, talvez até de um mesmo departamento, constituam o colégio eleitoral encarregado de eleger os membros das assembléias políticas. Ou então poder-se-ia empregar para esse papel os grupos profissionais, uma vez que constituídos. Os conselhos encarregados de administrar cada um deles nomeariam os governantes do Estado. Tanto em um caso como no outro, a comunicação entre o Estado e os cidadãos seria contínua, mas já não seria direta. Desses dois modos de organização, há um que parece conformar-se mais à orientação geral de todo o nosso desenvolvimento social. É certo, com efeito, que os distritos territoriais não têm a mesma importância, já não desempenham o mesmo papel vital de antigamente. Os laços que unem os membros de uma mesma comuna, ou de um mesmo departamento, são bastante exteriores. Eles se atam e se desatam com a mais extrema facilidade desde que a população se tornou tão móvel. Esses grupos têm, portanto, algo de um pouco exterior e artificial. Os grupos duradouros, aqueles em que o indivíduo empenha toda a sua vida, aos quais ele está mais fortemente ligado, são os grupos profissionais. Portanto, parece que eles estão fadados a se tornar no futuro a base de nossa representação política e de nossa organização social.

NONA LIÇÃO

MORAL CÍVICA (*final*)

FORMAS DO ESTADO. A DEMOCRACIA

Depois de definir a democracia, vimos que ela podia ser concebida e praticada de uma maneira que alterava gravemente sua natureza. Essencialmente, é um regime em que o Estado, embora permanecendo distinto da massa da nação, está em estreita comunicação com ela e, por conseguinte, sua atividade atinge um certo grau de mobilidade. Ora, vimos que, em certos casos, essa estreita comunicação podia chegar a uma fusão mais ou menos completa. O Estado, em vez de ser um órgão definido, o foco de uma vida especial e original, torna-se então um simples decalque da vida subjacente. Ele só faz traduzir em uma notação diferente o que pensam e o que sentem os indivíduos. Seu papel já não é elaborar idéias novas, visões novas, como podia fazer graças à maneira pela qual é constituído, mas suas funções principais consistem em recensear quais são as idéias, quais são os sentimentos mais geralmente difundidos, os que têm, como se diz, a maioria. Ele resulta desse próprio recenseamento. Eleger deputados é simplesmente contar quantos partidários determinada opinião tem no país. Uma tal concepção é portanto contrária à noção de Estado democrático, uma vez que faz desaparecer quase totalmente a própria noção de Estado. Digo quase totalmente pois, é claro, a fusão nunca é completa. Não é possível, por força das circunstâncias, que o mandato do deputado seja bastante determinado para amarrá-lo completamente. Há sempre um mínimo de iniciativa. Mas já é muito que haja uma tendência a reduzir essa iniciativa ao mínimo. Nesse sentido, um tal sistema se aproxima daquele que observamos nas sociedades primitivas; pois, tanto em um como no outro, o poder governamental é fraco. Mas há ao mesmo tempo a enorme diferença de que, em um caso, o Estado ainda não existe, só existe em germe, ao passo que, nesse desvio da democracia, muitas vezes ele é, ao contrário, muito desenvolvido, dispondo de uma organização extensa e complexa. E é justamente esse duplo aspecto contraditório que melhor mostra o caráter anormal do fenômeno. De um lado, um mecanismo complicado, elaborado, as engrenagens múltiplas de uma ampla administração; de outro, uma concepção do papel do Estado que é uma volta às formas políticas mais primitivas. Daí uma mistura curiosa de inércia e atividade. Ele não se move por si mesmo, está a reboque dos sentimentos obscuros da multidão, mas por outro lado os poderosos meios de ação de que dispõe fazem com que seja suscetível de oprimir intensamente esses mesmos indivíduos de que é o servidor.

Dissemos também que essa maneira de entender e de praticar a democracia ainda estava fortemente arraigada nos espíritos, entre nós. Rousseau, cuja doutrina é a sistematização dessas idéias, permaneceu o teórico de nossa democracia. Ora, de fato, não há filosofia política que melhor apresente esse duplo aspecto contraditório que acabamos de assinalar. Vista por uma de suas faces, ela é estritamente individualista; o princípio da sociedade é o indivíduo; e a sociedade não é mais que uma soma de indivíduos. Sabe-se, por outro lado, a autoridade que ela atribui ao Estado. De resto, o que bem prova que essas idéias vigoram entre nós é o espetáculo de nossa vida política. É incontestável que, vista de fora, na superfície, ela parece ser de uma mobilidade totalmente excessiva. As mudanças sucedem as mudanças, com uma rapidez sem igual; há muito ela não tem conseguido orientar-se num sentido fixo com alguma perseverança, durante muito tempo. Ora, vimos que deve ser necessariamente assim na medida em que é a multidão dos indivíduos que impulsiona o Estado e regula quase que soberanamente seu andamento. Mas, ao mesmo tempo, essas mudanças superficiais recobrem um imobilismo rotineiro. Ao mesmo tempo que se deplora o fluxo sempre mutante dos acontecimentos políticos, lamenta-se a onipotência dos gabinetes, de seu tradicionalismo inveterado. Eles são uma força contra a qual nada se pode fazer. É que, como todas essas mudanças superficiais se fazem em sentidos divergentes, elas se anulam mutuamente; nada resta, a não ser o cansaço e o esgotamento que caracterizam essas variações ininterruptas. Por conseguinte, os hábitos fortemente constituídos, as rotinas que não são atingidas por essas mudanças predominam ainda mais; pois só elas são eficazes. Sua força provém do excesso de fluidez do resto. E, na verdade, não se sabe se isso é louvável ou lamentável, pois há então sempre um pouco de organização que se mantém, um pouco de estabilidade e de determinação onde é preciso para viver. Apesar de todos esses defeitos, é bem possível que a máquina administrativa nos preste, nesse momento, serviços muito preciosos.

Reconhecido o mal, de onde vem ele? É uma concepção falsa, mas as concepções falsas têm causas objetivas. Deve haver em nossa constituição política algo que explique esse erro.

O que parece tê-lo produzido é o caráter particular de nossa organização atual em virtude do qual o Estado e a massa dos indivíduos estão diretamente em relação e em comunicação, sem que haja nenhum intermediário intercalado entre eles. Os colégios eleitorais incluem toda a população política do país, e é desses colégios que sai diretamente o Estado, pelo menos o órgão vital do Estado, ou seja, a assembléia deliberativa. É inevitável, portanto, que o Estado formado nessas condições seja mais ou menos um simples reflexo da massa social, e nada mais. Há duas forças coletivas em confronto: uma enorme, porque formada da reunião de todos os cidadãos, outra muito mais fraca, porque só inclui os representantes. É automaticamente necessário, então, que a segunda esteja a reboque da primeira. Uma vez que são os particulares que elegem diretamente seus representantes, não é possível que estes últimos não se atenham exclusivamente a traduzir fielmente os desejos de seus mandantes, nem que estes não reclamem essa docilidade como um dever. Sem dúvida, seria de política mais elevada dizer que os governantes devem usufruir de grande iniciativa, que só sob essa condição poderão cumprir seu papel, que pelo interesse comum eles devem ver as coisas de outra maneira e de um ponto de vista diferente do que o faz o indivíduo, o homem engajado em suas outras funções sociais, e que, por conseguinte, é preciso deixar o Estado agir de acordo com sua natureza. Mas há uma força das circunstâncias contra a qual os melhores raciocínios nada podem. Enquanto os arranjos políticos colocam os deputados em contato imediato com a multidão inorganizada dos particulares, é inevitável que esta lhes faça a lei. Esse contato imediato não permite ao Estado se afirmar.

Por isso alguns espíritos pedem que os membros das assembléias políticas sejam designados por um sufrágio em dois ou vários graus. É certo, de fato, que o único meio de libertar o governo é inventar intermediários entre ele e o resto da sociedade. Sem dúvida, deve haver comunicação contínua entre ele e todos os outros órgãos sociais; mas é preciso que essa comunicação não chegue ao ponto de fazer com que o Estado perca sua individualidade. Ele deve ter relações com a nação sem se fundir nela. E, para isso, é preciso que eles não se toquem imediatamente. O único meio de impedir que uma força menor caia na órbita de uma força mais intensa é intercalar entre a primeira e a segunda corpos resistentes que amorteçam a ação mais enérgica. Na medida em que o Estado sai menos imediatamente do povo, ele sofre menos fortemente sua ação; pode pertencer mais a si mesmo. As tendências obscuras que se agitam confusamente no país já não têm o mesmo peso sobre suas ações e já não amarram tão estreitamente suas resoluções. No entanto esse resultado só pode ser plenamente alcançado se os grupamentos que vêm interpor-se entre a generalidade dos cidadãos e o Estado sejam grupamentos naturais e permanentes. Não bastaria, como às vezes se acreditou, intercalar apenas intermediários artificiais criados unicamente para a circunstância. Se, por exemplo, apenas se fizesse constituir um a um, por colégios eleitorais incluindo a universalidade dos cidadãos, um colégio mais restrito que, seja diretamente seja por intermédio de um outro colégio menos extenso ainda, designasse os governantes e que, uma vez cumprida a tarefa, desaparecesse, o Estado assim constituído bem poderia gozar de uma certa independência, mas não preencheria suficientemente a outra condição característica da democracia. Já não estaria em comunicação estreita com o conjunto do país. Pois, depois que ele nascesse, como o intermediário e os intermediários que tivessem servido para formá-lo deixariam de existir, haveria um vazio entre ele e a multidão dos cidadãos. Não haveria, entre eles e o Estado, a indispensável troca constante. Se é importante que o Estado não esteja sob a dependência dos particulares, não é essencial que ele nunca perca o contato com eles. Essa comunicação insuficiente com o conjunto da população constitui a fraqueza de toda Assembléia recrutada dessa maneira. Ela é por demais separada das necessidades e dos sentimentos populares; estes não chegam a ela com continuidade suficiente. Disso resulta faltar-lhe um dos elementos essenciais de suas deliberações.

Para que o contato nunca se perca, é preciso que os colégios intermediários assim intercalados não sejam constituídos apenas por um instante, mas que, por sua vez, funcionem de maneira contínua. Em outras palavras, é preciso que eles sejam órgãos naturais e normais do corpo social. Há dois tipos de órgãos que podem desempenhar esse papel. Em primeiro lugar, há os conselhos secundários prepostos à administração dos distritos territoriais. Por exemplo, pode-se imaginar que os conselhos departamentais ou provinciais, eleitos diretamente ou indiretamente, não importa, sejam chamados a cumprir essa função. Eles designariam os membros dos conselhos governamentais, das assembléias propriamente políticas. Foi mais ou menos essa idéia que serviu de base à organização de nosso Senado atual. Mas o que permite duvidar que um tal arranjo seja o mais adequado à constituição dos grandes Estados europeus é que as divisões territoriais do país estão perdendo cada vez mais sua importância. Enquanto cada distrito, comuna, círculo, província tinha sua fisionomia própria, seus usos, seus costumes, seus interesses especiais, os conselhos prepostos à sua administração eram engrenagens essenciais da vida política. Neles se concentravam imediatamente as idéias e as aspirações que animavam as massas. Mas hoje o laço que liga cada um de nós a um ponto do território que ocupamos é infinitamente frágil e se rompe com a maior facilidade. Hoje estamos aqui, amanhã estaremos ali; sentimo-nos tão em casa numa determinada província quanto em outra, ou pelo menos as afinidades especiais que têm origem territorial são absolutamente secundárias e já não têm grande influência sobre nossa existência. Mesmo que permaneçamos instalados no mesmo lugar, nossas preocupações ultrapassam infinitamente a circunscrição administrativa em que residimos. A vida que nos cerca imediatamente não é nem mesmo a que nos interessa mais intensamente. Professor, industrial, engenheiro, artista, os acontecimentos que se produzem em minha comuna ou em meu departamento não são os que me envolvem mais diretamente e que me apaixonam. Posso até viver minha vida regularmente e ignorá-los. O que nos atrai muito mais é, conforme as funções que devemos desempenhar, o que ocorre nas assembléias científicas, o que se publica, o que se diz nos grandes centros de produção; para o pintor ou o escultor, as novidades artísticas das grandes cidades da França ou do estrangeiro têm mais interesse do que os assuntos municipais; e pode-se dizer o mesmo do industrial, que, pela natureza de sua profissão, tem relações com todos os tipos de indústrias e de empresas comerciais espalhadas por todos os pontos do território e até do globo. O enfraquecimento dos grupamentos puramente territoriais é um fato inevitável. Mas, então, os conselhos que presidem à administração desses grupos não estão em condições de concentrar e de expressar a vida geral do país; pois a maneira pela qual essa vida está distribuída e organizada não reflete, pelo menos em geral, a distribuição territorial do país. Por isso eles estão perdendo seu prestígio, por isso se disputa menos a honra de residir nele, por isso os espíritos empreendedores e os homens de valor buscam outro palco para sua atividade. São órgãos, em parte, decaídos. Uma assembléia política que se apóia numa base como essa só pode oferecer uma expressão muito imperfeita da organização da sociedade, da relação real que existe entre as diferentes forças e funções sociais.

Uma vez que, ao contrário, a vida profissional está adquirindo uma importância cada vez maior à medida que o trabalho se divide mais, há todas as razões para crer que é ela que se destina a fornecer a base de nossa organização política. Já surge a idéia de que o colégio profissional é o verdadeiro colégio eleitoral, e, uma vez que os laços que nos unem uns aos outros derivam de nossa profissão muito mais do que de nossas relações geográficas, é natural que a estrutura política reproduza essa maneira pela qual nos agrupamos espontaneamente. Suponhamos constituídas ou reconstituídas as corporações segundo o plano que indicamos: cada uma delas tem à frente um conselho que a dirige, que administra sua vida interna. Esses conselhos não estão maravilhosamente em condições de desempenhar esse papel de colégios eleitorais intermediários, que os grupos territoriais já não podem cumprir a não ser escassamente? A vida profissional nunca é suspensa; ela não tem folga. A corporação e seus órgãos estão sempre em ação e, por conseguinte, as assembléias governamentais que resultassem deles nunca perderiam o contato com os conselhos da sociedade, nunca correriam o risco de se isolar em si mesmas e deixar de sentir logo e intensamente as mudanças que se produzissem nas camadas inferiores da população. A independência estaria garantida sem que a comunicação se interrompesse.

Uma tal combinação teria, aliás, duas outras vantagens que merecem ser notadas. Com freqüência se criticou o sufrágio universal tal como é praticado atualmente por sua incompetência radical. Observa-se, não sem razão, que um deputado não poderia resolver com conhecimento de causa as inúmeras questões que são submetidas a ele. Mas essa incompetência do deputado é apenas um reflexo da incompetência do eleitor; e esta última é a mais grave. Pois, uma vez que o deputado é um mandatário, uma vez que é encarregado principalmente de expressar o pensamento daqueles que representa, estes também devem se colocar os mesmos problemas e, por conseguinte, atribuir-se a mesma competência universal. De fato, a cada consulta o eleitor toma partido sobre todas as questões vitais que se podem colocar nas assembléias deliberativas, e a eleição consiste em um recenseamento numérico de todas as opiniões individuais que são emitidas dessa maneira. É necessário dizer que elas não poderiam ser esclarecidas? Não seria assim se o sufrágio fosse organizado com base na corporação. No que concerne aos interesses de cada profissão, cada trabalhador é competente; portanto, ele não é inapto para escolher aqueles que melhor podem conduzir os assuntos comuns da corporação. Por outro lado, os delegados que estes últimos enviassem às assembléias políticas entrariam nelas com suas competências especiais, e, como essas assembléias teriam principalmente que regular as relações das diferentes profissões umas com as outras, elas seriam compostas da maneira mais conveniente para resolver tais problemas. Os conselhos governamentais seriam então, verdadeiramente, o que o cérebro é no organismo: uma reprodução do corpo social. Todas as forças vivas, todos os órgãos vitais estariam representados neles segundo sua respectiva importância. E, no grupo assim formado, a sociedade tomaria verdadeiramente consciência de si mesma e de sua unidade; essa unidade resultaria naturalmente das relações que se estabeleceriam entre os representantes das diferentes profissões assim postas em estreito contato.

Em segundo lugar, uma dificuldade inerente à constituição de todo Estado democrático é que, como os indivíduos formam a única matéria atuante da sociedade, o Estado, num certo sentido, só pode ser obra de indivíduos, e no entanto ele deve expressar outra coisa que não os sentimentos individuais. É preciso que ele saia dos indivíduos e que, no entanto, os ultrapasse. Como resolver essa antinomia na qual Rousseau em vão se debateu? O único meio de fazer com indivíduos outra coisa que não eles mesmos é colocá-los em relação e agrupá-los de uma maneira duradoura. Os únicos sentimentos superiores aos sentimentos individuais são os que resultam das ações e das reações trocadas entre os indivíduos associados. Apliquemos a idéia à organização política. Se os indivíduos vêm, cada um por seu lado, trazer seu sufrágio para constituir o Estado ou os órgãos que devem servir para constituí-lo definitivamente, se cada um faz sua escolha isoladamente, é quase impossível que esses votos sejam inspirados por algo que não preocupações pessoais e egoístas: pelo menos estas serão preponderantes, e assim um particularismo individualista estará na base de toda a organização. Mas suponhamos que tais designações se façam em seguida a uma elaboração coletiva: seu caráter será totalmente diferente. Pois, quando os homens pensam em comum, seu pensamento é, em parte, obra da comunidade. Esta age sobre eles, coloca sobre eles todo o peso de sua autoridade, contém as veleidades egoístas, orienta os espíritos num sentido coletivo. Portanto, para que os sufrágios expressem outra coisa que não os indivíduos, para que desde o princípio um espírito coletivo os anime, é preciso que o colégio eleitoral elementar não seja formado por indivíduos aproximados apenas por essa circunstância excepcional, que não se conhecem, que não contribuíram para formar mutuamente suas opiniões e que vão, uns atrás dos outros, desfilar diante da urna. É preciso, ao contrário, que seja um grupo constituído, coerente, permanente, que não tome corpo por um momento, um dia de voto. Então, cada opinião individual, porque se formou no seio de uma coletividade, tem algo de coletivo. Está claro que a corporação responde a esse desiderato. Porque os membros que a compõem têm relações constantes e estreitas, seus sentimentos se formam em comum e expressam a comunidade.

Assim, o mal político tem a mesma causa que o mal social de que sofremos. Ele também está ligado à ausência de órgãos secundários localizados entre o Estado e o resto da sociedade. Esses órgãos já nos pareceram necessários para impedir o Estado de tiranizar os indivíduos; vemos agora que eles são igualmente indispensáveis para impedir os indivíduos de absorver o Estado. Eles libertam as duas forças em confronto, ao mesmo tempo que ligam uma à outra. Estamos vendo o quanto é grave essa ausência de organização interna que tantas vezes já tivemos ocasião de apontar. Ela implica, de fato, como que um abalo profundo e, por assim dizer, o afrouxamento de toda a nossa estrutura social e política. As formas sociais que antes enquadravam os particulares e serviam como que de ossatura à sociedade ou desapareceram ou estão em via de se extinguir, sem que novas formas as substituam. Portanto, restou apenas a massa fluida dos indivíduos. Pois o próprio Estado foi absorvido por eles. Só a máquina administrativa manteve sua consistência e continua funcionando com a mesma regularidade automática. Sem dúvida, a situação está longe de ser o único exemplo na história. Todas as vezes que a sociedade se forma ou se renova, ela passa por uma fase análoga. Com efeito, afinal, foi a partir das ações e das reações diretamente trocadas entre os indivíduos que surgiu o sistema da organização social e política; quando acontece de um sistema ser levado pelo tempo sem ser substituído por um outro à medida que ele se decompõe, a vida social precisa, de certo modo, remontar à fonte primitiva de que ela deriva, ou seja, aos indivíduos, para lá elaborar-se de novo. Uma vez que ficam sozinhos, é diretamente por eles que a sociedade funciona. São eles que cumprem de maneira difusa as funções que cabiam aos órgãos desaparecidos ou que caberão aos órgãos que ainda não existem. Eles suprem por si mesmos à organização que falta. Essa é nossa situação, e, embora ela nada tenha de irremediável, embora até se possa ver nela uma fase necessária de nossa evolução, não podemos no entanto deixar de reconhecer o que ela tem de crítico. Uma sociedade feita de matéria tão instável está exposta a se desorganizar sob o efeito do menor abalo. Nada a protege contra as coisas de fora ou de dentro.

Essas considerações eram necessárias para conseguir explicar dentro de que espírito devem ser entendidos, praticados, ensinados os diversos deveres cívicos, por exemplo: o dever que nos ordena respeitar a lei, o que nos prescreve participar na elaboração das leis por nosso voto ou, mais geralmente, participar da vida pública.

Houve quem dissesse que o respeito às leis, numa democracia, vinha do fato de a lei expressar a vontade dos cidadãos. Devemos submeter-nos a elas porque as quisemos. Mas como a razão valeria para a minoria? É ela, no entanto, que tem mais necessidade de praticar esse dever. Vimos ainda que, de fato, o número daqueles que, seja diretamente ou indiretamente, quiseram uma lei determinada nunca representa mais do que uma parte ínfima do país. Mas, mesmo sem insistir nesses cálculos, essa maneira de justificar o respeito devido às leis é das menos adequadas para inculcá-lo. Por que razão o fato de ter querido uma lei a torna respeitável até mesmo para mim? O que minha vontade fez minha vontade pode desfazer. Essencialmente mutável, ela não pode servir de base para nada que seja estável. Surpreende, às vezes, que o culto da legalidade esteja tão pouco enraizado em nossas consciências, que estejamos sempre tão prontos a nos dispensar dele. Mas como ter um culto por uma ordem legal que pode ser substituída de um dia para outro por uma ordem diferente, por uma simples decisão de um certo número de vontades individuais? Como respeitar um direito que pode deixar de ser direito assim que se deixar de querê-lo como tal?

O que constitui verdadeiramente o respeito pela lei é o fato de ela expressar as relações naturais das coisas; sobretudo numa democracia, os indivíduos só a respeitam na medida em que lhe reconhecem esse caráter. Não é porque a fizemos, porque tantos votos a quiseram, que nos submetemos a ela; é porque ela é boa, ou seja, porque se conforma à natureza dos fatos, porque é tudo o que deve ser, porque temos confiança nela. E essa confiança também depende da que nos inspiram os órgãos encarregados de elaborá-la. O que importa, por conseguinte, é a maneira pela qual ela é feita, é a competência dos que têm a função de fazê-la, é a natureza da organização especial destinada a tornar possível o desempenho dessa função. O respeito à lei depende do que valem os legisladores e do que vale o sistema político. O que a democracia tem de particular nesse aspecto é que, graças à comunicação estabelecida entre os governantes e os cidadãos, estes têm condições de julgar a maneira pela qual os governantes desempenham seu papel, dão ou recusam sua confiança com um conhecimento de causa mais integral. Mas nada é mais falso do que a idéia de que ela só tem direito à nossa deferência na medida em que é expressamente dedicada à redação das leis.

Resta o direito de votar. Não me cabe estudar aqui o que poderá ser dele num futuro indeterminado, em sociedades mais bem organizadas do que as nossas. É bem possível que ele perca importância. É bem possível que haja um momento em que as designações necessárias para controlar os órgãos políticos se façam como que por si mesmas, sob a pressão da opinião, sem que haja consultas definidas propriamente ditas.

Mas hoje a situação é completamente diferente. Vimos o que ela tem de anormal; por essa razão, ela cria deveres muito especiais. É sobre a massa dos indivíduos que repousa todo o peso da sociedade. Esta não tem outro suporte.

Portanto, é legitimamente que cada cidadão, de certa forma, se transforma em homem de Estado. Não podemos nos confinar em nossas ocupações profissionais porque, por enquanto, a vida pública já não tem outros agentes senão a multidão de forças individuais. Apenas, as próprias razões que tornam essa tarefa necessária a determinam. Ela se atém a um estado anômico ao qual não nos devemos submeter; devemos trabalhar para que ele cesse. Em vez de apresentar como um ideal essa inorganização erradamente qualificada como democracia, é preciso lhe pôr fim. Em vez de nos empenhar em conservar ciosamente esses direitos e esses privilégios, é preciso remediar o mal que os torna provisoriamente necessários. Em outras palavras, o primeiro dever é preparar o que nos dispensará cada vez mais de um papel para o qual o indivíduo não é feito. Para isso, nossa ação política consistirá em criar os órgãos secundários que, à medida que se formam, libertam ao mesmo tempo o indivíduo do Estado e o Estado do indivíduo, e dispensam cada vez mais este último de uma tarefa para a qual ele não é feito.

DÉCIMA LIÇÃO

DEVERES GERAIS

independentes de qualquer grupamento social

O HOMICÍDIO

Estamos entrando agora numa esfera nova da moralidade. Examinamos nas seções anteriores os deveres que os homens têm uns para com os outros porque pertencem a um grupo social determinado, porque fazem parte de uma mesma família, de uma mesma corporação, de um mesmo Estado. Mas há outros que são independentes de qualquer grupamento particular. Devo respeitar a vida, a propriedade, a honra de meus semelhantes mesmo que não sejam meus parentes nem meus compatriotas. É a esfera mais geral de toda a ética, uma vez que é independente de qualquer condição local ou étnica. É também a mais elevada. Os deveres que vamos passar em revista são considerados, em todos os povos civilizados, os primeiros e mais prementes de todos os deveres. O ato imoral por excelência é o assassínio e o roubo, e a imoralidade desses atos não diminui em nada quando são cometidos contra estrangeiros. A moral doméstica, a moral profissional, a moral cívica certamente têm uma gravidade menor. Aquele que falta a um desses deveres nos aparece, em geral, como menos culpado do que aquele que comete um desses atentados de que acabamos de falar. Essa idéia é tão geral e tão fortemente impressa nos espíritos que, para a consciência comum, o crime consiste essencialmente ou quase unicamente em matar, em ferir, em roubar. Quando nos representamos o criminoso, é sempre sob o aspecto de um homem que atenta contra a propriedade ou a pessoa de outro. Todos os trabalhos da escola criminológica italiana repousam justamente no postulado, admitido como axioma, de que o crime está todo aí. Constituir o tipo do delinqüente consiste, por exemplo, em constituir o tipo do homicida ou do ladrão, com suas diferentes modalidades.

Quanto a esse aspecto, entre a moral moderna e a moral antiga apresenta-se o mais absoluto contraste. Sobretudo após o cristianismo, produziu-se uma verdadeira interversão, uma inversão da hierarquia dos deveres. Nas sociedades absolutamente inferiores, e mesmo sob o regime da *cité*, os deveres de que falaremos, em vez de estarem no ponto culminante da moral, estavam apenas no limiar da ética. Em vez de serem colocados acima de todos os outros, eles, ou pelo menos alguns deles, tinham uma espécie de caráter facultativo. O que prova a menor dignidade moral que lhes era então atribuída é a menor gravidade das penas que os sancionavam. Muito freqüentemente, até, não estavam ligados a nenhuma pena. Na Grécia, o próprio assassínio só era punido mediante solicitação da família, e esta podia se contentar com uma indenização pecuniária. Em Roma, na Judéia, o acordo é proibido para o homicídio, considerado como crime público, mas o mesmo não ocorre para ferimentos e roubo. Cabe aos indivíduos lesados buscar a reparação, e eles poderão, se quiserem, permitir ao culpado que se redima mediante uma quantia em dinheiro. Esses atos, em suma, só têm sanções parcialmente civis; com muita freqüência limitam-se a uma espécie de sanção por perdas e danos; em todo caso, mesmo que sofram uma espécie de pena, ou seja, mesmo que o culpado seja atingido severamente, esses atos não parecem tão graves para que o próprio Estado se ocupe de sua repressão. São os particulares que devem tomar essa iniciativa. A sociedade não se sente diretamente envolvida e ameaçada por esses atentados que nos revoltam. Às vezes, até, esse mínimo de proteção só é concedido pela sociedade a seus membros, mas é recusado quando a vítima é um estrangeiro. Os verdadeiros crimes são então aqueles dirigidos contra a ordem familiar, religiosa, política. Tudo o que ameaça a organização política da sociedade, toda falta para com as divindades públicas, que não são mais que expressões simbólicas do Estado, toda violação dos deveres domésticos são punidos por penas que podem ser terríveis.

Essa evolução que resultou em elevar ao ponto mais alto da moral o que antes era sua parte mais inferior é conseqüência da evolução correspondente que se produziu na sensibilidade coletiva e que muitas vezes tivemos oportunidade de apontar. Primitivamente, os sentimentos coletivos mais fortes, os que menos toleram a contradição, são os que têm por objeto o próprio grupo, seja o grupo político em sua integridade, seja o grupo familiar. Daí vêm a autoridade excepcional dos sentimentos religiosos e a severidade das penas que garantem o respeito a eles: é que as coisas sagradas são emblemas do ser coletivo. Este se personifica sob a forma de Deus, de seres religiosos de todos os tipos, e é ele que é objeto do respeito, da adoração que se dirige, aparentemente, aos seres fictícios do mundo religioso. Ao contrário, tudo o que concerne ao indivíduo afeta com pouca intensidade a sensibilidade social. A dor do indivíduo comove pouco, pois seu bem-estar interessa pouco. Atualmente, ao contrário, a coisa detestável é o sofrimento individual. A idéia de que um homem sofra sem merecer nos é insuportável, mas, como veremos, mesmo o sofrimento merecido nos pesa, nos angustia, e nos esforçamos para atenuá-lo. É que os sentimentos que têm por objeto o homem, a pessoa humana, tornam-se muito fortes, ao passo que os que nos ligam diretamente ao grupo passam para segundo plano. O grupo já não nos parece ter valor por si mesmo e para si mesmo. É apenas o meio de realizar e de desenvolver a natureza na medida em que o ideal dos tempos o reclama. É o objetivo por excelência com relação ao qual todos os outros são secundários. Por isso a moral humana elevou-se acima de todas as outras morais. Quanto às razões que determinaram tanto esse recuo de alguns sentimentos coletivos como essa evolução de outros, nós as indicamos com demasiada freqüência para que caiba voltar a elas. Estão ligadas ao conjunto de causas que, diferenciando cada vez mais os membros das sociedades, não lhes deixaram outras características comuns essenciais além das que lhes provêm de sua qualidade de homens. Esta tornou-se então, naturalmente, o objeto por excelência da sensibilidade coletiva.

Depois de indicar, assim, o caráter geral da parte da ética que estamos abordando agora, entremos nos detalhes, para examinar as principais regras que ela implica, ou seja, os principais deveres que ela impõe.

O primeiro e mais imperativo é o que proíbe o atentado à vida do homem e proíbe o homicídio, salvo nos casos determinados permitidos pela lei (caso de guerra, condenação legalmente pronunciada, legítima defesa). Por que o homicídio foi proibido e essa proibição tornou-se cada vez mais severa é uma questão da qual não é necessário tratar depois do que acabamos de dizer. Na medida em que o objetivo do indivíduo é o bem moral e fazer o bem é fazer bem aos outros, está claro que o ato que tem como efeito privar outro ser humano da existência, ou seja, da condição de todos os outros bens, deve necessariamente ser visto como o mais detestável de todos os crimes. Não nos deteremos então a explicar a gênese da regra que proíbe o assassínio. O mais útil e sugestivo é descobrir como a regra funciona em nossas sociedades contemporâneas, de que causas depende o domínio maior ou menor que ela exerce sobre as consciências, o respeito maior ou menor que lhe é dado. Para responder a essa questão, devemos dirigir-nos à estatística. É ela, de fato, que nos informa sobre as condições em função das quais varia a taxa social de homicídios, e é essa taxa que mede o grau de autoridade de que é investida a regra de proibição do assassínio. Essa pesquisa nos fará compreender melhor a natureza desse crime e, por conseguinte, lançará alguma luz sobre as características distintivas de nossa moralidade.

Para dizer a verdade, poderia parecer, depois de tudo o que precede, que as causas de que depende a tendência ao homicídio são evidentes e não têm necessidade de ser mais determinadas. O que faz com que o homicídio, hoje, seja proibido sob a ameaça das penas mais fortes de que nossos códigos dispõem é o fato de a pessoa humana ser objeto de um respeito que, antigamente, se atribuía a coisas bem diferentes. Disso dever-se-ia concluir que o que faz com que um povo tenha maior ou menor inclinação ao assassínio é esse respeito ser mais difundido ou menos, é um valor maior ou menor ser atribuído a tudo o que se refere ao indivíduo. E um fato confirma essa interpretação: a partir do momento em que é possível acompanhar a marcha dos homicídios através da estatística, observa-se que eles diminuem progressivamente. Na França, contavam-se, durante o período de 1826-1830, 279 homicídios; o número decresce progressivamente, da seguinte maneira: 282 (1831-35); 189 (1836-40); 196 (1841-45); 240 (1846-50); 171 (1851-55); 119 (1856-60); 121 (1861-65); 136 (1866-70); 190 (1871-75); 160 (1876-80); ou seja, uma redução de 62% em 55 anos, redução tanto mais notável que durante o mesmo período a população aumentou em mais de um quinto. Encontramos entre todos os povos civilizados a mesma regressão, embora mais ou menos acentuada conforme os países. Parece, portanto, que o homicídio diminui com a civilização. É o que parece confirmar também um outro fato, o de que ele é tanto mais desenvolvido quanto menos civilizados são os países e vice-versa. A Itália, a Hungria, a Espanha estão à frente. Depois vem a Áustria. Ora, os três primeiros países estão certamente entre os menos avançados; são os últimos da Europa. Eles contrastam com as nações de alta cultura, a Alemanha, a Inglaterra, a França e a Bélgica, cuja criminalidade homicida está entre 10 e 20 por um milhar de habitantes*, ao

* Trata-se de um erro do original. O correto seria "por um milhão de habitantes" (cf. *O suicídio*, É. Durkheim). (N. da T.)

passo que a Hungria e a Itália têm mais de 100, ou seja, 10 ou 5 vezes mais. Enfim, no interior de cada país encontramos a mesma distribuição. O homicídio é essencialmente rural; de todas as profissões, são os lavradores que fornecem o maior contingente. Ora, não há dúvida de que o respeito de que a pessoa é cercada, o valor que lhe é atribuído pela opinião crescem com a civilização. Não poderíamos dizer, por conseguinte, que o homicídio varia conforme o lugar mais ou menos elevado que o indivíduo ocupa na hierarquia dos fins morais?

É certo que essa explicação não deixa de ter algum fundamento. Apenas ela é excessivamente geral. Sem dúvida, o desenvolvimento do individualismo não deixa de ter relação com a redução do homicídio; mas não a produz diretamente. Se ele tivesse essa eficácia, também a manifestaria nos outros atentados que o indivíduo sofre. Os roubos, os calotes, os abusos de confiança infligem às suas vítimas dores às vezes tão intensas quanto as lesões materiais propriamente físicas. Uma fraude comercial, um calote grave, pelos males que causam, com freqüência provocam de uma só vez mais desgraças do que um assassínio isolado. Ora, todos esses males, em vez de diminuir, multiplicam-se com a civilização. Os roubos, que eram em número de 10.000 em 1829, já estavam em 21.000 em 1844, em 30.000 em 1853, em 41.522 em 1876-1880, ou seja, um aumento de 400%. As bancarrotas subiram de 129 para 971. Também há atentados materiais que apresentam a mesma ascensão: são em primeiro lugar os atentados ao pudor contra as crianças, e também os espancamentos e ferimentos que passaram de 7 para 8.000 durante o período de 1829-1833 para 15-17.000 em 1863-1869. No entanto, o respeito à pessoa deveria protegê-la tanto contra os ferimentos como contra os atentados mortais. Para que, ao contrário, um tal crescimento tenha se produzido, foi preciso que esse sentimento, por si só, tivesse uma força inibidora muito fraca. Portanto não é ele propriamente dito que pode explicar o espírito inibidor que a corrente homicida encontra num certo momento. Mas, entre as circunstâncias que acompanham o progresso do individualismo moral, deve haver algumas especialmente contrárias ao assassínio sem mostrar a mesma oposição aos outros atentados contra a pessoa. Quais são essas circunstâncias?

Vimos que, paralelamente aos avanços dos sentimentos coletivos que têm por objeto o homem em geral, o ideal humano, o bem tanto material como moral do indivíduo, produziam-se uma regressão, um enfraquecimento dos sentimentos coletivos que têm por objeto o grupo, família ou Estado, independentemente do proveito que dele possam extrair os particulares. Esses dois movimentos não são apenas paralelos, são estreitamente solidários. Se os sentimentos que nos ligam ao indivíduo em geral aumentam, é exatamente porque os outros se enfraquecem; é porque os grupos já não podem ter outros objetivos que não os interesses da pessoa humana. Ora, se o homicídio diminui, é muito mais porque o culto místico do Estado perde terreno do que porque o culto do homem o ganha. Com efeito, os sentimentos que estão na base do primeiro são, por si mesmos, incitantes ao assassínio. Além do mais, eles são muito intensos, como todos os sentimentos coletivos; por conseguinte, quando são ofendidos, tendem a reagir com uma energia proporcional à sua intensidade. Se a ofensa é grave, portanto, podem levar o homem que sente a ofensa a destruir seu adversário. Facilmente ela tem esse resultado, tanto mais que esses tipos de sentimentos, em razão de sua própria natureza, são particularmente capazes de fazer calar todos os sentimentos de piedade, de simpatia que, em outras circunstâncias, seriam suficientes para deter o braço do assassino. Pois, quando os primeiros desses sentimentos são fortes, os segundos são fracos. Quando a glória do Estado, a grandeza do Estado aparecem como o bem por excelência, quando a sociedade é a coisa sagrada e divina, à qual tudo está subordinado, ela está tão acima do indivíduo que a simpatia, a compaixão que este possa inspirar não poderiam contrabalançar e conter as exigências mais imperiosas dos sentimentos ofendidos. Quando se trata de defender um pai, de vingar um Deus, que importância pode ter a vida de um homem? Ela pesa muito pouco na balança quando no outro prato estão objetos de um valor, de um peso tão incomparáveis. É assim que a fé política, o sentimento de honra doméstica, o sentimento de casta, a fé religiosa são com muita freqüência por si sós geradores de homicídios. A multiplicidade de assassínios na Córsega está ligada à prática ainda sobrevivente da *vendetta*: mas a própria *vendetta* se deve ao fato de o ponto de honra familiar ainda estar muito vivo, ou seja, os sentimentos que ligam o corso a seu clã ainda têm muito vigor. A glória do nome ainda está acima de tudo.

Não só esses diversos sentimentos podem levar ao assassínio como, onde são fortes, eles produzem uma espécie de disposição moral crônica que, por si mesma e de maneira geral, inclina ao homicídio. Quando, sob influência de todos esses estados morais, as pessoas são levadas a dar tão pouco valor à existência individual, elas se acostumam, conseqüentemente, à idéia de que ela deve e pode ser sacrificada a todos os tipos de coisas. Todas essas tendências têm por si mesmas algo de violento, de destrutivo, tornando o sujeito de maneira geral inclinado a destruir, predispondo-o às manifestações violentas, aos atos sanguinários. Daí provêm os temperamentos rudes e ásperos que caracterizam as sociedades inferiores. Acreditou-se com freqüência que essa rudeza fosse um resto de bestialidade, uma sobrevivência dos instintos sanguinários da animalidade. Na realidade, ela é produto de uma cultura moral determinada. O próprio animal, de maneira geral, não é violento por natureza; só o é quando as circunstâncias em que vive tornam a violência necessária. Por que seria diferente quanto ao homem? Se por tanto tempo ele permaneceu rude para com seus semelhantes, não é absolutamente porque estivesse mais próximo da animalidade; foi a natureza da vida social que ele levava que o moldou assim. O hábito de perseguir fins morais estranhos aos interesses humanos tornou-o relativamente insensível às dores humanas. Todos esses sentimentos dos quais acabamos de falar só podem ser satisfeitos impondo sofrimento ao indivíduo. Os Deuses que adoramos só vivem das privações, dos sacrifícios aos quais se submetem os mortais; às vezes são até vítimas humanas exigidas, exigências que só fazem traduzir sob forma mística as exigências da sociedade para com seus membros. Compreende-se que uma tal educação deixe nas consciências uma aptidão para causar dor. Além do mais, todos esses sentimentos são paixões muito vivas, uma vez que não toleram a contradição, consideram-se intangíveis. Caracteres formados assim são, portanto, essencialmente passionais; são impulsivos. Ora, a paixão leva à violência. Ela tende a romper tudo o que a atrapalha e detém.

Assim, a redução dos homicídios atuais não se deve a que o respeito à pessoa humana contenha como um freio os móbeis homicidas, os incitantes ao assassínio, mas ao fato de esses móbeis e esses incitantes serem menos numerosos e menos intensos. E esses incitantes são os sentimentos coletivos que nos ligam a objetos estranhos à humanidade e ao indivíduo, ou seja, que nos ligam a grupos ou a coisas que simbolizam esses grupos. Não quero dizer, por outro lado, que esses sentimentos que antigamente constituíam a base da consciência moral estejam destinados a desaparecer; eles sobreviverão e devem sobreviver, mas em menor quantidade e com intensidade bem inferior à que tinham antes. Eis o que faz com que, nos países civilizados, as taxas da mortalidade homicida tendam a baixar.

Aliás, é fácil verificar essa interpretação. Se ela for correta, todas as causas que reforçam esses tipos de sentimentos deverão elevar as taxas de mortalidade. Ora, a guerra é evidentemente uma dessas causas. Ela leva as sociedades, até mesmo as mais cultas, a um estado moral que lembra o das sociedades inferiores. O indivíduo desaparece, deixa de ter importância; é a massa que se torna o fator social por excelência; uma disciplina rígida e autoritária impõe-se a todas as vontades. O amor à pátria, o apego ao grupo relega ao segundo plano todos os sentimentos de simpatia pelo indivíduo. Ora, o que acontece? Enquanto, sob a influência de causas diversas, os roubos, os calotes, os abusos de confiança tornam-se sensivelmente menos numerosos, o homicídio ou aumenta ou, pelo menos, permanece estacionário. Na França, em 1870, os roubos diminuem em 33%, passam de 31.000 para 20.000, os roubos qualificados de 1.059 para 871. Os assassínios diminuem pouco, de 339 passam para 307. E, ainda, essa redução é apenas aparente e dissimula um aumento provavelmente importante. Com efeito, essa diminuição da criminalidade geral em tempo de guerra está ligada, em parte que não se deve exagerar mas que não se pode negar, sobretudo quando há invasão, a uma causa que deve necessariamente ter efeito sobre o homicídio, ou seja, a desordem da administração judiciária. A perseguição aos crimes se faz menos bem quando o território é invadido e tudo se conturba. Não é só isso. A idade em que se cometem mais homicídios é de 20 a 30 anos. Um milhão de homens nesse período da vida cometem 40 homicídios por ano. Ora, toda a juventude dessa idade se encontra então mobilizada; os crimes que ela cometeu ou que teria cometido em tempo de paz não entraram nos cálculos da estatística. Se, apesar dessas duas causas, o número de homicídios baixou um pouco, pode-se ter certeza de que, na realidade, ele havia aumentado seriamente. A prova é que em 1871, quando os exércitos são dispensados, quando os tribunais podem se dedicar a suas funções com maior regularidade, mas sem que o estado moral do país ainda se tenha modificado muito, constata-se uma elevação considerável. De 339 em 1869, de 307 em 1870, os homicídios passam para 447, ou seja, um aumento de 45%. Desde 1851, ano excepcional, como veremos, eles nunca tinham sido tão elevados.

As crises políticas têm a mesma influência. Em 1876, ocorreram na França as eleições do senado e da Câmara dos Deputados; os homicídios passam de 409 para 422; mas em 1877 a agitação política torna-se mais intensa, é a época do Dezesseis de Maio, e um aumento enorme se produz. O número se eleva subitamente para 503, taxa que não tinha sido alcançada desde 1839. Durante os anos de efervescência que vão de 1849 até o momento em que o Segundo Império se consolidou completamente, produz-se o mesmo fenômeno. Em 1848, contam-se 432 homicídios, 496 em 1849, 485 em 1850, 496 em 1851; depois, em 1852 começa a baixa, embora os números ainda continuem muito altos até 1854. Durante os primeiros anos do reinado de Luís Filipe, as competições dos partidos políticos foram violentas. Por isso a ascensão da curva é contínua, de 462 em 1831 a 486 em 1832. O máximo do século foi atingido em 1839 (569).

Sabe-se que o protestantismo é uma religião muito mais individualista do que o catolicismo. Cada fiel realiza sua fé mais livremente, dependendo mais de si mesmo ou de sua reflexão pessoal. O resultado é que os sentimentos coletivos comuns a todos os membros da Igreja protestante são menos numerosos e menos fortes ou, pelo menos, tomam necessariamente o indivíduo por objeto. Ora, a aptidão para o homicídio é incomparavelmente mais forte nos países católicos do que nos países protestantes. Em média, os países católicos da Europa fornecem 32 homicídios por um milhar*, os países protestantes nem 4. Os três países que, desse ponto de vista, estão à frente de toda a Europa são não apenas católicos, mas fundamentalmente católicos: a Itália, a Espanha e a Hungria.

---

* Também aqui se trata de um erro do original. O correto seria "por um milhão" (cf. *O suicídio*, É. Durkheim). (N. da T.)

O terreno favorável ao desenvolvimento do homicídio é portanto, definitivamente, um estado passional da consciência pública que tem repercussão natural nas consciências particulares. É um crime constituído de irreflexão, de medo espontâneo, de impulso. Todas as paixões, num certo sentido, levam às violências e todas as violências às forças homicidas, embora sobretudo aquelas tenham o efeito que tem fins supra-individuais. Por conseguinte, a taxa do homicídio testemunha antes de tudo que nossa imoralidade está se tornando algo menos passivo, mais refletido, mais calculado. Essas são, de fato, as características de nossa imoralidade, que se faz notar antes pela astúcia do que pela violência. Essas características de nossa imoralidade, aliás, são também as da nossa moral. Também ela está se tornando cada vez mais fria, refletida, racional, a sensibilidade desempenha nela um papel cada vez mais restrito, e é isso que Kant expressava situando a paixão fora da moral. O ato moral nos aparece hoje como um ato de razão. Não há nada surpreendente, aliás, nessa simetria que observamos entre as características da moral e da imoralidade. Sabemos, com efeito, que são fatos de mesma natureza e que se esclarecem mutuamente. A imoralidade não é o contrário da moralidade, assim como a doença não é o contrário da saúde, uma e outra são apenas formas diferentes de um mesmo estado, as duas formas da vida moral, as duas formas da vida física.

Assim, tudo o que eleva o nível passional da vida pública eleva a taxa de homicídio. Os feriados têm naturalmente o efeito de intensificar a vida coletiva, de sobreexcitar os sentimentos. Ora, de 40 homicídios observados por Marro, 19 tinham sido executados em dias feriados, 14 em dias comuns, 7 eram incertos. O número de casos é muito restrito. Mas a preponderância dos dias feriados é tão acentuada que não poderia ser acidental. No ano, com efeito, não há mais do que uns sessenta dias feriados. Eles deveriam, portanto, fornecer 6 vezes menos casos do que os outros dias da semana. Para que, desses homicídios tomados ao acaso, o contingente dos dias feriados seja sensivelmente superior aos outros, é preciso que, de maneira geral, ele seja muito considerável. A própria distribuição dos homicídios dá ensejo a uma observação análoga. Há quem se admire em ver o homicídio ligado a um certo estado de atividade, ao passo que um nível tão elevado da atividade pode ser considerado antes como normal. Mas é o que resulta justamente do fato de o crime não estar fora das condições normais da vida. Pelo próprio fato de um certo grau de atividade passional sempre ser necessário, sempre há crimes. O essencial é que sua taxa seja adequada ao estado em que se encontra a sociedade. Uma sociedade sem homicídios não é mais pura do que uma sociedade sem paixões[1].

---

1. Este capítulo, cujo sentido aliás é completo sem elas, termina com quatro linhas cujas palavras estão escritas em abreviatura e são, na maioria, ilegíveis. (N. ed. fr.)

DÉCIMA PRIMEIRA LIÇÃO

A REGRA DE PROIBIÇÃO DOS ATENTADOS CONTRA A PROPRIEDADE

Passamos agora à segunda regra da moral humana: a que protege, já não a vida, mas a propriedade da pessoa humana, seja qual for o grupo social a que ela pertença, contra os atentados ilegítimos. A primeira questão que devemos nos colocar é a de saber quais são as causas que determinaram o estabelecimento dessa regra. De onde vem o respeito inspirado pela propriedade dos outros, respeito que a sociedade consagra por sanções penais? De onde vem que coisas sejam tão estreitamente ligadas à pessoa a ponto de participar de sua inviolabilidade? Tratar pelo método desejável uma questão como essa, que nada mais é do que a da gênese da propriedade, exigiria longas pesquisas. Mas poderemos pelo menos estabelecer alguns pontos importantes.

Comecemos por examinar as soluções mais usuais. O problema é o de saber em que consiste o vínculo que une à pessoa objetos que lhe são exteriores, que, naturalmente, não fazem parte dela. De onde vem que o homem possa dispor de certas coisas como dispõe de seu corpo, ou seja, excluindo qualquer outro, pois é a legitimidade dessa exclusão que faz o caráter ilegítimo das usurpações dos outros. A solução mais radical e mais simples seria que esse vínculo fosse analítico, ou seja, que houvesse na natureza do homem algum elemento, alguma particularidade que implicasse logicamente a atribuição, a apropriação de certas coisas. A propriedade poderia ser deduzida da própria noção da atividade humana. Bastaria analisar esta última para descobrir por que o homem é e deve ser proprietário. A muitos teóricos pareceu que a idéia de trabalho preenchia essa condição. Com efeito, o trabalho é o trabalho do homem; é uma manifestação das faculdades do indivíduo, não é nada mais do que a pessoa em ação. Ele tem direito, portanto, aos mesmos sentimentos que a pessoa inspira. Mas por outro lado, por natureza, ele tende a se exteriorizar, a se projetar para fora, a se encarnar em objetos exteriores dos quais ele constitui todo o valor. Essas coisas, portanto, não são mais do que atividade humana cristalizada. Não há por que indagar, então, a razão pela qual elas são vinculadas ao sujeito que as faz, uma vez que elas vêm dele, uma vez que fazem parte dele. Ele as possui tal como possui a si mesmo. Não se trata de dois termos diferentes, heterogêneos, entre os quais haveria um terceiro que fosse preciso descobrir e que fizesse sua união; mas haveria continuidade perfeita de um a outro; um seria apenas um aspecto particular do outro. "A propriedade", diz Stuart Mill, "não implica nada além do direito de cada um sobre seus talentos pessoais, sobre o que ele pode produzir aplicando-os" (*Eco. Pol.*, I, 256).

O postulado em que se baseia essa teoria parece tão evidente que o encontramos na base dos mais diferentes sistemas: os socialistas o invocam tanto quanto os economistas. E no entanto ele é quase um truísmo. Tomemos a proposição em si mesma e sem nos preocupar com as conclusões que se tiram e com a aplicação que se faz dela. Diz-se que devemos dispor livremente dos produtos de nosso trabalho porque dispomos livremente dos talentos e das energias implicados nesse trabalho. Mas será que podemos dispor com tal liberdade de nossas faculdades? Nada é mais contestável. Não nos pertencemos inteiramente; devemo-nos aos outros, aos diversos grupos dos quais fazemos parte. Nós lhes damos e somos obrigados a lhes dar o melhor de nós mesmos; por que também não seríamos obrigados, e até com maior razão, a lhes dar os produtos materiais de nossa atividade? A sociedade nos toma anos de nossa existência, às vezes até nos pede nossa vida. Por que não teria razão em nos pedir essas dependências exteriores de nossa pessoa? O culto da pessoa humana não exclui de modo algum a possibilidade de uma tal obrigação. Pois a pessoa humana à qual é devido esse culto é a pessoa humana em geral; e, se para realizar esse ideal fosse necessário que o indivíduo se privasse da totalidade ou de parte das obras em que ele trabalhou, essa privação seria de estrito dever. Assim, para que a propriedade se justifique, não basta invocar os direitos que o homem tem sobre si mesmo; pois esses direitos não são absolutos, são limitados pelo interesse do fim moral para o qual o homem deve colaborar. Seria preciso, então, mostrar diretamente que esse interesse exige que o indivíduo disponha livremente das coisas que ele produziu. De resto, há circunstâncias em que essa livre disposição é retirada do homem, ou seja, quando ele não tem condições de usá-la utilmente, quando ainda é criança, quando é louco, quando é de prodigalidade patente, etc. Portanto, ela está subordinada a condições e não é óbvia.

Mas vamos adiante. Aceitemos esse postulado. Para que ele pudesse justificar a propriedade, seria preciso antes que ela fosse completamente diferente de como é constituída atualmente. A propriedade, com efeito, não é adquirida exclusivamente pelo trabalho, mas pode derivar de outras fontes:

1.º da troca;

2.º de doações entre vivos ou de liberalidades testamentárias;

3.º de herança.

A troca não é trabalho. É verdade que, quando é perfeitamente eqüitativa, a troca não enriquece, pois supõe-se que os valores trocados são iguais. Se, portanto, esses valores foram inteiramente criados pelo trabalho, nada se acrescenta à propriedade dos que trocam; de uma parte e de outra, tudo o que eles possuem é feito do trabalho, seja diretamente, seja indiretamente. Mas, para que seja assim, é preciso que a troca tenha sido perfeitamente eqüitativa, que as coisas trocadas se contrabalancem exatamente. Ora, para isso é preciso que sejam preenchidas várias condições que não se encontram realizadas em nossas sociedades atuais. É até duvidoso que algum dia elas possam realizar-se completamente. Em todo caso, vemos a propriedade subordinada a uma condição que não o trabalho, ou seja, a eqüidade dos contratos. Essa explicação simples, portanto, não basta por si só. Em segundo lugar, mesmo que o regime dos contratos fosse transformado de tal modo que satisfizesse a todas as exigências de uma justiça perfeita, a propriedade pode ser adquirida por outros meios que são absolutamente irredutíveis ao trabalho. Em primeiro lugar está a herança. O herdeiro é investido de bens de que ele não é o autor e que ele não deve nem mesmo a um ato de quem os criou. Por si só, em determinadas condições, o parentesco confere a propriedade. Dir-se-á que a herança, independentemente da maneira pela qual seja regulamentada, é uma sobrevivência do passado que deve desaparecer de nossos códigos? Restam ainda as doações, as liberalidades testamentárias ou outras. Stuart Mill, que reconhece que a herança contraria a noção moral de propriedade, acredita, ao contrário, que o direito de testar ou de dispor por medida de graça está logicamente implicado nela: "O direito de propriedade", ele diz, "implica o direito de dar conforme sua vontade o produto de seu trabalho a outro indivíduo e o direito, para este, de o receber e desfrutar dele." Mas, se a propriedade só é respeitável e normal quando baseada no trabalho, como poderia ser legítima quando baseada numa doação? E, se é imoral que se adquira por via de doação gratuita, a prática da doação por isso mesmo está condenada. Mas, diz-se, o direito de possuir não contém logicamente o direito de dar? A proposição nada tem de evidente; o direito de desfrutar das coisas que se possuem nunca foi absoluto; está sempre cercado de restrições. Por que uma dessas restrições não se referiria ao direito de dar? E, de fato, o direito de dar é já agora limitado. Não se permite que um indivíduo disponha de seus bens determinando de antemão a quem eles caberão depois da morte do doador atual. O direito de doação, portanto, só pode ser exercido em proveito de uma geração. Isso significa que ele nada tem de intangível. Mas então não há nenhum absurdo interno em que ele seja mais estritamente limitado. E, aliás, o próprio Mill reconhece que uma limitação é necessária justamente porque não é nem moral, nem socialmente útil que os homens se enriqueçam assim, sem fazer nada. Ele propõe que se determine a quota do que cada um poderia receber por legado: "Não vejo nada de condenável em estabelecer um limite para o que um indivíduo pode adquirir graças ao simples favor de seus semelhantes sem ter feito nenhum uso de suas faculdades." Isso é um reconhecimento de que a doação contraria o princípio segundo o qual a propriedade resulta do trabalho.

Assim, admitindo-se esse princípio, é preciso dizer que a propriedade, tal como existe atualmente e tal como sempre existiu desde que há sociedades, é em boa parte injustificável. Por certo, é infinitamente provável que a propriedade, no futuro, já não seja o que ela foi até hoje; mas, para ter o direito de dizer que determinadas formas suas estão destinadas a desaparecer, não basta mostrar que elas estão em contradição com um princípio previamente afirmado; é preciso mostrar também como, sob a imposição de que causas elas puderam se estabelecer, e provar que essas próprias causas atualmente já não estão presentes nem atuantes. Não é em nome de um axioma *a priori* que se pode reclamar a supressão de práticas existentes. Será possível, aliás, haver um contrato perfeitamente eqüitativo, existir uma sociedade em que toda doação seja proibida? São grandes problemas cuja solução é muito difícil prever. Em todo caso, antes de saber o que a propriedade deve ser ou se tornar, é necessário começar por saber como ela se tornou o que é, que causas lhe conferiram a forma que ela apresenta nas sociedades atuais. E a essa questão a teoria do trabalho não dá nenhuma resposta.

Mas vamos adiante. Eu disse que de modo nenhum o trabalho poderá se tornar, por si só, a causa geradora da propriedade. Desde sempre se observou que o trabalho não produz a matéria à qual ele se aplica, que supõe instrumentos ou, pelo menos, agentes materiais que ele não fez. Respondeu-se a essa objeção que esses agentes materiais não têm valor por si mesmos; que eles necessitam ser, antes, elaborados pelo homem. É preciso reconhecer, no entanto, que, conforme o estado em que se encontram, esses agentes, para adquirir seu valor, devem ser mais elaborados ou menos, reclamando um trabalho mais intenso ou menos. Para extrair da terra toda a utilidade que ela pode ter, é preciso pouco trabalho se o solo é fértil, muito em caso contrário. Quantidades muito desiguais de trabalho podem, portanto, dar origem a propriedades de igual valor. Ou seja, em um dos dois casos, o trabalho é substituído por outra coisa. – Além do mais, mesmo que os agentes naturais fossem por si mesmos sem valor, o trabalho isolado desses agentes é necessariamente estéril. Ele supõe, portanto, algo diferente dele mesmo, um ponto ao qual se aplique, esse valor virtual que ele faz passar ao ato. E esse valor virtual não é um nada. Porém a objeção pode ser generalizada. Quando se reduz a propriedade ao trabalho, admite-se que o valor das coisas está ligado a causas objetivas, impessoais, que se furtam a qualquer apreciação. Ora, não é nada disso. O valor depende da opinião, é uma questão de opinião. Se construo uma casa num local que, de repente, se torna um lugar procurado por ser agradável ou por alguma outra razão, ela irá ganhar muito valor. Se, ao contrário, a população passar a evitá-lo, ela poderá vir a não valer mais nada. Um capricho da moda pode fazer com que determinado objeto, um determinado tecido, por exemplo, e, por conseguinte, os agentes naturais empregados na fabricação desse tecido ou desse objeto subam de preço. Minha propriedade, o que eu possuo, pode dobrar de importância sem que eu nada tenha feito para isso. Inversamente, as máquinas Jacquard, a partir do momento em que novas máquinas mais aperfeiçoadas foram descobertas, viram-se por isso mesmo destituídas de todo valor. Quem as possuía encontrava-se na mesma situação que alguém que não possuísse nada, e isso apesar de as ter mandado construir com o produto de seu trabalho pessoal. Assim, em toda propriedade entra algo que não o trabalho do proprietário, mesmo que o objeto possuído saia efetivamente de suas mãos; entra, além de uma parte vinda da matéria, um elemento que vem da sociedade. Conforme os gostos ou as necessidades sociais se voltem para um ou para outro lado, nossa propriedade aumenta ou diminui em nossas mãos, embora não tenhamos nenhuma influência sobre essas variações. Dir-se-á que é útil e até indispensável que seja assim, que essas variações positivas ou negativas são necessárias para que a sociedade seja bem servida, que é preciso um estimulante para a iniciativa individual, para o espírito de inovação e uma espécie de sanção para o espírito de rotina e indolência? Certamente, seja qual for a maneira pela qual a vida econômica esteja organizada, o valor das coisas sempre dependerá da opinião pública; e é bom que seja assim. Nem por isso deixa de haver valores e, por conseguinte, elementos na propriedade que não vêm do trabalho. Admitamos até que, às vezes, esses elementos vêm recompensar uma previsão útil e, por conseguinte, possam ser considerados como expressão de um talento natural. Quantas vezes eles vêm se acrescentar às coisas que possuímos, ou subtrair-se delas, por efeito de uma simples coincidência, de um verdadeiro acaso. Sem que eu nunca pudesse prever, uma grande estrada passa ao lado de minha propriedade, esta aumenta de valor, ou seja, multiplica-se como que por si mesma. Inversamente, uma revolução nos equipamentos pode destruir a propriedade de um industrial.

É vão, portanto, querer deduzir a coisa da pessoa. Os dois termos são heterogêneos. A lei que os une é sintética. Há uma causa que lhes é exterior e que constitui a união.

Kant já o havia compreendido. Sem dúvida, diz ele, se virmos na propriedade apenas a posse material, será fácil destruí-la analiticamente. Se sou ligado fisicamente ao objeto, se o tenho em minhas mãos, por exemplo, o que se apodera dele sem meu consentimento atenta contra minha liberdade interior. "A proposição que tem por objeto a legitimidade de uma posse empírica não supera, portanto, o direito de uma pessoa com relação a si mesma" (§ VI). Mas por que razão posso declarar minha uma coisa uma vez que não a possuo fisicamente? No primeiro caso, a coisa se confundia comigo; agora ela é distinta de mim; ela é diferente de mim. Portanto, só pode ter comigo um vínculo sintético. O que fundamentará esse vínculo? (citação, p. 72)

Um tal vínculo, por definição, só pode ser intelectual, uma vez que independe de qualquer condição de tempo e de lugar. Uma vez que a coisa é independente de minha pessoa, seja qual for o lugar em que eu resida, essa dependência deve ter sua fonte em algum estado mental que, de certo modo, esteja fora do espaço. Quando digo que possuo um campo, mesmo que seja num lugar completamente diferente daquele em que me encontro realmente, "trata-se apenas de uma relação intelectual entre o objeto e mim". O que fundamenta essa relação é um ato de minha vontade. Só minha vontade, de fato, é livre de qualquer condição espacial; as legislações que ela edita são válidas e obrigatórias para os homens seja qual for sua situação local. Ela determina suas relações, independentemente dos lugares em que eles estejam. Pois ela é universal. Está fora do sensível e, por conseguinte, as regras que estabelece não poderiam ter suas aplicações limitadas por nenhuma condição sensível. Essa proposição é evidente sobretudo quando se admitem os princípios da crítica. Segundo Kant, com efeito, se a inteligência, se o pensamento é submetido à lei do tempo e do espaço, com a vontade é completamente diferente. O pensamento se refere aos fenômenos, ele está no mundo dos fenômenos e os fenômenos não podem ser representados para o espírito fora ou de um meio espacial ou de um meio temporal. Mas a vontade é a faculdade do número, do ser em si. Portanto, ela está fora das aparências fenomênicas, às quais, conseqüentemente, suas diligências não poderiam estar subordinadas. Se, portanto, tenho fundamento para querer como meu um objeto exterior a mim, esse ato de minha vontade vale em qualquer lugar do espaço em que me encontre, uma vez que minha vontade não conhece o espaço. E, como por outro lado minha vontade tem direito ao respeito todas as vezes que ela se exerce legitimamente, basta que minha vontade tenha se determinado legitimamente a declarar seu esse objeto para que a apropriação, por si só, seja válida de direito e não apenas de fato. Assim, então, só esse caráter particular em virtude do qual minha vontade é respeitável, sagrada para os outros todas as vezes que se aplica sem violar a regra do direito, poderia criar um vínculo intelectual entre essas coisas e minha pessoa. Aliás, é importante observar que essa explicação pode ser destacada da hipótese crítica e conservada por outros sistemas. Pois, de maneira geral, todo o mundo reconhece que uma decisão de minha vontade não é subordinada a condições de leis como os movimentos de meu corpo. Por minha vontade, posso me libertar do espaço. Posso querer que uma coisa seja minha independentemente de qualquer situação local. O que há de essencial nessa doutrina não é, portanto, a teoria filosófica sobre a relatividade do tempo e do espaço, é a idéia de que, quando minha vontade se afirma de acordo com seu direito, ela deve ser respeitada, em suma, é o caráter sagrado da vontade, desde que ela se conforme à lei da conduta.

Porém, como se vê, a explicação ainda não está completa. Resta mostrar que posso querer um objeto como meu sem faltar ao princípio do direito, que esse uso de minha vontade é legítimo. Para fazer essa demonstração, Kant invoca um outro princípio.

Em primeiro lugar, vamos definir bem o alcance do direito que assim me atribuo. "Quando declaro (verbalmente ou por um fato) que eu quero que alguma coisa exterior se torne minha, declaro que cada um é obrigado a se abster do objeto ao qual se refere minha vontade. Mas essa pretensão supõe que, reciprocamente, eu me reconheça obrigado diante de cada um a me abster do 'seu exterior' de cada um. Portanto, só sou obrigado a respeitar o que cada um declara seu se cada um me garante, por sua vez, que se conduzirá para comigo de acordo com o mesmo princípio" (§ VIII).

Ora, sendo minha vontade individual apenas individual, ela não pode constituir lei para os outros. Uma tal obrigação só pode ser editada por uma vontade coletiva superior a cada vontade individual considerada à parte. "Não posso, em nome de minha vontade individual, obrigar ninguém a se abster do uso de uma coisa, para com a qual, aliás, ninguém teria nenhuma obrigação; só posso fazê-lo, portanto, em nome da vontade coletiva de todos os que possuem essa coisa em comum." É preciso que cada um seja obrigado por todos, e a coletividade só pode obrigar seus membros com relação a uma coisa determinada se ela tem direitos sobre essa coisa, ou seja, se ela a possui coletivamente. Chegamos então à seguinte conclusão: para que os homens tenham fundamento para querer se apropriar das coisas individuais, é preciso que as coisas sejam originalmente possuídas por uma coletividade. E, como a única coletividade natural é a formada por toda a humanidade, como ela é a única completa, como todas as outras são apenas parciais, o direito de apropriação previsto implica uma comunidade original das coisas e deriva dela. Se descartarmos a idéia dessa comunidade, o caráter obrigatório e recíproco que a propriedade individual apresenta torna-se ininteligível. Em que medida e em que sentido essa comunidade original tem fundamento lógico?

Suponhamos que a Terra fosse uma superfície infinita, que os homens pudessem dispersar-se nela de modo que já não formassem nenhuma comunidade entre eles; nessas condições, não poderia haver posse comum entre eles. Mas a Terra é esférica, portanto limitada. A unidade do hábitat obriga, assim, os homens a se relacionarem; eles formam um todo e esse todo é o proprietário natural do hábitat total sobre o qual ele está estabelecido, ou seja, a Terra. "Todos os homens têm originalmente a posse legítima do solo... Essa posse é uma posse comum, por causa da unidade de lugar que a superfície esférica da Terra apresenta" (§ XIII). Assim, o único proprietário legítimo é originalmente a humanidade. Ora, de que maneira a humanidade pode logicamente exercer esse direito? Há duas maneiras diferentes de entendê-lo, e apenas duas. Ou ela pode declarar que, tudo sendo dela, nada será de ninguém, o que é absurdo; pois, se os indivíduos não exercerem o direito de propriedade coletivo, será como se ele não existisse. Essa maneira de praticá-la equivaleria a negá-lo. Ou ela pode reconhecer a cada um o direito de se apropriar de tudo o que ele pode sob a ressalva dos direitos concorrentes dos outros. Sob essa condição, esse direito se tornará uma realidade, passará ao ato. Assim, a comunidade original do solo só pode se realizar pela apropriação prevista sob a ressalva que acabamos de indicar, e é isso que fundamenta nosso direito a "querer como nosso" um objeto exterior.

No entanto, resta uma última condição a ser determinada. Em virtude do direito que recebo da humanidade, só posso me apropriar de uma coisa sob a condição de não usurpar o direito similar que os outros têm. Como essa condição é realizável? É preciso e basta que minha apropriação seja anterior à de outrem; que ela tenha a vantagem da prioridade no tempo. "A tomada de posse... só se conforma à lei da liberdade anterior de cada um sob a condição de ter a vantagem da prioridade no tempo, ou seja, de ser a primeira tomada de posse." Uma vez que minha vontade se declarou, nenhuma outra pode se declarar em sentido contrário; mas, inversamente, se nenhuma outra vontade se declarou, a minha pode se afirmar com toda a liberdade. E, como é pela ocupação que se afirma a vontade da apropriação, a condição da legitimidade de minha apropriação é ser o primeiro ocupante. Sob essa ressalva, nenhum limite se coloca a meu direito. Posso estender minha posse até onde me permitam minhas faculdades. "Levanta-se a questão de saber até onde vai o direito de tomar posse de uma terra; respondo: até onde vai a faculdade de tê-la em seu poder, ou seja, até onde aquele que quer se apropriar dela possa defendê-la. É como se ela dissesse: Você não pode me proteger, então também não pode me comandar" (p. 95).

Vamos resumir. O gênero humano é o proprietário ideal da Terra. Esse direito de propriedade só pode se tornar uma realidade pelos indivíduos. Por um lado, os indivíduos têm o direito de querer apropriar-se de tudo o que podem do domínio comum, sob a ressalva de não usurpar os direitos uns dos outros, condição preenchida pelo simples fato de que o solo apropriado ainda não esteja ocupado. Por outro lado, já que o ato pelo qual se faz essa apropriação é um ato de vontade, ele independe de qualquer relação espacial. Portanto, tem o mesmo valor moral qualquer que seja o lugar em que se encontrem situados respectivamente o objeto e o sujeito. Assim se justifica a posse de algo que não detenho atualmente. Todavia, deve-se acrescentar que essa justificação vale não apenas de direito ou em idéia, mas de fato. O que prova essa demonstração é que a humanidade logicamente deve querer que os indivíduos se apropriem das coisas dessa maneira; mas esse direito inteiramente lógico e ideal só acarreta obrigações de mesma natureza. Ele autoriza o indivíduo a rejeitar qualquer usurpação ilegítima, mas não põe a seu serviço nenhuma força atual que faça respeitar esse direito: pois a humanidade só é um grupo em idéia, assim como só é proprietária em idéia. Para que seja diferente, é preciso que se constituam grupos reais, grupos de fato, que protejam os direitos de cada um. Em outras palavras, para usar as próprias expressões de Kant, só há aquisições peremptórias no estado civil (ver citações p. 95). Mas isso não quer dizer que o estado civil fundamente o direito de propriedade, ele só o reconhece e o garante. Esse direito se fundamenta na natureza das coisas, e portanto: 1.º na natureza da vontade; 2.º na natureza da humanidade e das relações que ela tem com o globo.

O que constitui o interesse dessa teoria é ela consistir na justificação mais sistemática que já se tentou do direito do primeiro ocupante, e isso em nome dos princípios de uma moral essencialmente espiritualista. "O trabalho não é mais que um sinal de posse" (p. 95). Em suma, se a desvencilhamos de seu aparelho dialético, ela pode reduzir-se a proporções muito simples. É absurdo, contrário ao caráter da humanidade, que não haja apropriação das coisas; é legítima toda apropriação que se faz diretamente de um solo assim apropriado; e a vontade que preside a essa apropriação tem direito ao respeito uma vez que se declara, mesmo que o sujeito e a coisa não estejam em contato. Encontramos assim associados e combinados, como aliás em toda a moral kantiana, esses dois princípios, aparentemente contraditórios: o da intangibilidade da vontade individual e aquele em virtude do qual a vontade individual é dominada por uma lei que lhe é superior. É definitivamente essa lei superior que solda os dois seres heterogêneos que é preciso unir para constituir a noção de propriedade. Por esse aspecto, essa teoria nos parece superior à do trabalho. Ela dá mais a percepção da dificuldade do problema, afirma nitidamente a dualidade dos dois termos e, além disso, define onde se encontra o terceiro termo que serve de traço de união, ou seja, de que vontade coletiva dependem as vontades particulares. Mas o que constitui a fraqueza da teoria é afirmar que a anterioridade da ocupação basta para fundamentar juridicamente e moralmente esta última; que as vontades não se negam mutuamente, não usurpam mutuamente umas as outras porque não se encontram materialmente no mesmo objeto. É contrário ao princípio do sistema contentar-se com esse acordo exterior e físico. As vontades são tudo o que podem ser, independentes das manifestações espaciais. Se, portanto, eu me aproprio de um objeto que ainda não está apropriado de fato mas que já é desejado por outros, sendo que essa vontade já se expressou, eu a nego moralmente do mesmo modo como se houvesse usurpação material.

DÉCIMA SEGUNDA LIÇÃO

O DIREITO DE PROPRIEDADE (*continuação*)

A teoria de Kant pode ser resumida assim. O globo é a propriedade do gênero humano. Ora, uma propriedade que não é apropriada não é propriedade. Portanto seria absurdo, contraditório, o gênero humano proibir a apropriação do solo. Seria negar seu direito. Mas essa apropriação só pode ser feita pelos homens, seja individualmente seja por pequenos grupos. Portanto, o direito que a humanidade tem sobre a Terra implica o direito dos particulares a ocupar porções restritas da superfície da Terra. Por outro lado, como a vontade, quando suas decisões são legítimas, tem direito ao respeito, toda primeira ocupação é respeitável e a consciência do gênero humano deve reconhecer sua legitimidade. Pois minha vontade, agindo assim, só faz usar seu direito sem atentar contra nenhum outro direito, uma vez que, por hipótese, nenhuma outra vontade particular se apropriara até então do mesmo objeto. O direito que tenho devido à humanidade, ou seja, em suma, de minha qualidade de homem, só pode ser limitado pelo direito similar dos outros homens. Se, portanto, os outros homens não afirmaram seu direito a propósito de coisas das quais me aproprio, meu direito sobre elas é absoluto. Donde se segue que tenho direito de me apropriar de tudo aquilo de que possa me apropriar entre as coisas que não foram anteriormente objeto de apropriação. Dentro desses limites, meu direito vai até onde vai meu poder. E, como os decretos de minha vontade extraem seu valor de minha própria vontade, e esta está fora do espaço, o ato pelo qual me declaro proprietário de uma coisa me faz proprietário dela, mesmo que eu não a detenha materialmente.

Essa doutrina tem de interessante encontrarmos nela uma teoria moral do direito do primeiro ocupante. Kant não recua em nada diante dessa conseqüência de seu sistema. Ele não teme reivindicar como sua a conhecida fórmula: tanto melhor para quem possui, *Beati possidentes.* Mas, esse privilégio geralmente apresentado como uma necessidade social, ou uma convenção e uma ficção, ele resolve fundamentá-lo como direito: "Essa prerrogativa do direito, que resulta do fato da posse empírica segundo a fórmula *Beati possidentes*, não provém do fato de o possuidor, supostamente homem honesto, não ser obrigado a provar que sua posse é legítima, mas deve-se a que cada um tem a faculdade de ter como seu um objeto exterior de sua vontade." Portanto, o que se põe em relevo aqui é um elemento da idéia de propriedade, completamente diferente do trabalho, e por isso é importante conhecer essa teoria que, por si só, já faz sentir o que há de unilateral na anterior. Não há dúvida, com efeito, de que na ocupação que não é contrária a um direito preexistente há um ato que confere certos direitos. Desde sempre, a humanidade conferiu prerrogativas de direito à primeira posse. A declaração de vontade pela qual afirmamos nossa intenção de nos apropriar de um objeto que não tem possuidor atual não deixa de ter valor moral e tem direito a algum respeito.

Mas, por outro lado, a impossibilidade de reduzir toda a propriedade a esse único elemento fica particularmente evidente num sistema que tenta fundamentar num princípio moral, e não apenas em condições utilitárias, as prerrogativas do primeiro ocupante. Kant é obrigado a contradizer seu próprio raciocínio. Se as vontades são tudo o que podem ser independentemente de suas manifestações espaciais, elas podem entrar em conflito sem se enfrentar materialmente. Podem se negar, se contradizer, se reprimir mutuamente mesmo que os corpos que elas movem não venham a se chocar em um ponto determinado do espaço. Se me aproprio de um objeto que ainda não foi apropriado de fato por outrem, mas que é desejado por ele, sem que essa vontade tenha se expressado fisicamente, não há usurpação de uma pela outra? Ora, não há objetos que não sejam suscetíveis de ser desejados por outros que não aquele que de fato toma posse deles. Obstáculos materiais, uma impossibilidade física podem ter impedido o outro agente de se afirmar em tempo e de tomar a frente. É impossível atribuir um valor moral a encontros fortuitos ou a uma superioridade puramente física. É até uma espécie de escândalo lógico o lugar considerável que se abre assim para a força material em um sistema espiritualista. O círculo das coisas de que posso me apropriar legitimamente é determinado exclusivamente pela extensão de meu poder. "Ninguém pode, no raio do alcance do canhão, entregar-se à pesca de peixe ou de âmbar amarelo na costa de um país que já pertence a um certo Estado" (§ XV). Eis então a legitimidade da apropriação colocada sob a dependência do alcance dos canhões. Que se inventem canhões de alcance mais longo e o domínio legítimo, jurídico do Estado se verá ampliado *ipso facto*.

Justamente porque o ato de querer é um ato mental, o equilíbrio das vontades individuais deve ser mental, ou seja, moral. Ele não se justifica só pelo fato de os movimentos materiais pelos quais essas vontades se expressam serem exteriores uns aos outros, não se encontrarem num mesmo ponto de espaço. É preciso também e sobretudo que elas não se neguem e não se excluam moralmente. Para que a ocupação possa ser vista como legítima, pelo menos pelos olhos de nossa consciência moral atual, é preciso então que ela esteja submetida a outras condições além da simples anterioridade no tempo. Não reconhecemos o direito de o indivíduo ocupar tudo o que pode ocupar fisicamente. É o que Rousseau já reconhecia. Também Rousseau reduzia o direito de propriedade ao direito de primeira ocupação consagrada e sancionada pela sociedade. Apenas, para ele os direitos do ocupante eram limitados por suas necessidades normais. "Todo homem", ele dizia, "tem, naturalmente, direito ao que lhe é necessário" (*Contrat social*, I, 9). Usurpamos então o direito dos outros pelo único fato de nos apropriarmos de mais coisas do que necessitamos, mesmo que essas coisas ainda não tenham sido apropriadas. "Em geral", ele diz, "para que seja conferido sobre um terreno qualquer o direito de primeiro ocupante, são necessárias as seguintes condições: primeiro, que esse terreno ainda não seja habitado; segundo, que só se ocupe dele a quantidade de que se tem necessidade para subsistir" (I, 9). Rousseau também acrescenta, é verdade, que o trabalho e a cultura são necessários para que haja realmente tomada de posse. Mas não é que o trabalho lhe pareça implicar analiticamente o direito de possuir de acordo com a teoria que discutimos em primeiro lugar. É que, a seu ver, o trabalho é o único sinal autêntico de ocupação. É apenas um símbolo, um título jurídico. Nesse ponto, por conseguinte, ele só se afasta secundariamente da teoria de Kant.

Uma divergência mais importante vem do fato de ele subordinar a extensão da ocupação legítima à extensão das necessidades normais. Mas fica claro que, se o direito do primeiro ocupante era ilimitado demais na teoria de Kant, aqui ele é restrito demais. Talvez se possa dizer que o homem tem direito de possuir pelo menos o que lhe é necessário para viver, mas não que não tem direito de possuir mais. Rousseau era dominado pela idéia de que há um equilíbrio natural cujas condições são função da natureza do homem, por um lado, da natureza das coisas, por outro, e que toda modificação desse equilíbrio faria o homem decair de seu estado normal e o lançaria em desgraça. Daí sua concepção de uma sociedade em que todas as condições fossem sensivelmente iguais, ou seja, igualmente medíocres, cada um não possuindo muito mais do que o indispensável para viver. Essa concepção, porém, tem hoje apenas um interesse histórico. Esse equilíbrio natural é uma hipótese sem realidade. A grande mudança trazida pela vida social foi substituir o equilíbrio fixo, invariável, que observamos entre os animais, por um equilíbrio móvel, que varia incessantemente, foi ter substituído as necessidades ditas naturais por outras necessidades que não é indispensável satisfazer para manter a vida física cuja satisfação, no entanto, não é menos legítima.

Essa discussão, portanto, teve sobretudo a vantagem de nos fazer sentir a complexidade do fenômeno. Nele entram, certamente, muitos elementos diferentes. Tentemos agora analisá-los. Mas para isso será preciso antes definir a coisa de que estamos falando. O que se deve entender por direito de propriedade? Em que ele consiste? Como pode ser reconhecido? Veremos que a solução desse problema inicial facilitará a busca das causas.

A definição que buscamos deve expressar o direito de propriedade de uma maneira geral, ou seja, deixando de lado modalidades particulares que ele possa ter assumido nas diferentes épocas e nos diferentes países. Antes de tudo devemos tentar alcançar o que ele tem de essencial, ou seja, o que há de comum nas diversas maneiras pelas quais tenha sido concebido.

A idéia de propriedade desperta em primeiro lugar a idéia de uma coisa. Entre essas duas noções parece haver uma estreita conexão: só se podem possuir coisas e todas as coisas podem ser possuídas. É certo que, no estado atual de nossas idéias, repugna-nos que o direito de propriedade possa se exercer sobre outros objetos. Também se deve incluir sob o nome de coisas os animais, que são tão completamente possuídos quanto as coisas inanimadas. Mas essa restrição é relativamente recente. Enquanto houve escravos, os escravos eram objeto de um direito real indiscernível do direito de propriedade. O escravo era para seu senhor como suas terras ou seus animais. O mesmo ocorria, em certos aspectos, pelo menos em Roma, com relação ao filho de família. Salvo quanto ao que se referia a suas relações públicas, ele era considerado como um objeto de propriedade. Antigamente, ele podia ser reivindicado; ora, a *rei vindicatio* só se aplicava às coisas que comportavam um direito de propriedade quiritário, ou seja, às coisas corporais *in commercio*. Na época clássica, ainda, o pai podia mancipá-lo e, até a época de Justiniano, ele podia ser objeto de um *furtum*. A idéia de mancipação e de *furtum* implica necessariamente uma coisa submetida ao direito de propriedade.

Inversamente, há coisas que não são objeto de nenhum direito de propriedade. Assim eram, antigamente, as coisas sagradas, o que em Roma se chamava de *res sacrae et religiosae*. As coisas sagradas, com efeito, ficavam fora do comércio, absolutamente inalienáveis, e não podiam tornar-se objeto de nenhum direito real e de nenhuma obrigação. Não eram possuídas por ninguém. Pode-se dizer, é verdade, e dizia-se, que eram propriedade dos deuses. Mas dessa própria fórmula resulta que não eram uma propriedade humana; ora, aqui estamos tratando do direito de propriedade exercido pelos homens. Na realidade, essa atribuição das coisas sagradas aos deuses era apenas uma maneira de expressar que elas não eram e não podiam ser apropriadas por nenhum homem. Mas esses tipos de coisas não são as únicas que têm essa característica. Há também o que se chamava, em Roma, de *res communes*, ou seja, as que não pertencem a ninguém porque pertencem a todo o mundo, que, por sua natureza, escapam a qualquer apropriação particular: o ar, a água corrente, o mar. Cada um pode usá-los, mas não se pode indicar nem um indivíduo, nem um grupo que seja seu proprietário. De fato, há o que chamamos hoje de bens de domínio público, os caminhos, as estradas, as ruas, as águas navegáveis, as praias do mar. Todos esses bens são administrados pelo Estado, mas não são possuídos pelo Estado. Todo o mundo faz livre uso deles, até mesmo os estrangeiros. O Estado que os administra não tem o direito de aliená-los; ele tem de cumprir os deveres que lhes cabem, mas não tem sobre eles direito de propriedade.

Desses fatos resulta que o círculo dos objetos apropriáveis não é necessariamente determinado por sua constituição natural, mas pelo direito de cada povo. É a opinião de cada sociedade que faz com que determinados objetos sejam considerados suscetíveis de apropriação e outros não. Não são suas características objetivas, tais como podem ser determinadas pelas ciências naturais, é a maneira pela qual são representados no espírito público. Determinada coisa que ontem não podia ser apropriada hoje o é, e vice-versa. Daí se segue que a natureza do ser apropriado não pode entrar em nossa definição. Não podemos nem mesmo dizer que ele deve consistir em algo corporal, apreensível pelos sentidos. Não há razão para que coisas incorporais não sejam capazes de ser apropriadas. *A priori*, não se pode estabelecer nenhum limite ao poder de que a coletividade dispõe para conferir ou retirar de tudo o que existe as características necessárias para tornar sua apropriação juridicamente possível. Se, portanto, emprego a seguir a palavra coisa, é num sentido absolutamente indeterminado e sem que eu queira provar a natureza particular da coisa.

Pode-se dizer o mesmo do sujeito que possui. Sem dúvida, geralmente quem possui é um homem ou homens. Mas, em primeiro lugar, pode ser um grupo ou pode ser uma entidade como o Estado, a comuna, a família, uma vez que a propriedade é coletiva. Depois, não basta ser homem para poder ser proprietário. Durante muito tempo só os membros de cada sociedade podem exercer esse direito. O círculo das pessoas que estão aptas a possuir é determinado pela legislação de cada país, assim como o das coisas aptas a serem possuídas. Por conseguinte, a única coisa que nossa definição pode exprimir é a natureza da relação que une a coisa apropriada ao sujeito que se apropria dela, deixando de lado as características constitutivas de uma e de outro.

Em que consiste essa relação? O que ela tem de característico?

Pode parecer, à primeira vista, que o método mais natural seja buscar essa característica na natureza dos poderes de que o sujeito que possui dispõe diante da coisa possuída.

Esses poderes há muito tempo foram reduzidos, pela análise jurídica, a três: o *jus utendi*, o *jus fruendi* e o *jus abutendi*. O primeiro é o direito de se servir da coisa tal como ela é, de habitar uma casa, de montar um cavalo, de passear numa floresta, etc. O *jus fruendi* é o direito aos produtos da coisa, produtos das árvores, do solo, juros de uma quantia de dinheiro que se tem, aluguel de uma casa, etc. Como se vê, entre o *jus utendi* e o *jus fruendi* há apenas uma nuança; ambos consistem no poder de utilizar a coisa sem a desnaturar materialmente ou juridicamente, ou seja, sem modificar sua constituição física nem sua condição legal. Este último poder é que está implicado no *jus abutendi*. Entende-se por isso a faculdade de transformar a coisa, até mesmo de a destruir, seja consumindo-a, seja de outro modo, ou ainda de aliená-la, de modificar sua situação jurídica.

A enumeração desses diferentes poderes será verdadeiramente distintiva do direito de propriedade?

Para começar, o poder de utilizar a coisa e seus produtos é tão pouco característico desse direito que ele pode se exercer sobre coisas que não são suscetíveis de apropriação. Faço uso do ar, da água, de todas as coisas comuns e no entanto não as possuo. Do mesmo modo, faço uso das estradas, das ruas, dos rios, etc., sem que eu seja seu proprietário. Posso colher os frutos da árvore que pendem sobre os caminhos e que crescem nas florestas públicas embora não sejam propriedade minha. Em outros termos, o direito de fazer uso de uma coisa ou de seus frutos implica apenas que a coisa considerada não foi apropriada previamente por outro, mas não supõe que eu tenha me apropriado dela. Mas, além disso, de que direito de uso se trata? Trata-se de um direito ilimitado? Quer dizer que o proprietário pode se servir da coisa à vontade, sem nenhum limite? Não há nenhum país em que uma tal ilimitação tenha sido reconhecida e consagrada pela lei. O direito de uso é sempre definido e limitado. Há regulamentos para as coisas, para as colheitas, aos quais o proprietário é obrigado a se conformar. Antigamente, era absolutamente proibido fazer a colheita antes do dia determinado, e a maneira pela qual se devia proceder a ela também era prescrita. O direito de fazer uso de seu bem e dos frutos de seu bem é extremamente restrito e, no entanto, ele é mesmo o do proprietário[1]. O mesmo ocorre com a mulher casada proprietária de seu dote, com relação a este último e a seus frutos.

1. “il est bien celui du propriétaire” = reconstituição conjectural. (N. ed. fr.)

Podem-se fazer observações análogas a propósito do *jus abutendi*, ou seja, do direito de dispor por... ou de outro modo... Ele pode ser exercido por outros que não o proprietário. Todo poder de administração implica um poder de dispor. O conselho de família, o conselho judiciário aliena, transforma os bens do menor ou do interditado. Eles não são seus proprietários, e também o marido com relação aos bens de sua mulher[2]. Com muita freqüência o direito de propriedade não implica de modo algum o direito de alienar. Durante séculos, o patrimônio familiar foi inalienável: enquanto o direito de fazer testamento não foi reconhecido, os direitos do pai a alienar seus bens eram restritos; ele não podia dispor livremente dos bens por testamento. Ainda agora seus direitos nesse aspecto são limitados, na maioria dos países. As doações entre vivos que ele possa ter feito são até revogadas em vários direitos quando há supervenção de filhos legítimos. Os imóveis dotais não podem ser nem alienados, nem hipotecados, nem pelo marido nem pela mulher, mesmo que esta seja sua proprietária, salvo em certos casos determinados pela lei; e essa inalienabilidade é tal, em proveito da mulher, que ela permite revogar certos atos uma vez que o casamento se dissolve[3]. Os direitos do maior munido de conselho judiciário são igualmente limitados quanto a esse ponto. É aqui que se evidencia sobretudo a limitação estreita de todos os direitos concedidos ao proprietário sobre as coisas. O que bem mostra que eles não são deixados ao arbítrio deste último é o fato de que este só os conserva integralmente quando

2. Interpretação provável. (N. ed. fr.)

3. Reconstituição do sentido, se não do texto. (N. ed. fr.)

faz uso deles de uma certa maneira. Ao pródigo, ou seja, àquele que usa sua fortuna de maneira impensada, que a dissipa e a compromete, retira-se sua administração e mesmo seu usufruto. É a melhor prova de que este nada tem de absoluto.

Assim, o poder de usar e de usufruir é encontrado em casos em que não há direito de propriedade. O poder de dispor pode existir quase totalmente sem que por isso o direito de propriedade desapareça e pode ser exercido por outros que não o proprietário. Portanto, não é o inventário desses direitos que poderia caracterizar o direito de propriedade. Estes podem faltar, aqueles podem ser encontrados em outros lugares, e uns e outros podem variar muito sensivelmente sem que o direito de propriedade varie na mesma medida. Tudo o que se pode dizer é que, onde quer que esse direito exista, há um sujeito que é suscetível de exercer legalmente certos poderes sobre o objeto que se diz ser possuído, mas sem que se possa dizer com precisão em que consistem de maneira geral esses poderes. Eles sempre devem existir, sem que se possa, no entanto, definir quais são. Aqui encontramos o direito de alienar, ali ele está ausente; aqui o direito de desnaturar, em outro lugar ele falta. Aqui é muito desenvolvido, ali menos, etc. Ora, nesses termos, eles não poderiam servir para caracterizar o direito de propriedade. Pois há coisas sobre as quais temos poderes e que, no entanto, não possuímos. A hipoteca nos dá direitos sobre o imóvel hipotecado, não somos seus proprietários; todo direito de administrar implica uma certa ação exercida sobre as coisas, e no entanto administrar não é possuir.

Portanto, não é a determinação positiva dos poderes implicados pela propriedade que permite definir esta última. Eles são demasiado precisos, demasiado especiais ou demasiado gerais. Ou eles só são particulares a certos modos de propriedade, a certas circunstâncias, ou eles existem fora de qualquer espécie de propriedade. Mas eis um traço que é característico. Pode-se fazer uso, e legitimamente, das coisas que se possuem: porém, quando há propriedade, só o proprietário pode fazer uso delas, seja ele um ser real ou uma entidade, um indivíduo ou uma coletividade. Os poderes de uso podem ser amplos ou restritos, porém ele é o único a exercê-los. Uma coisa sobre a qual exerço um direito de propriedade é uma coisa que serve só a mim. É uma coisa retirada do uso comum para o uso de um objeto determinado. Posso não desfrutar dela com toda a liberdade, mas ninguém além de mim pode desfrutar dela. Pode ser preposto a mim um conselho judiciário que supervisione e regule a maneira pela qual devo servir-me dela, mas ninguém a não ser eu pode desfrutar dela. Ou, se somos dez a nos servir dela, é porque somos dez proprietários. Objetar-se-á a existência do usufruto. O usufrutuário, com efeito, desfruta da coisa, não é seu proprietário. Mas o que faz com que o proprietário seja seu proprietário, ou ele é seu proprietário apenas porque um dia será chamado a usufruir dela? Retire-se esse direito de usufruto eventual e nada restará. Diz-se que ele possui o fundo; significa que ele possui a capacidade de se servir do fundo a partir de um certo momento. Vender o fundo é vender essa capacidade que ainda é latente enquanto se exerce o usufruto mas que algum dia deve passar ao ato. Há então, aí, na realidade, dois proprietários: um que desfruta no presente, outro que desfrutará mais tarde, com a diferença de que os direitos do primeiro devem se exercer de modo que se preservem posteriormente os direitos do segundo. Por isso ele não pode desnaturar o fundo que é a condição da existência do direito. Diz-se comumente, aliás, que o direito de usufruto é produto de um desmembramento do direito de propriedade; talvez fosse mais exato dizer que é o resultado de uma divisão desse direito no tempo.

Porém não se deve perder de vista que, por si só, o usufruto não caracteriza a propriedade; é exclusivamente o usufruto; é a interdição do usufruto do objeto considerado a todos os outros sujeitos. O direito de propriedade consiste essencialmente no direito de retirar uma coisa do uso comum. O proprietário fará uso dela ou não, isso é secundário. Mas ele está juridicamente fundamentado para impedir outrem de usá-la e quase de tocar nela. O direito de propriedade se define muito mais por um lado negativo do que por um conteúdo positivo, mais pelas interdições que ele implica do que pelas atribuições que confere.

No entanto, com relação a isso há uma ressalva a fazer. Há uma individualidade que, pelo menos em determinadas condições, pode fazer uso das coisas apropriadas pelos particulares: é a individualidade coletiva representada pelo Estado. O Estado, com efeito, pode, por via de requisição, obrigar o indivíduo a colocar sua coisa à sua disposição; pode até obrigá-lo a se privar dela completamente por via de expropriação por causa de utilidade pública, e os órgãos secundários do Estado, as comunas, gozam do mesmo direito. Portanto, é só com relação aos particulares ou aos grupos privados que se exerce esse direito de exclusão que consideramos constituir as características do direito de propriedade. Diremos então definitivamente: o direito de propriedade é o direito que um sujeito determinado tem de excluir do uso de uma coisa determinada os outros sujeitos individuais e coletivos, com exceção apenas do Estado e dos órgãos secundários do Estado, cujo direito de usar, por outro lado, só pode se exercer em circunstâncias especiais, previstas pela lei.

Ora, essa definição nos indica em que sentido devemos buscar para descobrir como se constituiu o direito de propriedade.

Conclui-se, com efeito, que a coisa apropriada é separada do domínio comum. Ora, essa característica também é a de todas as coisas religiosas ou sagradas. Onde quer que haja religiões, o que distingue os seres sagrados é eles serem retirados da circulação comum, serem separados. O vulgo não pode desfrutar deles. Não pode nem mesmo tocá-los. Só podem fazer uso deles aqueles que têm uma espécie de parentesco com esses tipos de coisas, ou seja, que são sagrados como elas: os sacerdotes, os chefes, os magistrados, quando estes últimos têm uma natureza religiosa. Essas interdições é que estão na base do que chamamos de instituição do tabu, tão difundido na Polinésia. O tabu é o isolamento de um objeto enquanto consagrado, ou seja, enquanto pertencente ao domínio divino. Em virtude desse isolamento, é proibido apropriar-se, sob pena de sacrilégio, do objeto tabu e até mesmo tocá-lo. Só podem fazer uso dele aqueles que por sua vez são tabu ou estão no mesmo nível do objeto em questão. Daí haver coisas que são tabu, proibidas para alguns, e de que outros podem servir-se livremente. O domínio habitado por um sacerdote, por um chefe, era tabu para o vulgo, não podia ser utilizado pelo comum dos homens, mas essa própria separação constituía a plena propriedade do senhor.

Ora, embora a instituição do tabu seja particularmente desenvolvida na Polinésia, embora lá ela se observe mais do que em qualquer outro lugar, na realidade essa instituição é de extrema generalidade. Entre o tabu dos polinésios e o *sacer* dos romanos, há apenas diferenças de grau. Vê-se como são estreitas as relações entre essa noção e a de propriedade. Tal como em torno da coisa sagrada, em torno da coisa apropriada fazia-se um vazio; de certo modo, todos os indivíduos devem manter-se afastados, exceto aquele ou aqueles que têm a qualidade necessária para tocá-la e servir-se dela. De um lado e de outro, há objetos cujo uso e, quase, cuja abordagem são proibidos, exceto para aqueles que preenchem uma certa condição; e, uma vez que num caso as condições são religiosas, é infinitamente provável que no outro elas sejam de mesma natureza. Por conseguinte, temos razões para supor que é na natureza de certas crenças religiosas que deve estar a origem da propriedade. Os efeitos, sendo idênticos, devem com toda a probabilidade ser atribuídos a causas de mesma espécie.

Aliás, em certos casos pode-se observar diretamente a filiação entre a noção do tabu ou do sagrado e a noção da propriedade. A primeira engendra a segunda. No Taiti, os reis, os príncipes, os chefes são seres sagrados. Ora, o caráter sagrado é essencialmente contagioso; ele se transmite a quem toca o objeto investido dele. Um chefe, portanto, não pode entrar em contato com uma coisa sem que por isso mesmo ela se torne tabu, no mesmo grau e da mesma maneira que ele. Ora, disso resulta que, *ipso facto*, ela se torna sua propriedade. Por isso, no Taiti esses tipos de personagens só saem carregados sobre ombros humanos, pois caso contrário tornariam o solo tabu e se apropriariam dele, se o pisassem com os pés. O parentesco das idéias é tal que muito freqüentemente elas são empregadas uma pela outra. Declarar uma coisa tabu ou apropriar-se dela são sinônimos. Quando foi descoberta perto de Honolulu uma mina de diamantes, a rainha a declarou tabu para reservar-se sua propriedade. Quando se cedia um terreno para um estrangeiro, esse terreno era declarado tabu para subtraí-lo às ações dos indígenas. Durante a colheita* ou a pesca, declarava-se tabu o rio ou o campo para proteger seus produtos. Procedia-se do mesmo modo para com a floresta, enquanto se caçava. "Os simples particulares podiam, eles mesmos, proteger sua propriedade por esse meio. Eles lhe transmitiam ou mandavam transmitir-lhe um caráter sagrado" (*Wurtz*, VI, 344). O tabu acaba então por se tornar um título. Daí a relação entre essa definição e a de propriedade[4].

---

* No original *mousson* ("monção"), provavelmente leitura equivocada de *moisson* ("colheita"). (N. da T.)

4. Fim de frase ilegível; sentido reconstituído em falta do texto. (N. ed. fr.)

DÉCIMA TERCEIRA LIÇÃO

O DIREITO DE PROPRIEDADE (*continuação*)

Vimos que o direito de propriedade não podia se definir pela extensão dos direitos atribuídos ao proprietário. Esses direitos são de dois tipos. Há, em primeiro lugar, os direitos de dispor seja por via de alienação, seja por via de desnaturação, que parecem mais particularmente característicos do direito de propriedade. Ora, eles podem estar totalmente ausentes sem que o direito de propriedade desapareça. O menor, os interditados, o homem munido de um conselho judiciário não podem dispor de seus bens e, no entanto, continuam sendo seus proprietários. Pelo contrário, o conselho de família tem o poder de dispor, pelo menos até certo ponto, no entanto sem que tenha direito de propriedade sobre a coisa. Resta o poder de usar, que, dentro de certos limites, é encontrado onde quer que haja direito de propriedade. O menor não faz uso dos frutos de seus bens ou dos bens em si mesmos a seu bel-prazer, mas faz uso deles, pois é graças a esses frutos que ele é educado. Nesse aspecto, entre ele e o adulto que goza plenamente de seus direitos há apenas uma diferença de grau; este último também não pode usar à vontade o que possui, pois, caso se conduza com prodigalidade, poderá ser interditado. Apenas, se o poder de usar se observa onde quer que haja propriedade, ele não pode no entanto caracterizar esta última, pois é observado também em outros lugares. Principalmente, cada um pode fazer uso, e fazer uso livremente, das coisas que são *res nullius*, ou das que são *res communes*, que fazem parte do domínio público, sem no entanto ser seu proprietário.

Mas já estaremos nos aproximando do que há de verdadeiramente específico no direito de propriedade se completarmos e se determinarmos essa idéia de uso acrescentando uma característica diferencial. Um dos traços que distinguem o direito de uso que é particular ao proprietário de todos os direitos similares é o fato de ele excluir todo direito concorrente. Não só o proprietário usa, mas só ele pode usar; ou, se há vários usuários simultâneos, é porque há vários proprietários. Todo proprietário tem o direito de afastar da sua coisa qualquer outro sujeito que não seja ele. Pouco importa a maneira pela qual desfruta dela; o essencial é que nenhum outro pode desfrutar dela em seu lugar. A coisa é retirada do uso comum para seu uso pessoal. É isso, em parte, que há no fundo da idéia de apropriação. Entretanto, ainda não chegamos ao que há de mais fundamental nessa noção. O uso exclusivo é encontrado, com efeito, em um conjunto de casos em que não há direitos de propriedade propriamente ditos: são aqueles casos em que o direito de uso é estabelecido de uma determinada maneira entre um objeto definido e um ou vários sujeitos definidos com exclusão de quaisquer outros. O direito de usufruto é o tipo desses direitos. O que bem mostra que essa primeira característica já é inerente ao direito de propriedade é o fato de o próprio usufruto ser um elemento desse direito; geralmente ele é considerado produto de um desmembramento do direito de propriedade. Estamos agora, portanto, no círculo das coisas que precisamos definir; mas ainda não estamos em seu centro. Ainda há algo que nos escapa. Já que o proprietário pode coexistir ao lado do usufrutuário, significa que o direito de uso não é a totalidade do direito de propriedade. Em que consiste, então, a relação do nu-proprietário com sua coisa? É um vínculo moral e jurídico que faz com que a condição da coisa dependa do destino da pessoa. Se esta vem a morrer, são seus herdeiros que herdam. De maneira geral, há uma espécie de comunidade moral entre a coisa e a pessoa que faz com que uma participe da vida social, da condição social da outra. É a pessoa que dá seu nome à coisa ou, inversamente, é a coisa que dá seu nome à pessoa. É a pessoa que enobrece a coisa ou é a coisa, o domínio que, se ele tem privilégios inerentes a seu fundo, os transmite à pessoa. Um morgado transmite a quem dele herda direitos especiais e um título. Suponhamos que amanhã a herança familiar seja abolida: esse vínculo característico do direito de propriedade nem por isso deixará de subsistir; pois haverá então uma outra transmissão hereditária; será a sociedade, por exemplo, que irá herdar e, por conseguinte, a morte do proprietário atual continuará afetando a condição social das coisas que ele possui.

São esses os dois elementos constitutivos da *coisa apropriada*. Ora, vimos as semelhanças que eles apresentavam com a *coisa religiosa*. A coisa religiosa mantém com a pessoa sagrada uma relação de íntimo parentesco; ela é sagrada como essa pessoa e no mesmo grau que essa pessoa. As coisas que são religiosas, porque estão em relação com o chefe da religião ou do Estado, o são em grau mais alto e a título diferente do que as que têm relação com personagens sagrados de menor importância. O tabu das coisas é paralelo ao tabu das pessoas. E tudo que modifica o estado religioso da pessoa afeta o estado religioso da coisa, e vice-versa. Por outro lado, a coisa religiosa é isolada, retirada do uso comum, proibida a todos os que não estão qualificados para se aproximar dela. Parece então que a coisa apropriada não é mais que um tipo, uma espécie particular de coisas religiosas.

Entre esses dois tipos de coisas há uma outra semelhança não menos característica e que bem mostra sua identidade fundamental. Aliás, é apenas mais um aspecto de uma das analogias que acabam de ser indicadas. O caráter religioso, onde quer que resida, é essencialmente contagioso; transmite-se a todo sujeito que se encontra em contato com ele. Às vezes, se a religiosidade é intensa, uma aproximação superficial e breve é suficiente para produzir esse resultado; se é medíocre, é preciso uma relação mais prolongada e mais íntima. Mas, em princípio, tudo o que toca um ser sagrado, pessoa ou coisa, torna-se sagrado, e sagrado da mesma maneira que essa pessoa e essa coisa. A imaginação popular representa, de certo modo, o princípio que está no ser religioso e que constitui seu estado religioso como sempre pronto a se difundir em todos os meios que lhe são abertos.

É até daí, em parte, que vêm as interdições rituais que separam o sagrado do profano; trata-se de isolar esse princípio, de impedir que ele se perca, se dissipe, se evada. E por isso eu dizia que essa contagiosidade é apenas mais um aspecto do isolamento caracterizado das coisas religiosas. Por outro lado, como o caráter sagrado, transmitindo-se assim, faz entrar no domínio das coisas sagradas os objetos aos quais ele se transmite, pode-se dizer que o sagrado de maneira geral atrai para si o profano com o qual entra em contato. É inútil explicar aqui a que se deve esse fenômeno singular, tanto mais que não temos para isso uma explicação satisfatória. Mas a realidade desse fato é indubitável; para convencer-se dele basta reportar-se aos exemplos de contágio do tabu, que demos anteriormente.

Ora, o caráter que faz com que uma coisa seja propriedade de determinado sujeito tem a mesma contagiosidade. Ele tende sempre a passar dos objetos em que reside para todos os que entram em contato com os primeiros. A propriedade é contagiosa. A coisa apropriada, tal como a coisa religiosa, atrai para si todas as coisas que a tocam e se apropria delas. A existência dessa singular aptidão é atestada por todo um conjunto de regras jurídicas que com freqüência desconcertaram os jurisconsultos: são as que determinam o que chamamos de direito de acessão. O princípio pode ser expresso da seguinte maneira: uma coisa à qual se acrescenta (*accedit*) uma outra de menor importância transmite-lhe sua própria condição jurídica. O domínio que se compunha da primeira estende-se *ipso facto* à segunda e passa a incluí-la também. Esta se torna a coisa do mesmo proprietário que aquela. Assim os frutos, os produtos da coisa pertencem a seu proprietário, mesmo que sejam separados dela. Em virtude desse princípio, os filhotes dos animais pertencem ao proprietário da mãe; a mesma regra se aplica aos escravos. É que há contato imediato entre a mãe e o filho, e não entre este último e o pai. Do mesmo modo, tudo o que o escravo ganha cabe às terras de que ele é dependente, ao patrão que é proprietário dessas terras. O filho de família é, como vimos, possuído pelo *pater familias*. Os direitos do *pater familias* se estendem por contágio do filho a tudo o que este último ganha. Construo uma casa com meus materiais nas terras de outrem, a casa torna-se propriedade do proprietário das terras. Este poderá ser obrigado a me indenizar, mas o direito de propriedade é adquirido por ele. É ele que usufrui da casa; se ele morrer, são seus herdeiros que irão herdá-la. O aluvião que se deposita ao longo de minhas terras se acrescenta a essas terras e meu direito de propriedade estende-se às coisas assim anexadas. O que mostra que aqui se trata de um contágio produzido por contato é que, quando há separação, quando o campo é limitado, por conseguinte isolado juridicamente e psicologicamente de tudo o que o cerca, o direito de acessão não se exerce. Também, quando as raízes das árvores de meu vizinho crescem para o terreno que possuo, a comunhão se estabelece e meu direito de proprietário se estende a essas árvores. Se, em todos os casos, é a coisa mais importante que atrai para ela a coisa menos importante, é porque, como esses dois direitos de propriedade estão em conflito, naturalmente o que tem mais força exerceu o maior poder de atração. Então, o direito não só se propaga, de maneira geral, como também se propaga conservando as mesmas características específicas. Assim, as terras dos patrimônios são, numa infinidade de sociedades, inalienáveis. Ora, essa inalienabilidade se propaga das terras para os objetos que têm relação mais constante com essas terras, ou seja, os animais de carga e de tração. E o que prova que essa segunda inalienabilidade é derivada da primeira é o fato de ela desaparecer mais cedo e mais facilmente. Há muitos direitos em que ainda subsistem traços da inalienabilidade dos imóveis, ao passo que toda lembrança da inalienabilidade dos instrumentos agrícolas se apagou.

Assim, por todos os lados vemos analogias impressionantes entre a noção da coisa religiosa e a noção da coisa apropriada. As características de ambas são idênticas. Vimos aliás que, de fato, a transmissão do caráter sagrado produz com muita freqüência uma apropriação. Consagrar é uma maneira de apropriar. Com efeito, o que é consagrar senão apropriar uma coisa a um deus ou a um personagem sagrado, tornar essa coisa sua? Imagine-se então uma espécie de convenção de dignidade e de eficácia secundária para uso dos simples particulares, que esteja à disposição de todo o mundo; pode-se prever que ela será indistinta da apropriação. Mas, se o que precede nos prepara para admitir a possibilidade dessa consagração, resta-nos mostrar sua realidade.

Para isso, devemos observar a forma da propriedade mais antiga que nos seja possível observar, ou seja, a propriedade fundiária. É só a partir do momento em que a agricultura se estabeleceu que, na verdade, podemos observar uma propriedade desse tipo. Até então só havia um vago direito de todos os membros do clã sobre o conjunto do território ocupado. Um direito de propriedade definido só aparece no seio do clã; grupos familiares restritos se fixam em porções determinadas do solo, lá colocam sua marca e passam a residir. Ora, certamente esse velho terreno familiar era impregnado de religiosidade, e os direitos, os privilégios de que ele era investido eram de natureza religiosa. Já o fato de ser inalienável é prova disso. Pois a inalienabilidade tem a característica distintiva das *res sacrae* e das *res religiosae*. Com efeito, o que é a inalienabilidade senão uma separação mais completa, mais radical do que a implicada no direito de uso exclusivo? Uma coisa inalienável é uma coisa que deve pertencer sempre à mesma família, portanto, não apenas no instante atual, mas para todo o sempre, ela é retirada do uso comum. As pessoas que estão situadas fora dela não só não podem desfrutar dela no presente como não poderão desfrutar dela nunca. A fronteira que as separa da coisa não poderá nunca ser transposta. Deve-se notar que, em certo sentido, o direito de alienar ou de vender está longe de representar o ponto mais alto que o direito de propriedade pode atingir; a inalienabilidade tem mais esse caráter. Pois não há apropriação mais completa e mais definitiva. É aí que o vínculo entre a coisa e o sujeito que possui atinge sua força máxima, é aí também que a exclusão do resto da sociedade é a mais rigorosa.

Mas essa natureza religiosa do terreno se revela em sua própria estrutura. Os usos de que falaremos foram observados principalmente entre os romanos, os gregos e na Índia. Mas não há dúvida de que são de grande generalidade. Cada campo era nitidamente separado de todos os domínios à volta, privados ou públicos, por um cerco. Era uma faixa de terra de alguns pés de largura, que devia permanecer inculta e que o arado jamais devia tocar (Fustel de Coulanges). Ora, esse espaço era sagrado, era uma *res sancta*. Chamavam-se assim coisas que, sem serem, absolutamente falando, *divini juris*, ou seja, do domínio dos deuses, no entanto o eram aproximadamente, *quodam mo-*

do, como diz Justiniano. Violar esse cerco sagrado, lavrá-lo, profaná-lo constituíam sacrilégio. Aquele que cometia esse crime era maldito, ou seja, declarado *sacer*, ele e seus bois, e, por conseguinte, todo o mundo podia matá-lo impunemente. "Ele era condenado à esterilidade, e sua raça, à morte; pois a extinção de uma família era, aos olhos dos antigos, a suprema vingança dos deuses."

Sabemos, aliás, a operação religiosa pela qual era regularmente mantido o caráter religioso desse espaço. "Em certos dias marcados do mês e do ano, o pai de família dava a volta em seu campo seguindo essa linha; ele empurrava vítimas à sua frente, cantava hinos e oferecia sacrifícios" (Fustel de Coulanges). Era o caminho seguido pelas vítimas e regado com seu sangue que constituía o limite inviolável do domínio. Os sacrifícios eram feitos sobre pedras grandes ou troncos de árvores erigidos de distância em distância, chamados *termos*. Assim Siculus Flaccus descrevia a cerimônia. "Eis", diz ele, "o que nossos ancestrais praticavam: começavam por cavar uma pequena cova e erigir o termo em sua borda, coroavam-no de guirlandas de ervas e flores. Depois, ofereciam um sacrifício; imolada a vítima, faziam seu sangue escorrer para dentro da cova, jogavam nela carvões acesos, grãos, bolos, frutas, um pouco de vinho e de mel. Quando tudo isso havia se consumido dentro da cova, sobre as cinzas ainda quentes enfiava-se a pedra ou o pedaço de madeira." Esse ato sagrado era repetido todos os anos. O termo ou o limite assumia assim um caráter eminentemente religioso. Com o tempo, esse caráter religioso se personificou, se hipostasiou sob a forma de uma divindade determinada; foi o deus termo, de quem os diferentes termos colocados em torno dos campos foram considerados, de certo modo, altares. Assim, uma vez colocado o termo, nenhum poder do mundo podia tirá-lo do lugar. "Ele devia permanecer no mesmo lugar por toda a eternidade. Esse princípio religioso era expresso em Roma por uma lenda: Júpiter, querendo um lugar no monte do Capitólio para lá ter um templo, não conseguira desapossar o deus termo. Essa velha tradição mostra o quanto a propriedade era sagrada, pois o termo imóvel não significa mais que a propriedade inviolável." Essas idéias e essas práticas, aliás, não eram particulares aos romanos. Também para os gregos os marcos eram sagrados, tornando-se Θέοι ὅροι. Encontram-se as mesmas cerimônias de demarcação na Índia (Manu, VIII, 245).

O mesmo ocorria com as portas e os muros. "Muros sanctos dicimus quia poena capitis constituta sit in eos qui aliquid in muros delinquerunt."* Acreditou-se que a frase visasse apenas as portas e muros das cidades. Mas essa restrição é arbitrária. A cerca de todas as casas é sagrada: ἕρκος ἱερὸν, diziam os gregos. Numa grande quantidade de países, é quanto ao limiar que essa religião atinge o máximo. Daí o costume de erguer a noiva acima da soleira da porta antes de fazê-la entrar, ou de fazer um sacrifício expiatório no limiar. É que a noiva não é da casa. Portanto, ela comete uma espécie de sacrilégio ao pisar um solo sagrado, sacrilégio que, se não for prevenido, deverá ser expiado. Aliás, é fato geral que a construção de uma casa seja acompanhada por um sacrifício análogo ao que se faz por ocasião da limitação do campo. E esse sa-

* Dizemos "muros santos" porque a pena capital é instituída para aqueles que cometeram algum crime dentro desses muros. (N. ed. br.)

crifício tinha por objeto santificar ou os muros, ou o limiar, ou tudo ao mesmo tempo. As vítimas eram muradas dentro das muralhas ou das fundações; eram enterradas sob o limiar. Daí seu caráter sagrado. Era uma operação análoga à que tinha lugar para determinar os limites de uma cidade. Essas solenidades são bem conhecidas: a lenda de Rômulo e Remo perpetua sua lembrança. Ora, elas ocorriam tanto para as casas particulares como para os domínios públicos.

Assim, são razões religiosas que fazem com que a propriedade seja a propriedade. Ela consiste, com efeito, de acordo com o que dissemos, numa espécie de isolamento da coisa, que a retira do espaço comum. Ora, esse isolamento é produto de causas religiosas. São operações rituais que criam em torno do campo ou da casa um cerco que os torna sagrados, ou seja, invioláveis salvo para aqueles que fizeram essas operações, isto é, os proprietários e tudo o que depende deles, escravos e animais. Em torno do campo é traçado um verdadeiro círculo mágico que o protege dos abusos e das usurpações porque, nessas condições, abusos e usurpações são sacrilégios. Mas, se chegamos a compreender que dessas práticas resultou a apropriação da coisa assim isolada, ainda não vemos como essas práticas, por sua vez, puderam surgir. Quais são as idéias que determinaram os homens a realizar esses ritos, a abandonar assim aos deuses a periferia de seus domínios, a fazer dela uma terra sagrada? Haveria, na verdade, uma resposta muito fácil. É que essas práticas eram procedimentos artificiais empregados pelos indivíduos para fazer com que seus bens fossem respeitados. Os proprietários teriam utilizado as crenças religiosas para manter os intrusos à distância. Porém a religião só desce à categoria de procedimento quando a fé que ela inspira já não está muito viva. Os usos que acabamos de lembrar são primitivos demais para terem sido artifícios destinados a salvaguardar interesses temporais. Aliás, eles eram tão incômodos quanto cômodos para os proprietários, cuja liberdade eles restringiam. Pois não lhes permitiam modificar a configuração do campo, vendê-lo se tivessem vontade. Uma vez consagrado o cerco, o próprio dono já não podia modificar nada nele. Portanto, tratava-se de uma obrigação que lhe era imposta mais do que de um meio inventado por ele em seu interesse. Se procedia como acabamos de dizer, não é porque lhe fosse útil, mas porque devia proceder assim. (Caráter terrível de alguns desses sacrifícios. Uma criança é sacrificada.) Mas quais são as razões dessa obrigação?

Fustel de Coulanges acreditou encontrá-las no culto dos mortos. Cada família, diz ele, tem seus mortos; esses mortos são enterrados no campo. São seres sagrados – pois a morte torna-os quase deuses –, esse caráter se estende, por conseguinte, à terra em que repousam. Pelo único fato de nele residirem, esse solo lhes pertence; e, por conseguinte, por isso mesmo é religioso. Concebe-se que esse caráter tenha se estendido do pequeno montículo que servia de sepultura doméstica a todo o campo. Assim se explica a inalienabilidade da propriedade que se estabelece dessa maneira. Pois os verdadeiros proprietários desse domínio são esses seres divinos; ora, seu direito é imprescritível. Os vivos não podem dispor dele livremente porque esse direito não é deles.

É certo que esses lugares de sepultura eram particularmente sagrados. Não podiam ser vendidos. E, se a lei romana permitia a uma família vender seu campo (embora a venda fosse difícil e esbarrasse em todos os tipos de dificuldades), ela devia sempre permanecer proprietária dos túmulos. Mas isso significa que o direito de propriedade seja apenas uma extensão dessa religião do túmulo? A teoria está exposta a muitas objeções:

1º Se, a rigor, ela pode explicar a propriedade do campo, no entanto ela não dá conta da propriedade da casa. Pois os mortos não eram enterrados nos dois lugares ao mesmo tempo. É verdade que Fustel de Coulanges não recuou diante da contradição. Quando ele explica como o lar é sagrado, imagina que, em outros tempos, sob a pedra do lar enterravam-se os ancestrais, e, quando ele explica por que o campo é sagrado, invoca a presença dos mortos no seio do campo. Portanto, eles não podiam estar aqui e ali ao mesmo tempo;

2º Os fatos nos quais ele apóia sua hipótese de que os mortos eram enterrados no campo são, por outro lado, pouco numerosos e pouco probatórios. Não há um fato latino e os poucos textos alegados são muito pouco demonstrativos. Um tal uso, em todo caso, estava longe de ser tão geral quanto o caráter sagrado, inviolável e inalienável da propriedade fundiária;

3º Mas o mais decisivo é que a própria maneira pela qual a religiosidade do campo era distribuída contradiz essa explicação. Se ela tinha por foco o lugar de sepultura, nele ela deveria ser máxima, e deveria ir decrescendo desse ponto para a periferia. Pelo contrário, na periferia a religiosidade era mais elevada. Na periferia é que se encontrava a faixa de terra reservada ao deus termo. Portanto, não era o túmulo familiar que ela protegia, era todo o campo. Se seu único objeto fosse isolar os túmulos dos ancestrais, a linha de isolamento seria traçada em torno desses túmulos, e não no limite extremo do domínio.

Esse erro de Fustel de Coulanges provém de sua concepção por demais estreita do culto doméstico. Reduziu-o ao culto dos mortos, ao passo que na realidade ele é muito mais complexo. A religião familiar não é apenas a religião dos ancestrais, é a religião de todas as coisas que participam da vida da família, que desempenham um papel nela: da colheita, da vegetação dos campos, etc. Se nos colocarmos nesse ponto de vista mais abrangente talvez as práticas que descrevemos se tornem inteligíveis. É preciso lembrar que, a partir de um certo momento da evolução, a natureza inteira assumiu um caráter religioso, πάντα πλήρη Θεῶν, tudo está pleno de deuses. A vida do universo e de todas as coisas que estão no universo é ligada a uma infinidade de princípios divinos. O campo até então inculto é habitado, possuído por seres divinos, concebidos sob uma forma pessoal ou não, que são seus donos. Ele tem, como tudo no mundo, um caráter sagrado. Ora, esse caráter o torna inabordável. Pouco importa que esses seres religiosos sejam demônios naturalmente malignos ou divindades antes benevolentes. O agricultor não pode entrar no campo sem usurpar seu domínio; não pode lavrar, cultivar o solo sem os incomodar em sua posse. Portanto, se não tomar as precauções necessárias, ele estará exposto à sua cólera, sempre temível.

Assim sendo, os ritos que relatamos aparecem como singularmente semelhantes a outros ritos conhecidos que os esclarecem: são os sacrifícios das primícias. Tal como o solo é coisa divina, a colheita que germina nesse solo contém, também ela, um princípio desse tipo. Na semente que é depositada na terra há uma força religiosa que se desenvolve nas hastes do trigo e que, finalmente, chega no grão à sua expressão última. Os grãos de trigo, portanto, também são sagrados, pois têm em si um deus, e eles são esse deus manifesto. Por conseguinte, os mortais não podem tocá-los enquanto certas operações não tiverem reduzido em alguns graus a religiosidade que reside neles, tornando sua utilização sem perigo. Para isso servem os sacrifícios das primícias. O que há de mais eminente e portanto de mais temível nessa religiosidade está concentrado num feixe ou num certo número de feixes, que geralmente são os primeiros feixes, e estes são sagrados; ninguém os toca, pertencem ao espírito ou ao deus da colheita; eles lhe são oferecidos sem que nenhum mortal ouse servir-se deles. Então o excedente da colheita, embora conservando ainda algo de religioso, está desvencilhado do que tornava sua abordagem por demais perigosa. Pode-se empregá-lo para usos comuns, sem se expor a vinganças divinas, pois o deus recebeu sua parte, e a recebeu pelo simples fato de que se eliminou da colheita o que ela tinha de excessivamente divino. Impediu-se que o princípio sagrado que residia nela passasse ao profano, pois ele foi separado do profano e, pelo sacrifício, manteve-se no domínio do divino. A linha de demarcação dos dois mundos, portanto, foi respeitada: é essa a obrigação religiosa por excelência. O que acabamos de dizer da colheita poderia se repetir de maneira idêntica quanto a todos os produtos da terra. Daí vem a regra que proíbe aos homens tocar nos frutos, sejam quais forem, antes de reservar suas primícias e de oferecê-las aos Deuses. Não há religião que não conheça essa instituição.

Ora, as analogias com a cerimônia religiosa da demarcação são notáveis. O campo é sagrado, ele pertence aos deuses, conseqüentemente é inutilizável. Para fazê-lo servir a usos profanos, recorre-se aos mesmos procedimentos que para a colheita. Descarrega-se o excesso de religiosidade que há nele, a fim de torná-lo profano ou, pelo menos, profanável sem perigo. Mas a religiosidade não se destrói; só pode ser transferida de um lugar para outro. Essa força temida que se espalha pelo campo é retirada, mas é preciso transferi-la para outro lugar. É acumulada na periferia. Para isso servem os sacrifícios que descrevemos. Concentram-se num animal as forças religiosas dispersas no domínio; depois faz-se esse animal percorrer toda a volta do campo. Por onde passa, ele transmite ao solo que pisa o caráter religioso que está nele e que ele retirou do campo. Esse solo torna-se sagrado. Para melhor fixar nele a temível religiosidade, imola-se o animal e faz-se escoar o sangue da vítima para o próprio terreno que foi escavado para isso, pois o fluido sangüíneo é o veículo por excelência de todos os princípios religiosos. O sangue é a vida, é o próprio animal. Assim a faixa de terra que serviu de palco para essa cerimônia está consagrada; nela está contido o que o campo tinha de divino. Por isso ela está reservada, ela não é tocada, não é lavrada, não é modificada. Não pertence aos homens, pertence ao deus do campo. Todo o interior do domínio está a partir de então à disposição dos homens, que podem servir-se dele para suas necessidades; mas, pelo próprio fato de a religiosidade ter sido como que empurrada para o limite do terreno, este se encontra *ipso facto* como que rodeado por um círculo de santidade que o protege contra as incursões e as ocupações de fora. É provável, por outro lado, que os sacrifícios que se faziam nessas circunstâncias tivessem mais de um fim. Como, apesar de tudo, o agricultor havia perturbado a posse dos Deuses, cometido uma falta que o expunha, era útil redimir-se. O sacrifício, ao mesmo tempo, operava essa redenção. A vítima se carregava da falta cometida e a expiava por conta dos culpados. E então (por conseqüência), graças às operações assim efetuadas, as divindades não apenas eram desarmadas como se transformavam em forças protetoras. Elas vigiavam o campo, defendiam-no e asseguravam sua prosperidade. Poderíamos repetir as mesmas explicações a propósito das práticas que eram de uso por ocasião da construção de uma casa. Para construir uma casa, tivemos de perturbar os gênios do solo. Portanto, eles se irritaram e voltaram-se contra nós. Assim, toda a casa nos é proibida; ela é tabu. Para poder entrar nela, é preciso antes um sacrifício. As vítimas são imoladas sobre a soleira ou sobre as pedras da fundação. Dessa maneira nos redimimos do sacrilégio pelo qual nos tornamos culpados ao mesmo tempo que transformamos a vingança à qual nos teríamos exposto em disposições favoráveis, e os demônios encolerizados, em gênios protetores.

Mas só podem se servir do campo e da casa aqueles que cumpriram os ritos necessários de que acabamos de falar. Só eles se redimiram do sacrilégio cometido, só eles conquistaram a boa graça dos princípios divinos com os quais entraram em contato. As divindades tinham um direito absoluto sobre as coisas; de certa forma eles as substituíram em tudo o que concerne a esse direito, mas só os que operaram essa substituição podem beneficiar-se dele. Por conseguinte, só eles podem exercer o direito que assim conquistaram, por assim dizer, dos deuses. O poder de usar e utilizar, portanto, pertence-lhes exclusivamente, propriamente. Antes de a operação ser efetuada, todo o mundo devia permanecer afastado das coisas que eram completamente retiradas do uso profano; agora todo o mundo é obrigado à mesma abstenção, com exceção deles. A virtude religiosa que, até então, protegia o domínio divino contra toda ocupação e toda usurpação se exerce doravante em proveito deles; e é ela que constitui o direito de propriedade. Porque eles o colocaram assim a seu serviço, esse domínio tornou-se domínio deles. Pelo sacrifício se formou um vínculo moral entre eles e os deuses do campo, e, como esse vínculo já existia entre esses deuses e o campo, a terra encontrou-se assim ligada aos homens por um vínculo sagrado.

Foi assim que nasceu esse vínculo de propriedade. O direito de propriedade dos homens não é mais que um sucedâneo do direito de propriedade dos deuses. Porque as coisas são naturalmente sagradas, ou seja, apropriadas pelos deuses, elas puderam ser apropriadas pelos profanos. Por isso o caráter que faz a propriedade respeitável, inviolável e que, por conseguinte, faz a propriedade não é transmitido pelos homens ao terreno; não é uma propriedade que era inerente aos primeiros e desceu às coisas. Mas é nas coisas que ele reside originalmente, e é das coisas que ele subiu até os homens. As coisas eram invioláveis por si mesmas, em virtude de idéias religiosas, e foi secundariamente que essa inviolabilidade, previamente atenuada, moderada, canalizada passou às mãos dos homens. Portanto o respeito pela propriedade não é, como se diz com freqüência, uma extensão às coisas do respeito imposto pela personalidade humana, seja individual ou coletiva. Ele tem outra fonte, exterior à pessoa. Para saber de onde ele vem é preciso saber como as coisas ou os homens adquirem um caráter sagrado.

DÉCIMA QUARTA LIÇÃO

O DIREITO DE PROPRIEDADE (*continuação*)

A propriedade só é propriedade se respeitada, ou seja, sagrada. Poder-se-ia acreditar *a priori* que esse caráter sagrado lhe veio do homem; que o lavrador transmitiu ao solo que ele cultiva, que ele explora, algo do respeito de que ele próprio é objeto, da santidade que há nele. Nesse caso, a propriedade não teria outro valor moral senão aquele que lhe confere a personalidade humana: seria esta que, entrando em relação com as coisas, fazendo-as suas, lhes conferiria, por uma espécie de extensão, uma certa dignidade. Os fatos parecem demonstrar que a noção de propriedade se formou de maneira completamente diferente. A espécie de religiosidade que afasta da coisa apropriada qualquer outro sujeito que não o proprietário não vem deste último; ela residia originalmente na própria coisa. Por si mesmas, as coisas eram sagradas; eram povoadas de princípios, representados mais ou menos obscuramente, que se supunha serem os verdadeiros proprietários e que as tornavam intangíveis aos profanos. Estes, portanto, só puderam usurpar o domínio divino sob a condição de prestar contas aos deuses, de expiar seu sacrilégio por meio de sacrifícios. Graças a essas precauções prévias, eles puderam substituir os direitos dos deuses, colocar-se no lugar destes últimos. Mas, se por esse meio o caráter religioso do campo deixara de ser um obstáculo aos empreendimentos do lavrador, ele não havia desaparecido. Fora simplesmente transportado do centro para a periferia, e lá produzia seus efeitos naturais contra todos os que não haviam adquirido uma espécie de imunidade com relação a ele. Os deuses não foram expulsos do campo, mas transferidos para a periferia: uma espécie de vínculo havia se estabelecido entre o proprietário e eles; tinham se tornado seus protetores e, por meio de cerimônias periódicas, ele garantia a continuidade de seu favor. Mas, para todos os que estavam fora, eles continuavam sendo forças temíveis. Ai do vizinho cujo arado tivesse simplesmente esbarrado num deus termo! Só tinham se desarmado para aqueles que haviam pago a dívida e se comportado para com eles conforme convinha. O campo encontrava-se assim protegido contra toda incursão e toda usurpação de estranhos; um direito de propriedade estava fundado em proveito de determinados homens. Esse direito, portanto, é de origem religiosa; a propriedade humana não é mais que a propriedade religiosa, divina, colocada ao alcance dos homens graças a um certo número de práticas rituais.

Talvez haja quem se admire ao ver uma instituição tão fundamental e tão geral como a propriedade basear-se assim em crenças ilusórias e preconceitos que se considera não terem fundamento objetivo. Não há gênios do solo ou gênios do campo; como então uma instituição que só se baseia em erros pôde perdurar? Parece que ela deveria ter desmoronado assim que se tivesse descoberto que suas concepções místicas não correspondiam a nada. Mas acontece que as religiões, até mesmo as mais grosseiras, não são, como às vezes se acreditou, simples fantasmagorias que na realidade não correspondem a nada. Sem dúvida, elas não exprimem as coisas do mundo físico tal como são; como explicação do mundo, elas não têm valor. Mas as religiões traduzem, sob forma simbólica, necessidades sociais, interesses coletivos. Elas figuram as diversas relações que a sociedade mantém com os indivíduos de que é composta, ou as coisas que fazem parte de sua substância. E essas relações, esses interesses são reais. Através de uma religião, pode-se descobrir a estrutura de uma sociedade, o grau de unidade que ela atingiu, a maior ou menor coalescência dos segmentos que a formam, a extensão do espaço que ela ocupa, a natureza das forças cósmicas que nela desempenham um papel vital, etc. As religiões são a maneira primitiva pela qual as sociedades tomam consciência de si mesmas e de sua história. São na ordem social o que a sensação é no indivíduo. Perguntar-se-á por que elas desfiguram assim as coisas ao pensá-las; mas será que a sensação não desfigura as coisas que representa para os indivíduos? Não há mais som, ou cor, ou calor no mundo do que há deuses, demônios ou gênios. Pelo simples fato de que a representação supõe um sujeito que se representa – (aqui um sujeito individual e lá coletivo) –, a natureza desse sujeito é um fator da representação e desnatura as coisas representadas. O indivíduo, pensando pela sensação as relações que mantém com o mundo que o rodeia, introduz o que não existe, qualidades que vêm dele. A sociedade faz o mesmo pensando, pela religião, o meio que a constitui. Apenas, a alteração não é a mesma nos dois casos porque os sujeitos são diferentes. Cabe à ciência retificar essas ilusões praticamente necessárias. Pode-se então ter certeza de que as crenças religiosas que encontramos na base do direito de propriedade recobrem realidades sociais que elas exprimem metaforicamente.

Para que nossa explicação fosse verdadeiramente satisfatória, seria preciso então alcançar essas realidades, sob o texto dos mitos descobrir o espírito que ele traduz; ou seja, perceber as causas sociais que deram origem a essas crenças. A questão se reduz ao seguinte: por que razão a imaginação coletiva foi levada a considerar o solo como sendo sagrado, habitado por princípios divinos? O problema é por demais geral para poder ser tratado aqui, tanto mais que a solução está longe de ter sido encontrada. Eis, no entanto, uma maneira provisória de representar as coisas. Ela permitirá pelo menos perceber como essas alucinações mitológicas podem, na realidade, ter um significado positivo.

Os deuses não são outra coisa que não forças coletivas encarnadas, hipostasiadas sob forma material. No fundo, o que os fiéis adoram é a sociedade; a superioridade dos deuses sobre os homens é a do grupo sobre seus membros. Os primeiros deuses foram os objetos materiais que serviam de emblemas à coletividade e que, por essa razão, tornaram-se suas representações: em conseqüência dessas representações, eles participaram dos sentimentos de respeito que a sociedade inspira aos particulares que a compõem. Daí veio a divinização. Mas, se a sociedade é superior a seus membros tomados isoladamente, ela só existe neles e por eles. A imaginação coletiva devia então ser levada a conceber os seres religiosos como imanentes aos próprios homens. Com efeito, foi o que aconteceu. Cada membro do clã contém supostamente em si uma parcela do totem cujo culto é a religião do clã. No clã do lobo, cada indivíduo é um lobo. Há nele um deus, e até vários. Portanto, se há deuses nas coisas, principalmente no solo, é porque as coisas, e principalmente o solo, são associadas à vida íntima do grupo assim como os indivíduos humanos. É porque se acredita que elas vivam a vida comum. Por conseguinte, é muito natural que o princípio da vida comum resida nelas e as torne sagradas. Vislumbramos agora o que é o caráter religioso de que se reveste o solo. Não é uma simples invenção sem consistência, uma idéia de sonho. É a marca que a sociedade pôs nas coisas pelo simples fato de que elas estavam intimamente mescladas à sua vida, de que faziam parte dela. Se o solo era inacessível aos particulares, é porque pertencia à sociedade. Essa é a força real que assim o colocou à parte e o subtraiu a toda apropriação privada. Tudo o que dissemos, portanto, poderia ser traduzido assim: a apropriação privada supõe uma primeira apropriação coletiva. Dizíamos que os fiéis substituíam os direitos dos deuses: diremos que os particulares substituíram o direito da coletividade. É dela que emana toda religiosidade. Só ela, se nos ativermos às coisas empiricamente conhecidas, tem poder suficiente para elevar assim uma realidade, seja ela qual for, campo, animal, pessoa, acima dos ataques privados. E a propriedade privada nasceu porque o indivíduo fez voltar-se para seu proveito, para seu uso, o respeito que a sociedade inspira, a dignidade superior de que ela se reveste e que ela transmitira às coisas de que é feito seu substituto material. Quanto à hipótese segundo a qual o primeiro proprietário foi o grupo, ela se conforma perfeitamente aos fatos. Sabemos, com efeito, que o clã possui de maneira indivisa o território que ele ocupa e explora por meio da caça ou da pesca.

Desse ponto de vista, mesmo as práticas rituais que descrevemos assumem um significado e podem ser traduzidas em linguagem leiga. O sacrilégio que o homem acredita cometer para com os deuses, pelo simples fato de fender e revolver o solo, na verdade ele comete para com a sociedade, pois ela é a realidade oculta por trás dessas concepções mitológicas. Portanto é a ela, de certo modo, que se dirigem os sacrifícios que ele faz, a vítima que ele imola. Assim, quando essas imaginações se dissiparem, quando esses deuses fantasmáticos se desvanecerem, quando a realidade que eles figuravam aparecer sozinha, será a ela, isto é, à sociedade que se dirigirão as quantias anuais pelas quais o fiel primitivamente comprava de suas divindades o direito de lavrar e de explorar o solo. Esses sacrifícios, essas primícias de todo tipo são a primeira forma de impostos. São dívidas que primeiro se pagavam aos deuses, depois tornam-se o dízimo pago aos sacerdotes, e esse dízimo já é um imposto regular que passa em seguida às mãos dos poderes leigos. Esses ritos expiatórios e propiciatórios tornam-se definitivamente um imposto à revelia. Mas o germe da instituição está neles e se desenvolverá no futuro.

Portanto, se essa explicação tem fundamento, a natureza religiosa da apropriação pode por muito tempo ter significado simplesmente que a propriedade privada foi uma concessão da coletividade. Mas, seja como for, as condições em que a propriedade surgia determinavam sua natureza. Ela só podia ser coletiva. Com efeito, era por grupos que se fazia a apropriação do solo, que se procedia às formalidades que descrevemos, e era todo o grupo que se beneficiava dos resultados dessas formalidades. Estas até tinham por efeito dar-lhe uma personalidade e uma coesão que primitivamente ele não tinha. Pois a faixa de terreno consagrada que isola o campo dos campos vizinhos também isola todos os que se encontram nele dos grupos similares estabelecidos em outro lugar. Por isso o advento da agricultura certamente deu aos grupos familiares mais restritos que o clã uma coesão, uma fixidez que até então eles não tinham. Na verdade foi a individualidade do campo que constituiu sua individualidade coletiva. A partir de então eles já não podiam, sob a influência das menores circunstâncias, formar-se por um tempo e se dispersar conforme o sentido em que os impeliam simpatias particulares ou interesses passageiros. Eles tinham formas, uma ossatura definida, marcada de maneira indelével no próprio terreno que ocupavam, pois eram as próprias formas, as formas imutáveis desse terreno.

Assim está explicada uma das características da propriedade familiar coletiva que já tivemos ocasião de assinalar no ano passado. É que, sob esse regime, as pessoas são possuídas pelas coisas pelo menos tanto quanto as coisas pelas pessoas. Os parentes só são parentes porque exploram em comum um determinado domínio. Se um sair definitivamente dessa comunidade econômica, estará rompido todo laço de parentesco com os que ficam. Essa influência preponderante das coisas tornou-se muito sensível porque, em certas condições, eles podem sair do grupo assim constituído; eles podem deixar de ser parentes. As coisas, ao contrário, o terreno e tudo o que está intimamente ligado a ele, ficam perpetuamente, uma vez que o patrimônio é inalienável[1]. Em certos casos, essa posse das

1. Acréscimo ilegível no pé da página. (N. ed. fr.)

pessoas pelas coisas acaba até por se tornar uma verdadeira escravidão. Era o que acontecia com a filha epiclere em Atenas. Quando um pai só tinha por descendente uma filha, era ela que herdava, mas era a condição jurídica dos bens que ela recebia que fixava a própria condição jurídica dela. Como esses bens não deviam sair da família, justamente porque eram sua alma, a herdeira era obrigada a se casar com seu mais próximo parente do sexo masculino; se já fosse casada, devia romper o casamento ou abandonar a herança. A pessoa seguia a coisa, a filha era herdada mais do que herdava. Todos esses fatos são fáceis de explicar uma vez que a propriedade tem a origem que dissemos. Pois é ela que liga o terreno à família; foi ela que constituiu seu centro de gravidade, que lhe conferiu até mesmo suas formas exteriores. A família era o conjunto dos indivíduos que viviam na ilha religiosa formada por esse domínio. Eram as leis que os uniam ao solo sagrado explorado por eles que, conseqüentemente, os uniam uns aos outros. Aí está, de uma maneira geral, de onde vem a espécie de culto de que é objeto o campo familiar, o prestígio religioso que ele tinha junto aos espíritos. Esse prestígio não lhe vinha simplesmente do fato de o solo, por si mesmo, ser impregnado de religiosidade. Ele era a coisa santa cuja santidade se transmitiu à família muito mais do que veio dela.

Mas, justamente porque a propriedade, em sua origem, só pode ser coletiva, resta explicar como ela se tornou individual. Por que razão os indivíduos assim agrupados, unidos a um mesmo conjunto de coisas, acabaram por adquirir sobre coisas distintas direitos distintos? O solo, em princípio, não pode ser desmembrado, ele forma uma unidade, é a unidade da herança; e essa unidade indivisível impõe-se ao grupo de indivíduos. Por que razão, no entanto, cada um deles chegou a constituir para si uma propriedade individual? – Como é de prever, essa individuação da propriedade não pode se produzir sem ser acompanhada por outras mudanças da situação respectiva das coisas e das pessoas. Pois, enquanto as coisas mantinham essa espécie de superioridade moral sobre as pessoas, era impossível ao indivíduo tornar-se seu dono e estabelecer seu domínio sobre elas. Pois, enquanto as coisas conservavam essa espécie de superioridade moral sobre as pessoas, era impossível para o indivíduo tornar-se seu dono e estabelecer seu domínio sobre elas.

Dois caminhos diferentes devem ter levado a esse resultado. Em primeiro lugar, bastou que um conjunto de circunstâncias elevasse em dignidade, de certo modo, um dos membros do grupo familiar, lhe conferisse assim um prestígio que nenhum dos outros tinha e o tornasse representante da sociedade doméstica. Por conseguinte, os laços que uniam as coisas ao grupo passaram a uni-las diretamente a essa personalidade privilegiada. E, como ela encarnava todo o grupo, homens e coisas, viu-se investida de uma autoridade que colocou sob sua dependência tanto as coisas como os homens; e assim nasceu uma propriedade individual. Essa transformação se realizou com o advento do poder paterno e, mais especialmente, do poder patriarcal. Vimos, no ano passado, as causas que levaram a família a sair do estado de homogeneidade democrática, que ainda recentemente apresentavam as famílias entre os eslavos, e a escolher um chefe ao qual ela se submete. Vimos como, por isso mesmo, esse chefe se torna uma alta autoridade moral e religiosa; pois ele absorve toda a vida do grupo e tem sobre cada um de seus membros a mesma superioridade que a própria coletividade. É o ser familiar personificado. E não são apenas as pessoas, as tradições, os sentimentos que ele expressa em sua pessoa. É também e sobretudo o patrimônio, com todas as idéias ligadas a ele. A família romana era constituída por dois tipos de elementos: o pai de família, por um lado, e, por outro, todo o resto da família, a *familia*, que incluía ao mesmo tempo os filhos da família e os descendentes, os escravos e todas as coisas. Ora, tudo o que podia haver de moral e de religioso na *familia* estava como que concentrado na pessoa do pai. É o que conferia a esta última uma situação tão eminente. O centro de gravidade da família, então, se deslocou. Passou das coisas em que residia para uma pessoa determinada. A partir de então, um indivíduo passou a ser proprietário, e no sentido pleno da palavra, uma vez que as coisas dependiam dele mais do que ele dependia delas. É verdade que, enquanto o poder do pai de família foi tão absoluto quanto era em Roma, ele era o único a exercer esse direito de propriedade. Mas, quando morria, seus filhos, cada um por seu lado, eram chamados a exercê-lo por sua vez. E, pouco a pouco, à medida que o poder patriarcal foi se tornando menos despótico, pelo menos de direito, à medida que a individualidade dos filhos começou a ser reconhecida mesmo antes da morte do pai, eles puderam, pelo menos em certa medida, tornar-se proprietários enquanto ele ainda vivia.

A segunda causa que apontamos também não deixou de concorrer para esse resultado. Sua ação foi paralela à dessa cujos efeitos acabamos de indicar e os reforçou.

Essa causa é o desenvolvimento da propriedade mobiliária. Com efeito, só os bens fundiários tinham esse caráter religioso que os subtraía, de certo modo, à disposição dos indivíduos e, por conseguinte, tornava necessário um regime comunitário. Ao contrário, os bens móveis por si mesmos eram, em princípio, de natureza profana. Só que, enquanto a indústria permaneceu puramente agrícola, eles tinham apenas um papel secundário e acessório; não eram mais que dependências e apêndices da propriedade imobiliária. Esta era o centro em torno do qual gravitava tudo o que havia de móvel na família, tanto as coisas como as pessoas. Portanto, mantinha as primeiras em sua esfera de ação, impedindo-as, conseqüentemente, de constituir para si uma condição jurídica correspondente ao que sua natureza tinha de particular e desenvolver assim o germe do direito novo que estava nelas. Assim, os ganhos que os membros da família podiam ter fora da comunidade familiar caíam nesse patrimônio familiar, confundiam-se com o resto dos bens em virtude do princípio que faz com que o acessório siga o principal. Mas, como dissemos, os instrumentos, animados ou inanimados, que serviam mais especialmente aos trabalhos agrícolas, portanto mais intimamente relacionados ao solo, participavam do atributo característico deste último, eram inalienáveis. – Mas, com o tempo, com o avanço do comércio e da indústria, a propriedade mobiliária adquiriu maior importância; então ela se emancipou da propriedade fundiária da qual era apenas um anexo, passou a desempenhar por si mesma um papel social, diferente do papel da propriedade fundiária, tornando-se fator autônomo da vida econômica. Assim constituíram-se novos centros da propriedade, fora da propriedade imobiliária, que por conseguinte não tinham suas características. As coisas que eles incluíam nada tinham em si que as colocasse acima dos danos previstos: eram apenas coisas, e o indivíduo a cujas mãos chegavam estava com relação a elas em pé de igualdade, ou até de superioridade. Podia portanto dispor livremente delas. Nada as fixava num determinado ponto do espaço; nada as imobilizava; assim, só dependiam diretamente da pessoa daquele que as adquirira, fosse qual fosse, aliás, a maneira pela qual as tivesse adquirido. Assim nasceu esse novo direito de propriedade. Mas, através de nosso direito atual, vemos muito bem que a propriedade imobiliária e a outra são de natureza diferente, correspondem a fases diferentes da evolução jurídica. A primeira ainda vem carregada de interdições, de restrições que são lembranças de sua antiga natureza religiosa. A segunda sempre foi mais móvel, mais livre, mais completamente abandonada ao arbítrio dos particulares. No entanto, por mais real que seja essa dualidade, ela não deve levar a perder de vista que uma dessas propriedades saiu da outra. A propriedade mobiliária, como entidade jurídica distinta, só se formou depois e por imitação da propriedade imobiliária: é uma imagem enfraquecida, uma forma atenuada dela. Foi a instituição da propriedade imobiliária que primeiro estabeleceu um vínculo *sui generis* entre grupos de pessoas e de coisas determinadas. Uma vez isso feito, o espírito público viu-se naturalmente preparado para admitir que, em condições sociais particularmente diferentes, vínculos análogos, embora diferentes, pudessem ter como ponto de ligação já não coletividades, mas personalidades individuais. Mas tratava-se apenas de uma aplicação de uma regulamentação anterior a circunstâncias novas. A propriedade mobiliária não é mais que a propriedade fundiária modificada em conseqüência de características particulares dos móveis. Por isso, ainda hoje ela traz a marca de suas origens. Com efeito, ela é hereditária, pela mesma razão que a outra; em caso de descendência em linha direta, a herança é até obrigatória. Ora, a herança certamente é uma sobrevivência da antiga propriedade comunitária. É que esta, que em sua origem se confunde com a propriedade imobiliária, foi de fato o protótipo da propriedade mobiliária.

Vislumbramos agora como a propriedade atual está ligada às crenças místicas que encontramos na base da instituição. Primitivamente, a propriedade é fundiária, ou pelo menos as características da propriedade fundiária se estendem aos móveis por causa de sua menor importância; e essas características, em virtude de sua natureza religiosa, implicam necessariamente o comunismo. Esse é o ponto de partida. Depois um duplo processo da propriedade coletiva faz surgir a propriedade individual. Por outro lado, a concentração da família da qual resultou a constituição do poder patrimonial faz partir da pessoa do chefe da família todas as virtudes religiosas que eram imanentes aos patrimônios e que constituíam sua situação excepcional. A partir de então, o homem está acima das coisas e é esse homem em particular que ocupa essa situação, ou seja, que possui. Sistemas de coisas profanas constituem-se independentemente do domínio familiar, libertam-se deste último e tornam-se, assim, objeto do direito novo de propriedade, essencialmente individual. E, ainda, a individualização da propriedade deveu-se ao fato de que os bens fundiários perderam seu caráter sacrossanto, que foi absorvido pelo homem, e ao fato de que os bens que não tinham por si mesmos esse caráter se desenvolveram suficientemente para constituir para si uma organização jurídica distinta e diferente. Mas, como a propriedade comum é a fonte da qual saíram todas as outras, encontramos seus traços na maneira pela qual estas últimas se organizaram.

Talvez haja quem se surpreenda de que não se atribua, na gênese do direito de propriedade, nenhum papel à idéia segundo a qual ela deriva do trabalho. Mas, se examinarmos a maneira pela qual o direito de propriedade é regulamentado por nosso código, veremos que em nenhum lugar esse princípio está formulado expressamente. A propriedade, dizem os artigos 711 e 712 do Código Civil, é adquirida por sucessão – doação – acessão – prescrição, ou por efeito de obrigações. Ora, entre os cinco modos de aquisição assim enumerados, os quatro primeiros não implicam, em nenhum grau, a idéia do trabalho, e o quinto não a implica necessariamente. Se a venda me transmite a propriedade de uma coisa, não é porque essa coisa foi produzida pelo trabalho de quem a está cedendo a mim, nem porque o que estou dando em troca é o resultado de meu trabalho, mas é simplesmente porque uma coisa e a outra são regulamentarmente possuídas por aqueles que as estão trocando, ou seja, porque essa posse é fundamentada num título regulamentar. No direito romano, o princípio está mais evidentemente ausente. Pode-se dizer que, no direito, o elemento essencial de todos os modos de aquisição da propriedade é a apreensão material, a detenção, o contato. De resto, o que mostra *a priori* que essa idéia não pode ter afetado, ou pelo menos afetado profundamente, o direito de propriedade é o fato de ela ser de origem muito recente. Só com Locke surge a teoria segundo a qual a propriedade só é legítima sob condição de se fundamentar no trabalho. No início do século, Grotius ainda parece ignorá-la.

Isso significa que ela está completamente ausente de nosso direito? De modo algum, mas não foi das disposições relativas ao direito de propriedade que ela surgiu; foi antes no direito contratual. Além do mais, parece-nos justo que todo trabalho utilizado ou utilizável por outrem seja remunerado e que essa remuneração seja proporcional ao trabalho útil despendido. Ora, toda remuneração confere direitos de propriedade, uma vez que ela transmite coisas a quem é seu beneficiário. Faz-se assim um movimento, uma transformação no direito dos contratos que deve necessariamente afetar o direito de propriedade. Pode-se até prever que o princípio que tendia a se desenvolver está em oposição àquele em que se baseou até agora a apropriação pessoal. Pois o trabalho por si só não nos basta, ele implica uma matéria, um objeto ao qual se aplica, e é preciso que esse objeto já tenha sido apropriado, uma vez que se trabalha para modificá-lo. O trabalho, portanto, suprime as apropriações que não se baseiam no trabalho. Daí os conflitos entre as novas exigências da consciência moral que tendem a surgir e a antiga concepção da organização do direito de propriedade. No entanto, como essas novas exigências têm origem nas idéias da justiça contratual que tendem a surgir, convém estudá-las no princípio do contrato.

DÉCIMA QUINTA LIÇÃO
O DIREITO CONTRATUAL

Vimos de que maneira parece ter-se constituído o direito de propriedade. A religiosidade difusa nas coisas e que as subtrai a toda apropriação profana foi reportada, por meio de ritos determinados, seja ao limiar da casa, seja à periferia do campo, constituindo assim como que um cinto de santidade, como que um aterro sagrado que protegia o domínio contra toda usurpação estrangeira. Só podiam transpor essa zona e entrar na ilha que fora assim religiosamente isolada do resto aqueles que tivessem cumprido os ritos, ou seja, que tivessem contraído vínculos especiais com os seres sagrados, proprietários originais do solo. Depois, pouco a pouco essa religiosidade que estava nas próprias coisas passou para as pessoas; as coisas deixaram de ser sagradas por si mesmas, já não tinham esse caráter a não ser indiretamente, por dependerem das pessoas que, elas sim, eram sagradas. A propriedade, de coletiva que era, tornou-se pessoal. Pois, enquanto se atinha exclusivamente à qualidade religiosa dos objetos, não era imputada a nenhum sujeito determinado; não era nas pessoas, e menos ainda em uma determinada pessoa, que ela tinha sua fonte, seu lugar de origem, e por conseguinte nenhuma pessoa era considerada sua detentora. Todo o grupo que se encontrava assim encerrado nessa espécie de cerco sagrado tinha os mesmos direitos, e as gerações novas eram fadadas a desfrutar dos mesmos direitos pelo único fato de nascerem no seio do grupo. A propriedade pessoal só apareceu quando, da massa familiar, destacou-se um indivíduo que encarnou em si toda a vida religiosa esparsa nas pessoas e nas coisas da família, tornando-se detentor de todos os direitos do grupo.

Talvez haja quem se admire em ver o direito de propriedade individual ligado a velhas concepções religiosas, e talvez haja quem seja levado a crer que tais representações não poderiam constituir um fundamento muito sólido para a instituição. Mas já vimos que, se as crenças religiosas não são verdadeiras ao pé da letra, elas não deixam de expressar realidades sociais, embora as traduzam sob formas simbólicas e metafóricas. E, com efeito, sabemos que esse caráter religioso que hoje marca o indivíduo tem base na realidade; ele não faz mais que expressar o alto valor que a personalidade individual adquiriu com relação à consciência moral, a dignidade de que ela se reveste, e sabemos também o quanto essa estima do indivíduo está intimamente ligada a toda a nossa instituição social. Ora, é inevitável que essa virtude religiosa de que o indivíduo é investido se estenda dele às coisas com que ele se relaciona intimamente e legitimamente. Os sentimentos de respeito de que ele é objeto não podem limitar-se à sua pessoa física; os objetos que são considerados seus não podem deixar de participar desses sentimentos. Essa extensão não é apenas necessária, ela também é útil. Pois nossa organização moral implica que uma ampla iniciativa seja deixada ao indivíduo; ora, para que essa iniciativa seja possível, é preciso que haja uma espécie de domínio em que o indivíduo seja seu único dono, em que ele possa agir com inteira independência, colocar-se ao abrigo de toda pressão estranha para se afirmar. Essa liberdade individual que prezamos tanto não supõe apenas a faculdade de mover nossos membros à vontade; ela implica a existência de um círculo de coisas de que podemos dispor à vontade. O individualismo seria apenas uma palavra se não tivéssemos uma esfera material de ação dentro da qual exercemos uma espécie de soberania. Quando dizemos que a propriedade individual é coisa sagrada estamos apenas enunciando sob forma simbólica um axioma moral incontestável; pois a propriedade individual é a condição material do culto ao indivíduo.

Apenas, a propriedade individual acha-se assim mais caracterizada do que explicada. O que acabamos de dizer permite compreender como as coisas *possuídas legitimamente* são e devem ser investidas de um caráter que as isole de qualquer atentado; mas o que precede não nos mostrou de modo algum as condições às quais as coisas devem satisfazer para que se possa dizer que são legitimamente possuídas, que fazem parte legitimamente de um domínio individual. Nem tudo o que entra em relação com o indivíduo, até mesmo em relações duradouras, pode ser legitimamente apropriado por ele, não se tornando só por isso sua propriedade. Quando, então, a apropriação tem fundamento legítimo? Isso o caráter sagrado de que se reveste a pessoa não poderia determinar. Antigamente, quando a propriedade era coletiva, não havia dificuldade. Pois o direito de propriedade tinha então por origem uma qualidade *sui generis* inerente às próprias coisas e não às pessoas. Não havia então que indagar a que coisas ela podia se transmitir: essa qualidade residia nas coisas. Toda a questão era saber que pessoas podiam utilizar essa qualidade em seu benefício, e a resposta era óbvia. Podiam servir-se dela só aqueles que, pelos meios indicados, tinham sabido torná-la utilizável. Mas hoje não é assim. É na pessoa que residem as características que fundamentam a propriedade. No entanto se coloca a questão: que relações as coisas devem manter com a pessoa para que o caráter sagrado da pessoa possa transmitir-se legitimamente às coisas? Pois é essa transmissão que constitui a apropriação.

O único meio de resolver a questão é examinar as diferentes maneiras pelas quais a propriedade é adquirida, tentar depreender seu princípio ou seus princípios e ver como eles se fundamentaram na nossa organização social. Essa aquisição tem duas fontes principais: o contrato e a herança. Sem dúvida, é simplificar as coisas ater-se a esses dois únicos procedimentos. Há ainda as doações, a prescrição; mas as únicas doações que têm um papel importante nesse sentido são as doações testamentais, e, como elas estão intimamente relacionadas com a herança, iremos nos ocupar delas quando falarmos a respeito. Quanto à prescrição, ainda que fosse muito interessante estudá-la do ponto de vista histórico, o certo é que ela tem uma participação mínima na atual distribuição da propriedade. As duas vias principais pelas quais nos tornamos proprietários são, portanto, a troca contratual e a herança. Pela segunda, adquirimos essas propriedades prontas; pela primeira criamos objetos novos de propriedade. Mas, dir-se-á, isso não é atribuir ao contrato o que só pode ser produto do trabalho?

Só o trabalho é criador. Porém, em si mesmo, o trabalho consiste exclusivamente numa certa utilização de energia muscular; portanto, ele não pode criar coisas. As coisas só podem ser a remuneração do trabalho; ele não pode criá-las do nada; elas são o preço do trabalho assim como são suas condições. O trabalho, portanto, só pode gerar propriedade por meio de troca, e toda troca é um contrato explícito ou implícito.

Ora, dessas duas fontes atuais da propriedade, há uma que, à primeira vista, parece estar em contradição com o próprio princípio em que se baseia a propriedade atual, ou seja, a propriedade individual. Com efeito, a propriedade individual é a que tem origem no indivíduo que possui, e só nele. Ora, por definição a propriedade que resulta da herança vem de outros indivíduos. Ela se formou fora dele, não é obra sua, portanto só pode ter com ele uma relação exterior. Vimos que a propriedade individual é o oposto da propriedade coletiva. Ora, a herança é uma sobrevivência desta última. Quando a família, outrora indivisa, se fragmenta, a indivisão primitiva subsiste sob outra forma. Os direitos que cada membro do grupo tinha sobre a propriedade dos outros foram como que paralisados e entravados quando estes eram vivos. Cada um desfrutava de seus bens separadamente; mas, uma vez que o detentor atual morria, os direitos de seus antigos co-proprietários recuperavam toda a energia e eficácia. Assim se estabeleceu o direito de sucessão. Durante muito tempo o direito de co-propriedade familiar foi tão forte e respeitado que, ainda que a família já não vivesse em comunidade, ele se opôs a que cada detentor atual pudesse dispor de seus bens por doação testamental ou outra. Ele só tinha um direito de usufruir; a proprietária era a família. Apenas, como ela não podia exercer esse direito coletivamente em conseqüência de sua dispersão, era o parente mais próximo do falecido que assumia os direitos deste último. A herança, portanto, é solidária de idéias e práticas arcaicas que não têm fundamento em nossos costumes atuais. Esta única observação, sem dúvida, não autoriza a concluir que essa instituição deva desaparecer totalmente; pois às vezes há sobrevivências necessárias. O passado se mantém sob o presente embora contrastando com ele. Toda organização social está cheia desses contrastes. Não podemos fazer com que o que foi deixe de ser; o passado é real, e não podemos fazer com que ele não tenha sido. As mais antigas formas sociais serviram de base às mais recentes, e muitas vezes acontece de se estabelecer uma espécie de solidariedade entre umas e outras, de modo que é preciso conservar algo das primeiras para manter as segundas. No entanto, pelo menos as considerações que precedem bastam para demonstrar que, dos dois grandes procedimentos pelos quais se adquire a propriedade, a herança é o que está destinado a perder cada vez mais sua importância. Tudo nos leva a prever, portanto, que é na análise do direito contratual que encontraremos o princípio sobre o qual tende a se basear, no futuro, a instituição da propriedade. Vamos abordar, então, esse estudo.

DO CONTRATO

A noção de contrato é vista geralmente como uma operação tão simples que se acreditou poder considerá-la o fato elementar de que todos os outros fatos sociais seriam derivados. É nessa idéia que se baseia a teoria chamada do contrato social. O vínculo social por excelência, o que une os indivíduos em uma mesma comunidade, teria sido ou deveria ter sido contratado. E, se o contrato é assim considerado o fenômeno primitivo, seja cronologicamente ou, como o entende Rousseau, logicamente, é porque sua noção parece clara por si mesma. Parece não ser preciso vinculá-la a nenhuma outra noção que a explique. Os juristas com freqüência procederam segundo o mesmo princípio. Por isso reduziram todas as obrigações que nascem da ação do homem ou a delitos ou a contratos. E todas as outras obrigações que não têm origem expressamente num delito ou num contrato propriamente dito são consideradas variedades das precedentes. Assim se formou o conceito do quase-contrato, pelo qual se dá conta, por exemplo, de obrigações que nascem da gestão dos negócios de outrem, ou do fato de um credor receber mais do que lhe era devido. A idéia do contrato parecia tão clara por si mesma que a causa geradora dessas diversas obrigações parecia, por seu lado, já não ter nada de obscuro uma vez que fora assimilada ao contrato propriamente dito, uma vez que fora erigida em uma espécie de contrato. Mas nada é mais enganador do que essa aparente clareza. A instituição do contrato está longe de ser primitiva; ela só surge e, sobretudo, só se desenvolve numa data muito tardia. Longe de ser simples, ela é de extrema complexidade, e não é fácil ver como se formou. E é isso que importa, antes de tudo, bem compreender. Para assegurar essa compreensão, comecemos por determinar em que consiste o vínculo contratual.

E em primeiro lugar, de modo mais geral, em que consiste o vínculo moral jurídico? Chama-se assim uma relação que a consciência pública concebe entre dois sujeitos, individuais ou coletivos, ou ainda entre esses sujeitos e uma coisa, e em virtude da qual um dos termos em questão tem sobre o outro pelo menos um direito determinado. Muito geralmente, há direito de uma parte e de outra. Porém essa reciprocidade não é necessária. O escravo é juridicamente ligado a seu senhor e, no entanto, não tem direito sobre este último. Ora, os vínculos desse tipo podem ter duas fontes diferentes: ou estão ligados a um estado realizado, seja das coisas, seja das pessoas em relação, e de tal modo que, quer de maneira crônica ou de maneira duradoura, elas são desta ou daquela natureza, situadas aqui ou ali, concebidas pela consciência pública como afetando determinadas características adquiridas. Ou então estão ligados a um estado das coisas ou das pessoas ainda não realizado, mas simplesmente desejado por ambas as partes. Nesse caso, portanto, não é a natureza intrínseca do estado, mas o fato de o querer que gera o direito; este consiste, nesse caso, simplesmente em realizá-lo tal como foi desejado. Assim, porque nasci em determinada família, porque tenho determinado nome, tenho deveres para com determinadas pessoas que são meus parentes ou com determinadas outras cuja tutela posso vir a exercer. Porque determinada coisa entrou efetivamente em meu patrimônio por um meio legítimo, tenho direitos de propriedade sobre essa coisa. Porque possuo determinado imóvel, situado de determinada maneira, tenho sobre o imóvel vizinho determinado direito de servidão, etc. Em todos esses casos, é um fato adquirido ou realizado que dá origem ao direito que exerço. Mas, quando me entendo com o proprietário de uma casa para que ele me alugue sua propriedade mediante uma quantia que lhe será paga a cada ano dentro de determinadas condições definidas, de minha parte há simplesmente vontade de ocupar esse imóvel e de pagar a quantia prometida, e, da outra parte, vontade de renunciar a seus direitos mediante a quantia combinada. Mas o que está em confronto são apenas volições, estados da vontade, e no entanto esse estado das vontades pode ser suficiente para engendrar obrigações e, por conseguinte, direitos. É aos vínculos que nascem dessa maneira que se deve reservar a qualificação de contratuais. Sem dúvida, entre esses dois tipos opostos há uma infinidade de intermediários que fazem a passagem de um a outro; porém o essencial é observar bem as formas extremas a fim de que o contraste torne mais perceptíveis as particularidades características. Ora, nada é mais nítido do que essa oposição tal como acaba de se apresentar a nós. De um lado, relações jurídicas que têm por origem o status das pessoas, ou das coisas, ou das modificações doravante contidas nesse status; por outro, relações jurídicas que têm por origem vontades concordantes com vista a modificar esse status.

Ora, dessa definição resulta imediatamente que o vínculo contratual não poderia ser primitivo. Com efeito, vontades só podem se entender para contrair obrigações se essas obrigações não resultam do estado jurídico, doravante adquirido, seja das coisas, seja das pessoas; só pode tratar-se de modificar o status, de acrescentar novas relações às relações existentes. O contrato, portanto, é uma fonte de variações que supõe um primeiro fundo jurídico, que tem outra origem. O contrato é, por excelência, o instrumento pelo qual se efetuam modificações. Não é ele que pode constituir os alicerces primeiros e fundamentais em que repousa o direito. Ele implica que pelo menos duas personalidades jurídicas já estejam constituídas e organizadas, que entrem em relação, e que essa relação altere a constituição delas; que algo que cabia a uma passe à outra e vice-versa. Por exemplo, suponhamos duas famílias, A e B; uma mulher sai de A para ir com um homem de B e se tornar, em certo sentido, membro integrante desse último grupo. Operou-se uma modificação no efetivo de pessoas. Se essa modificação se fizer pacificamente, com o consentimento das duas famílias envolvidas, teremos o contrato de casamento sob forma mais ou menos rudimentar. Daí se segue que o casamento, sendo necessariamente um contrato, supõe uma organização prévia da família, organização essa que nada tem de contratual. É mais uma prova de que o casamento se baseia na família, e não a família no casamento. Mas imaginemos que o incesto não fosse objeto de proibição, que cada homem tivesse se unido a uma mulher de sua própria família: a união sexual não teria implicado modificações verdadeiras nem nas pessoas, nem nas coisas. O contrato matrimonial não teria nascido.

Não só o vínculo contratual não é primitivo como, também, é fácil perceber por que razões os homens só puderam chegar a conceber sua possibilidade tardiamente. Com efeito, de onde vêm os vínculos, ou seja, os direitos e as obrigações que têm origem no estado seja de pessoas, seja das coisas? Eles estão ligados ao caráter sagrado de umas e outras, ao prestígio moral de que elas se revestem quer diretamente, quer indiretamente. Se o primitivo se considera obrigado para com seu grupo, é porque a seus olhos esse grupo é a coisa santa por excelência, e, se ele reconhece igualmente ter obrigações para com os indivíduos que compõem o grupo, é porque alguma coisa da santidade do todo se transmite às partes. Todos os membros de um mesmo clã têm em si como que uma parcela do ser divino de que se supõe que o clã descenda. Portanto, eles são marcados por um caráter religioso, e é por essa razão que há a obrigação de defendê-los, de vingar sua morte, etc. Vimos também que os direitos que têm origem nas coisas estavam ligados à natureza religiosa destas últimas; não vamos voltar a esse ponto. Assim, todas as relações morais e jurídicas que derivam do status pessoal ou real devem a existência a alguma virtude *sui generis* inerente ou aos sujeitos ou aos objetos, a qual impõe respeito. Mas como uma virtude desse tipo poderia residir em simples disposições da vontade? O que há, o que pode haver no fato de querer uma coisa, uma relação que possa obrigar a realizar efetivamente essa relação? Se refletirmos um pouco veremos que na idéia de que o acordo entre duas vontades sobre um mesmo fim pode ter um caráter obrigatório para cada uma delas havia uma grande novidade jurídica que supõe um desenvolvimento histórico já muito avançado. Quando resolvo agir de uma determinada maneira, posso sempre voltar atrás em minha resolução; por que duas resoluções, que emanam de dois sujeitos diferentes, pelo único fato de concordarem teriam maior poder de obrigar? Que eu me detenha diante de uma pessoa que considero sagrada, que eu me abstenha de tocar nela, de modificar seu estado tal como é, por causa do caráter que lhe atribuo e do respeito que conseqüentemente ele me impõe, nada é mais compreensível. E o mesmo ocorre quanto às coisas que se encontram nas mesmas condições. Mas um ato de vontade, uma resolução, ainda é apenas uma possibilidade; por definição, não é nada realizado, nada efetivo; como alguma coisa que não é, ou pelo menos que ainda é apenas de maneira muito ideal, pode me obrigar a tal ponto? Imagina-se que todos os tipos de fatores devem ter interferido para chegar a dotar nossas volições de uma virtude obrigatória que elas não implicam por si mesmas analiticamente. E, por conseguinte, a noção jurídica do contrato, do vínculo contratual, longe de ser imediatamente evidente, só pode ter se construído laboriosamente.

E, com efeito, foi só muito lentamente que as sociedades conseguiram ultrapassar a fase inicial do direito puramente estatutário e a lhe sobrepor um direito novo. Foi por modificações sucessivas do primeiro que elas aos poucos se aproximaram do segundo. Essa evolução se fez, aliás, por vias diferentes, das quais as principais são as que se seguem.

É regra geral que as instituições novas começam a se modelar sobre as antigas e só aos poucos se destacam delas para desenvolver livremente sua natureza própria. O direito contratual tinha a função de modificar o status pessoal; entretanto, para que pudesse produzir esse efeito, começamos por imaginá-lo sobre o modelo do direito estatutário. Os laços que unem as pessoas em conseqüência de seu estado adquirido e realizado dependem desse estado. Eles se devem ao fato de essas pessoas participarem de um caráter que as torna respeitáveis umas para as outras. Para falar mais precisamente, os membros de um mesmo clã, de uma mesma família, têm deveres uns para com os outros porque supõe-se que sejam de um mesmo sangue, de uma mesma carne. Não é que, por si só, a consubstancialidade física tenha eficácia moral. Mas é que o sangue é o veículo de um princípio sagrado com o qual ele se confunde, e ter o mesmo sangue é participar de um mesmo deus, é ter um mesmo caráter religioso. Por isso, muitas vezes os ritos da adoção consistem em introduzir nas veias do adotado algumas gotas do sangue do grupo. Dito isso, quando os homens sentiram a necessidade de criar vínculos outros que não os resultantes de seu status, vínculos desejados, eles os conceberam naturalmente à imagem dos únicos que tinham sob os olhos. Dois indivíduos ou dois grupos, distintos, entre os quais não existem vínculos naturais, combinam de se associar para uma obra comum: para que suas combinações os vinculem, irão realizar a consubstancialidade material que é considerada a fonte de todas as obrigações. Eles misturam seu sangue. Por exemplo, dois contratantes mergulham as mãos num recipiente em que verteram um pouco de seu sangue e absorvem algumas gotas dele. Foi esse procedimento que R. Smith estudou sob o nome de *Blood-Covenant* e cujas natureza e generalidade são hoje bem conhecidas. Dessa maneira, as duas partes viam-se obrigadas uma com relação à outra; em certo sentido, essa relação resultava de um ato de sua vontade; tinha algo de contratual; mas só adquiria sua plena eficácia ao tomar a forma de uma relação contratual. Os dois indivíduos, de fato, formavam como que uma espécie de grupo artificial, que se baseava em laços análogos aos dos grupos naturais aos quais cada um deles pertencia. Outros meios permitiam, aliás, chegar ao mesmo resultado. Os alimentos fazem o sangue, fazem a vida; comer os mesmos alimentos é, portanto, comungar numa mesma fonte de vida; é se fazer o mesmo sangue. Daí vem o importante papel da comunhão alimentar em todas as religiões, desde as mais antigas até o cristianismo. As pessoas comem em comum de uma mesma coisa sagrada para participar de um mesmo deus. Por isso mesmo, encontram-se vinculadas. Dois contratantes, portanto, também podiam se vincular bebendo de um mesmo copo, comendo um mesmo alimento, ou até comendo juntos. O fato de beber de um mesmo copo é encontrado também em muitos costumes nupciais. O costume de selar o contrato bebendo juntos provavelmente tem a mesma origem, assim como o costume de se bater as mãos.

Nesses exemplos, os vínculos do status pessoal serviam de modelo aos vínculos contratuais nascentes. Mas os vínculos do status real foram empregados com o mesmo objetivo. Os direitos e obrigações que tenho ocasionalmente para com uma coisa dependem do estado dessa coisa, de sua situação jurídica. Se ela faz parte do patrimônio de outrem, devo respeitá-la; se, apesar disso, ela vem a entrar no meu patrimônio, devo restituí-la ou restituir o equivalente a ela. Dito isso, imaginemos dois indivíduos ou dois grupos que queiram fazer uma troca: trocar, por exemplo, uma coisa por outra ou por uma quantia de dinheiro. Uma das partes entrega a coisa; só por isso, aquele que a recebe contrai uma obrigação, a obrigação de restituir seu equivalente. Essa é a origem do que foi chamado de contrato real, ou seja, um contrato que se forma apenas pela tradição real de uma coisa. Ora, sabe-se o papel que os contratos reais tiveram tanto no direito romano e no direito germânico como em nosso velho direito francês.

Aliás, ainda restam traços muito visíveis disso até mesmo no direito atual. Pois é daí que vem o uso dos sinais de pagamento. Em vez de dar o próprio objeto da troca, dava-se apenas uma parte de seu valor, ou um outro objeto. Muitas vezes uma coisa sem valor acaba sendo suficiente: assim, o pedacinho de palha, a luva que era empregada no direito germânico. O objeto recebido tornava quem o recebia devedor do outro. Com o tempo, o gesto da entrega do objeto passou a ser suficiente.

Porém, como se vê, quer o *blood-covenant*, quer o contrato real não são contratos propriamente ditos. Pois, nos dois tipos de casos, a obrigação não resulta da eficácia das vontades concordantes. Por si sós, estas não teriam o poder de obrigar. É preciso que, além do mais, elas impliquem um estado, seja das pessoas, seja das coisas, e na realidade esse estado, e não as vontades contratantes, é a causa geradora do vínculo assim formado. Se, depois desses *blood-covenants*, encontro-me obrigado para com meus aliados e vice-versa, não é em virtude do consentimento dado; é porque, depois da operação efetuada, nós somos, ele e eu, do mesmo sangue. Se, no contrato real, devo o preço do objeto recebido, não é porque o prometi, é porque esse objeto passou para meu patrimônio, porque a partir de então ele está em determinada situação jurídica. Todas essas práticas são procedimentos para chegar mais ou menos aos mesmos resultados que o contrato por outros meios que não o contrato propriamente dito. Pois, mais uma vez, o que constitui o contrato é a concordância afirmada das vontades em confronto. Ora, aqui é preciso algo mais; é preciso que imediatamente tenha sido criado um estado das coisas ou das pessoas que por natureza produza efeitos jurídicos. Enquanto esse intermediário estiver presente, o contrato não se realizará.

Mas há uma outra via pela qual nos aproximamos mais do contrato propriamente dito. As vontades só podem se vincular sob a condição de se afirmar. Essa afirmação se faz por palavras. Ora, as palavras são algo real, natural, algo realizado, que podemos munir de uma virtude religiosa graças à qual elas coagem e obrigam aqueles que as pronunciaram. Para isso, basta que elas sejam pronunciadas de acordo com essas formas religiosas e em condições religiosas. Por isso mesmo, elas se tornam sagradas. Um dos meios de lhes conferir esse caráter é o juramento, ou seja, a invocação de um ser divino. Por essa invocação, esse ser divino se torna o fiador da promessa trocada; e esta, conseqüentemente, desde que tenha sido trocada dessa maneira, e mesmo que não se realizasse fora por nenhum início de execução, torna-se coercitiva sob ameaça de penalidades religiosas cuja gravidade se conhece. Por exemplo, cada contratante pronuncia uma palavra que o compromete e uma fórmula pela qual ele invoca sobre sua cabeça determinadas maldições divinas caso não cumpra seu compromisso. Com muita freqüência, sacrifícios, ritos mágicos de todos os tipos vêm reforçar ainda mais a virtude coercitiva das palavras assim pronunciadas.

Essa é a origem dos contratos formalistas e solenes. O que os caracteriza é o fato de só obrigarem se as partes se comprometerem de acordo com uma fórmula determinada, solene, da qual ninguém pode se furtar. É a fórmula que cria a obrigação. Por esse sinal, reconhecemos um caráter essencial das fórmulas mágicas e religiosas. A fórmula jurídica não é mais que um sucedâneo do formalismo religioso. Quando palavras definidas, colocadas numa ordem definida, têm uma influência moral, que elas perdem se são outras ou se são simplesmente pronunciadas numa outra ordem, podemos ter certeza de que têm ou tiveram um sentido religioso e de que devem seu privilégio a causas religiosas. Pois só a palavra religiosa tem essa ação sobre as coisas e sobre os homens. No que se refere aos romanos em particular, um fato tende a mostrar o quanto os contratos, originalmente, tinham caráter religioso: é o uso do *sacramentum*. Quando dois contratantes discordavam quanto à natureza de seus respectivos direitos e deveres, depositavam num templo uma quantia de dinheiro, que variava segundo a importância do litígio; era o *sacramentum*. Quem perdia o processo perdia também a quantia que havia depositado. Uma multa lhe era infligida em proveito da divindade, o que supõe que a tentativa que fizera era considerada uma ofensa aos deuses. Estes eram, portanto, parte presente no contrato.

Vemos agora com que lentidão se formou a noção de contrato. O *blood-covenant*, os contratos reais não são verdadeiros contratos. O contrato solene se aproxima mais dele. Pois nesse caso, uma vez que as vontades em confronto se afirmaram por palavras acompanhadas das fórmulas consagradas, o compromisso é sagrado. Todavia, mesmo nesse caso, o valor moral do compromisso não nasce diretamente do consentimento das vontades, mas da fórmula empregada. Se não há a solenidade, não há contrato. Veremos na próxima lição as outras etapas que o direito contratual teve de percorrer para chegar a seu estado atual.

DÉCIMA SEXTA LIÇÃO
A MORAL CONTRATUAL (*continuação*)

Vimos na última lição a dificuldade com que as sociedades chegaram à noção de contrato. Todos os direitos e todos os deveres estão ligados a um estado realizado, seja das coisas, seja das pessoas; ora, no contrato propriamente dito, é um estado a se realizar e simplesmente concebido que está na origem da obrigação. Não há aquisição ou dado senão uma afirmação da vontade. Como uma tal afirmação pode obrigar a vontade de que ela emana? Dir-se-á que no contrato duas vontades estão em confronto e que, de certa forma, elas se vinculam mutuamente; que de alguma maneira se tornaram solidárias e que essa solidariedade não deixa inteira sua liberdade? Mas em que a promessa feita por meu contratante de cumprir determinada prestação se, por meu lado, eu cumprir determinada outra, pode me obrigar a cumprir esta última e vice-versa? Não é porque o outro se comprometeu comigo que meu compromisso com ele é mais obrigatório ou menos. Um não é de natureza diferente do outro; e, se nenhum dos dois tem em si prestígio moral que coaja a vontade, sua participação não lhes poderia dá-lo. Aliás, para que haja contrato, não é necessário que haja compromisso de prestações recíprocas. Existem contratos unilaterais. O contrato de doação, o contrato de penhor, não implicam troca. Se declaro, nas condições presentes, dar determinada quantia ou determinado objeto a determinada pessoa, sou obrigado a executar minha promessa mesmo que nada tenha recebido em troca. Nesse caso, portanto, é a simples afirmação de minha vontade, sem nenhuma afirmação recíproca, que me obriga. De onde lhe vem esse privilégio?

Os povos só chegaram muito lentamente a dotar a simples manifestação da vontade de uma tal eficácia jurídica e moral. Quando as mutuações, as trocas se tornam mais freqüentes, a necessidade de relações contratuais começa a se fazer sentir, criam-se atalhos para satisfazer a ela. Sem instaurar um direito novo, houve um esforço para fazer o direito estatutário dobrar-se a essas novas necessidades. O princípio adotado foi o seguinte. Desde que as partes estivessem de acordo, estabelecia-se imediatamente um estado, quer das coisas, quer das pessoas, que se tornava então a fonte das obrigações ulteriores. Por exemplo, um dos contratantes cumpria a prestação à qual se comprometera: a partir de então, havia algo estabelecido, algo realizado que obrigava a outra parte. O vendedor entregava a coisa; essa coisa, que nessas condições entrava no patrimônio do comprador, obrigava este último, em virtude da regra, admitida por toda parte embora sancionada diferentemente segundo as sociedades, de que não se pode enriquecer à custa de outrem. Ou então, assim que se estabeleciam as condições do acordo, os contratantes submetiam-se a uma operação que criava entre eles uma espécie de parentesco *sui generis*, e esse parentesco adquirido é que criava entre eles todo um sistema de direitos e deveres. Por esses dois procedimentos, uma mudança se introduz assim no direito estatutário em conseqüência de um acordo das vontades, e assim os vínculos formados têm um caráter contratual. Mas esses vínculos não são o produto do acordo das vontades; e nesse sentido não há ainda contrato verdadeiro. Nos dois casos, o consentimento por si só não tem o poder de obrigar; pelo menos ele só engendra direitos através de um intermediário. É um estado estabelecido seja das coisas, seja das pessoas, que se segue imediatamente ao acordo e que, só ele, faz com que esse acordo tenha conseqüências jurídicas. Enquanto a prestação não tiver sido feita, pelo menos parcialmente, enquanto os contratantes não tiverem misturado seu sangue ou se sentado à mesma mesa, estarão livres para voltar atrás em sua decisão. A afirmação da vontade por si só é destituída, portanto, de toda eficácia. O direito estatutário foi usado para atingir mais ou menos os efeitos produzidos pelo direito contratual; mas este ainda não nasceu.

Porém há um outro caminho pelo qual os homens conseguiram aproximar-se mais dele. De toda maneira, as vontades só podem se ligar por obrigação sob a condição de se afirmar exteriormente, de se produzir fora. É preciso que sejam conhecidas para que a sociedade possa atribuir-lhes um caráter moral. Essa afirmação, essa manifestação exterior se faz com ajuda de palavras. Ora, as palavras, por sua vez, são algo real, material, realizado, que se pode munir de uma virtude religiosa graças à qual, uma vez ditas, elas terão o poder de vincular e de coagir aqueles que as tenham pronunciado. Para isso, basta que sejam pronunciadas segundo certas formas e em certas condições religiosas. A partir de então, tornam-se sagradas.

Ora, concebe-se muito bem que palavras, uma vez que adquiram esse caráter sagrado, imponham o respeito aos que as disseram. Elas têm o mesmo prestígio de que são dotadas as pessoas e as coisas que são objeto de direitos e de deveres. Portanto, também podem ser uma fonte de obrigações. Um dos meios de lhes conferir essa qualidade, e portanto essa força obrigatória, é o juramento, ou seja, a invocação de um ser divino. Por essa invocação, esse ser torna-se o fiador das promessas feitas ou trocadas, está presente nelas, comunica-lhes algo de si mesmo e dos sentimentos que ele inspira. Faltar-lhes é ofendê-lo, é expor-se à sua vingança, ou seja, a penas religiosas que aparecem para o fiel como tão certas e tão infalíveis quanto as penas pronunciadas, mais tarde, pelos tribunais. Nessas condições, depois que as palavras saíram da boca do contratante, já não são dele, tornaram-se exteriores a ele, pois mudaram de natureza. Elas são sagradas e ele é profano. Por conseguinte, subtraíram-se ao seu arbítrio. Embora venham dele, já não dependem dele. Ele já não pode mudá-las, é obrigado a executá-las. O juramento é também um meio de transmitir às palavras, ou seja, às manifestações diretas da vontade humana essa espécie de transcendência que todas as coisas morais apresentam. Ele também as separa, por assim dizer, do sujeito de que provêm e faz delas algo de novo que se impõe a ele.

Essa é, sem dúvida, a origem dos contratos solenes e formais. O que os caracteriza é serem validados apenas se certas fórmulas determinadas são pronunciadas. Ninguém pode afastar-se disso; caso contrário o contrato não tem força obrigatória. Ora, por esse sinal reconhecemos um caráter essencial das fórmulas mágicas e religiosas. Quando a palavras definidas, arranjadas numa ordem definida, é atribuída uma virtude que elas perdem mediante a introdução de qualquer mudança, pode-se ter certeza de que elas têm ou tiveram um sentido religioso e que devem seu privilégio a causas religiosas. Pois só a palavra religiosa pode ter essa ação sobre os homens e sobre as coisas. O formalismo jurídico não é mais que um sucedâneo do formalismo religioso. Aliás, no que se refere aos germânicos, a palavra que designa o fato de formar um contrato solene é *adhramire* ou *arramire*, que se traduziu por: *fidem jurejurendo facere.* Em outra parte, encontra-se combinada com *sacramentum*: *Sacramenta quae ad palatium fuerunt adramita*. *Adramire* é fazer uma promessa solene com juramento. É infinitamente provável que, originalmente, a *stipulatio* romana tivesse essa mesma característica. É um contrato que se formava com *verbis*, ou seja, por meio de fórmulas determinadas. Ora, para quem sabe até que ponto o direito romano era, no princípio, coisa religiosa e pontifical, não há dúvida de que esses *verba* foram primeiramente fórmulas rituais destinadas a dar ao compromisso um caráter sagrado. Certamente eram pronunciados diante de sacerdotes e talvez em lugares sagrados. As palavras solenes, aliás, não eram chamadas palavras sacramentais?

Mas é provável que, se não sempre, pelo menos com muita freqüência, ritos verbais não fossem suficientes para consagrar as palavras trocadas, para torná-las irrevogáveis; além deles eram empregados ritos manuais. Essa é a origem, talvez, do *denier à Dieu**. O *denier à Dieu* era uma moeda que um dos contratantes dava ao outro quando o negócio se concluía. Não era um adiantamento sobre o

---

* Literalmente, “dinheiro para Deus”. (N. da T.)

preço, uma espécie de sinal, pois era um suplemento fornecido por uma das partes o qual não era imputado à quantia a ser paga posteriormente. Portanto, não parece possível considerá-lo uma execução parcial, como a que se observa nos contratos reais. Ela deve ter um sentido. Ora, geralmente era empregada em usos religiosos; aliás, é o que indica seu nome: *denier à Dieu*. Então, não seria antes uma sobrevivência de alguma oferenda destinada a, de certa forma, interessar a divindade pelo contrato, a fazê-la participar da convenção, o que é uma maneira tão eficaz quanto a palavra de invocá-la e consagrar assim os compromissos formulados?

Tudo indica que o mesmo ocorre quanto ao rito da *palhinha*. Na lição anterior, achamos que se tratava de uma sobrevivência do contrato real. Mas é um erro. De fato, nada autoriza a crer que ele seja menos antigo do que este último; por conseguinte, não há prova de que tenha derivado dele. Além disso, o que se opõe mais ainda a essa aproximação é que o pedacinho de palha, ou *festuca*, cuja entrega consagrava o compromisso contraído, era oferecido não pelo futuro credor, mas pelo futuro devedor. Portanto não era, como a tradição do contrato real, uma prestação cumprida, total ou parcialmente, pois a prestação devida pelo devedor permanecia integralmente por ser efetuada. Uma tal operação não podia ter por efeito obrigar o credor para com o devedor, mas antes obrigar este último com relação ao credor. Enfim, o contrato solene dos romanos, aquele que se formava *verbis*, ou seja, por meio de fórmulas consagradas, tinha o nome de *stipulatio*. Ora, a palavra *stipulatio* vem de *stipula*, que também significa palhinha. E "*Veteres, quando sibi aliquid promettebant, stipulam tenentes frangebant*". O emprego da *stipula* ainda era popular até uma época muito avançada. Portanto, é porque ela tinha relação estreita com o contrato verbal solene. Os dois procedimentos parecem inseparáveis. Quanto ao sentido exato desse rito, é difícil dizê-lo. Evidentemente, ele significava uma espécie de homenagem de vassalagem do devedor ao credor, que ligava por obrigação o primeiro ao segundo. Ele fazia passar ao credor algo da personalidade jurídica do devedor, algo de seus direitos. Isso tende a me fazer crer que é esse o sentido, a natureza da operação que tomou seu lugar depois da Idade Média. A *festuca*, de fato, não sobreviveu à época franca. Foi substituída por um gesto da mão. Quando se tratava de um compromisso que devia ser assumido com uma pessoa determinada, o futuro devedor colocava suas mãos nas do credor. Quando se tratava simplesmente de uma promessa unilateral, de um juramento afirmativo, a mão era colocada sobre relíquias, ou erguida (para o céu, para tomá-lo por testemunha?). Sentimos melhor aqui o caráter religioso, até místico desses gestos, uma vez que ainda não desapareceram de nossos usos; e, por outro lado, não há dúvida de que tinham por objetivo criar um vínculo. Isso é particularmente perceptível em dois tipos de contrato de importância primordial. Em primeiro lugar, está o contrato feudal que unia o homem ao senhor. Para prestar fé e homenagem, o homem se ajoelhava e punha as mãos entre as mãos do senhor, prometia-lhe fidelidade. A mesma prática se encontra no contrato dos noivados. Era pela junção das mãos que os noivos se prometiam casamento, e o ritual do casamento católico ainda conserva traços disso. Ora, sabe-se que o contrato de noivado era obrigatório.

Já não temos condições de dizer exatamente quais são as crenças religiosas que estão na base dessas práticas. No entanto, das comparações que precedem se depreendem algumas indicações gerais. A imposição ou a junção das mãos é um sucedâneo da tradição da *festuca*, e ambas devem, por conseguinte, ter um mesmo sentido e um mesmo objetivo. Ora, o rito da imposição das mãos é muito conhecido. Não há religião que não o tenha empregado. Para abençoar, consagrar um objeto qualquer, o padre coloca as mãos sobre a cabeça; para um indivíduo se desvencilhar de seus pecados, ele coloca a mão sobre as vítimas que depois sacrifica. O que há de impuro nele, em sua personalidade, se foi, transmitiu-se ao animal e foi destruído com ele. É por um procedimento do mesmo tipo que a vítima imolada, ao contrário, para fazer homenagem a alguma divindade torna-se representativa da pessoa que a imola ou manda imolá-la, etc. Os homens se representavam então a personalidade como uma transmissão, seja na totalidade, seja por partes determinadas; e, evidentemente, as práticas de que acabamos de falar têm por função produzir algumas transmissões desse tipo. Sem dúvida, quando as estudamos com as idéias de hoje, somos levados a ver nelas apenas símbolos, maneiras de figurar alegoricamente os vínculos que se contraem. Mas, em regra geral, as práticas nunca assumem essas características simbólicas de início; o simbolismo, para elas, é uma decadência que chega quando seu sentido primitivo se perde. Elas começam sendo não sinais, mas causas eficazes das relações sociais; elas as engendram e só mais tarde caem no estado de simples indícios exteriores e materiais. A tradição que está na base do contrato real é conhecida por ser uma tradição real, e é ela que constitui o contrato, que lhe confere sua virtude obrigatória. É muito mais tarde que ela se torna um simples meio de provar materialmente a existência do contrato. O mesmo ocorre quanto aos usos de que acabamos de falar. Convém aproximá-los do *blood-covenant.* Também eles têm por efeito vincular os contratantes afetando sua personalidade moral. Talvez a palmada, o *Handshlag* tenha a mesma origem.

Assim, os contratos desse tipo constituem-se de dois elementos: um núcleo verbal, a fórmula, depois os ritos materiais. Desse modo já estão mais próximos do contrato verdadeiro do que do contrato real. Pois, se práticas intermediárias ainda são necessárias para que o consentimento tenha efeitos jurídicos, pelo menos essas práticas vinculam diretamente as vontades em confronto. Com efeito, essas práticas intercaladas não consistem numa prestação efetiva, nem mesmo parcial, do que constitui o objeto do contrato. Sejam quais forem as solenidades empregadas, os compromissos assumidos pelas duas partes estão inteiramente a serem cumpridos, mesmo depois de realizadas essas solenidades. De ambas as partes, só há promessas, e no entanto essas promessas comprometem os dois contratantes. Não é o que ocorre no contrato real, uma vez que um dos dois contratantes já executou sua promessa, totalmente ou não; há uma das duas vontades que já não está no estado de vontade, uma vez que se realizou. É verdade que o *blood-covenant* tinha a mesma vantagem. Apenas é fácil conceber que esse rito excepcionalmente complicado só pode servir para grandes ocasiões, não para detalhes da vida. Não pode ser empregado para garantir as compras e as vendas que se produzem cotidianamente. Só é utilizado quando se trata de criar uma associação duradoura.

Além do mais, o contrato solene era suscetível de um fácil aperfeiçoamento, que de fato se produziu no decorrer da história. Os ritos materiais que constituem como que seu revestimento exterior tendem cada vez mais a se exaurir, de certo modo, e a desaparecer. Em Roma, esse aperfeiçoamento se realizou já na época clássica. As formalidades exteriores da *stipulatio* são apenas uma lembrança cujos traços só os eruditos encontram nos costumes populares, no folclore da época ou na própria composição da palavra. Mas elas já não são necessárias para que a *stipulatio* seja válida. Esta consiste exclusivamente na fórmula consagrada que os dois contratantes devem pronunciar com exatidão religiosa. O mesmo fenômeno se produziu nas sociedades modernas sob influência do cristianismo. A Igreja tendeu cada vez mais a fazer do juramento a condição necessária e suficiente da validade do contrato, sem outras formalidades. Assim, o intermediário entre o acordo das vontades e a obrigação de realizar esse acordo ia se tornando cada vez menos importante. Uma vez que as palavras são a expressão imediata da vontade, já não restavam, como condições exteriores ao próprio consentimento, senão o caráter determinado da fórmula em que esse consentimento devia se exprimir e as virtudes especiais e as características particulares ligadas a essa fórmula. Quando essa virtude se reduzir a nada e, por conseguinte, já não houver exigência relativa à forma verbal empregada pelos contratantes e o contrato propriamente dito, o contrato consensual terá nascido.

É a quarta etapa pela qual passou essa evolução. Como, então, o contrato conseguiu se desvencilhar desse último elemento extrínseco e adventício? Vários fatores interferiram para produzir esse resultado.

Em primeiro lugar, o desenvolvimento das trocas, sua freqüência, sua variedade, dificilmente podiam conformar-se ao formalismo constrangedor do contrato solene. Por via de contrato travavam-se novas relações às quais as fórmulas estereotipadas, consagradas pela tradição, não podiam convir. Era preciso que as operações jurídicas se tornassem mais flexíveis para poder tomar a forma da vida social. Quando as compras e as vendas são atos incessantes, quando não há, por assim dizer, um instante de folga do comércio, não se pode pedir a cada comprador e a cada vendedor que preste juramento, que recorra a esta ou aquela fórmula definida, etc. O caráter cotidiano, a continuidade dessas relações excluíam forçosamente toda a sua solenidade, e chegou-se assim, naturalmente, a buscar meios de diminuir o formalismo, de aliviá-lo ou até de fazê-lo desaparecer. Mas essa explicação não é suficiente. Pois do fato de se sentir a necessidade de buscar esses meios não se seguia que fossem encontrados. É preciso indicar como eles se apresentaram ao espírito público no momento em que foram necessários. Não basta que uma instituição seja útil para que ela saia do nada no momento desejado; é preciso que se tenha do que fazê-la, ou seja, que as idéias existentes o permitam, que as instituições existentes não se oponham ou até que forneçam a matéria indispensável para formá-la. Assim, não bastava que o contrato consensual fosse requerido pelos avanços da vida econômica; era preciso também que o espírito público estivesse pronto para conceber sua possibilidade. Uma vez que, até então, parecia que as obrigações contratuais só pudessem resultar de solenidades determinadas ou da tradição da coisa, era necessário que ocorresse uma mudança das idéias que permitisse atribuir-lhes outra origem. Eis como podemos conceber as maneiras pelas quais se realizou esta última transformação.

O que se opunha já de início à concepção do contrato consensual? Era o princípio de que toda obrigação jurídica parecia só poder ter origem em um estado realizado seja das coisas, seja das pessoas. Em si, esse princípio é incontestável. Todo direito tem uma razão de ser, e essa razão de ser só pode consistir em algo definido, ou seja, num fato estabelecido. Mas será impossível que simples declarações de vontade satisfaçam a essa exigência? De modo nenhum. Sem dúvida, elas não podem preencher essa condição se a vontade que se afirmou continua livre para voltar atrás. Pois, então, ela não poderia constituir um fato estabelecido, uma vez que não se sabe em que sentido afinal ela irá se manifestar; não se pode dizer com certeza o que ela é nem o que será. Por conseguinte, nada de definido pode resultar dela, nenhum direito pode nascer. Mas imagine-se que a vontade do contratante se afirme de tal maneira que não possa voltar atrás em sua afirmação. Então esta tem todas as características do fato estabelecido, realizado, suscetível de engendrar conseqüências do mesmo tipo, pois ela é irrevogável. Se me comprometo a lhe vender ou alugar determinado objeto, de tal maneira que uma vez assumido esse compromisso eu já não tenha o direito nem o meio de rompê-lo, suscito em você, por isso mesmo, um estado mental igualmente muito determinado, diante da certeza que você pode ter com relação ao que farei. Você conta, e pode contar legitimamente com a prestação prometida; você tem o direito de considerar que ela ocorrerá e você age ou pode agir de acordo com isso. Você toma determinada decisão, faz determinada compra ou determinada venda em razão dessa certeza legítima. Se, portanto, de repente eu a retiro de você, causo-lhe um problema tão grave quanto se viesse lhe retirar depois de entregue a coisa que lhe entreguei formando com você um contrato real; mudo sua base mental, torno vãs as operações que você pode ter efetuado baseado na fé à palavra dada. Percebe-se que a moral se opõe a esse engano injustificado.

Ora, no contrato solene, a condição que acabamos de dizer é preenchida: a irrevogabilidade da vontade é assegurada. É a solenidade do compromisso que lhe confere esse caráter, consagrando-o e fazendo dele, assim, algo que já não depende de mim, embora provenha de mim. A outra parte, portanto, tem razões para contar com minha palavra (e reciprocamente, se o contrato é bilateral). Ela tem moralmente, juridicamente, o direito de considerar que a promessa deve ser necessariamente mantida. Se, então, venho a faltar com ela, violo dois deveres ao mesmo tempo: 1.º cometo um sacrilégio, pois violo um juramento, profano uma coisa sagrada, realizo um ato que me é religiosamente proibido, transgrido o domínio das coisas religiosas; 2.º leso o outro em sua posse tanto quanto lesaria um vizinho em seu domínio; eu o prejudico ou posso prejudicá-lo. Ora, a partir do momento em que o direito do indivíduo é suficientemente respeitado, não é permitido causar ao indivíduo um mal imerecido. Assim, no contrato solene, o vínculo formal entre os contratantes é duplo: estou ligado por meu juramento aos deuses; tenho para com eles uma obrigação de cumprir minha promessa. Mas também estou vinculado ao outro porque meu juramento, alienando minha palavra, exteriorizando-a, permite ao outro apoderar-se definitivamente dela como de uma coisa. Há assim dupla resistência a que tais contratos possam ser violados, tanto da parte do direito arcaico e religioso como da parte do direito recente e humano.

Percebe-se agora como as coisas devem ter acontecido. É o segundo desses elementos que, desligado, completamente desvencilhado do primeiro (as formas solenes), tornou-se o contrato consensual. As necessidades de uma vida mais ativa tendiam a reduzir a importância das solenidades. Ao mesmo tempo, por outro lado, a diminuição da fé fazia com que se lhes desse menos valor; aos poucos o sentido de muitas delas se perdia. Portanto, se no contrato solene houvesse apenas os vínculos jurídicos engendrados pelas solenidades, uma tal evolução teria resultado numa regressão verdadeira do direito contratual, e os compromissos contraídos passariam a não ter base. Mas acabamos de ver que havia um outro que, ele sim, podia sobreviver: o que tem raízes no direito do indivíduo. É verdade que esse segundo vínculo depende do primeiro; pois, se já há fato estabelecido, se a palavra assume um caráter objetivo que a subtrai à disposição do contratante, é porque houve juramento. Todavia esse resultado, uma vez produzido dessa maneira, pode ser obtido por outros meios? Basta estabelecer que a simples declaração de vontade, quando era feita sem reservas, sem reticências, sem condições hipotéticas, quando, em suma, apresentava a si mesma como irrevogável, era irrevogável; então ela podia, dessa maneira, produzir aos olhos dos indivíduos o mesmo efeito que quando era cercada de solenidades, tinha a mesma força obrigatória. Isso significa que o contrato consensual existia. Ele nasceu, portanto, do contrato solene. Este ensinara aos homens que compromissos podiam ser assumidos de maneira definitiva; apenas esse caráter definitivo resultava de operações litúrgicas e formalistas. Desligava-se da causa que o produzira primitivamente para ligar-se a uma outra, e surgia um novo contrato, ou melhor, o contrato propriamente dito. O contrato consensual é um contrato solene do qual se conservam os efeitos úteis embora obtendo-os de outra maneira. Se o segundo não tivesse existido, não se teria tido a idéia do primeiro, não se teria tido a idéia de que a palavra de honra, que é fugaz e revogável para todos, pudesse ser assim fixada, substancializada. Porém, enquanto o contrato solene só se fixava por procedimentos mágicos ou religiosos, no contrato consensual a palavra adquiria a mesma fixidez, a mesma objetividade por efeito unicamente da lei. Para compreender esse contrato, não se deve portanto partir da natureza da vontade ou da palavra que o exprime; nada há na palavra que possa obrigar quem a pronuncia. A força obrigatória, os atos são fornecidos de fora. Foram crenças religiosas que fizeram a síntese; depois, uma vez feita, ela se manteve por outras razões, porque era útil.

É claro, por outro lado, que essa explicação simplifica as coisas para torná-las mais inteligíveis. Não é que um belo dia o formalismo tenha sido ab-rogado e o novo princípio estabelecido. Mas as solenidades foram perdendo terreno muito lentamente, sob a dupla influência que mostramos: exigências novas da vida econômica, obscurecimento das idéias que estavam na base dessas solenidades. E foi também muito lentamente que a nova regra se desfez do invólucro formalista que a encobria, à medida que tal necessidade se tornava mais premente e as antigas tradições lhe opunham menos resistência. A luta entre os dois princípios é muito longa. Os contratos reais e solenes continuaram sendo a base de um direito contratual romano que se conservaria apenas para determinados casos. E até uma época muito avançada da Idade Média encontram-se traços muito perceptíveis das antigas concepções jurídicas.

Aliás, o contrato solene não desapareceu. Não há código em que ele não tenha, ainda, aplicações. E o que precede nos faz compreender a que correspondem essas sobrevivências. O contrato solene vincula os homens duplamente, ele obriga uns aos outros; vincula-os seja à divindade, quando é a divindade que participa do contrato, seja à sociedade, quando é a sociedade que interfere pela pessoa de seus representantes; e sabe-se que a primeira não é mais do que a forma simbólica da segunda. Assim, o contrato solene vincula muito mais fortemente do que qualquer outro. E por isso ele é de regra todas as vezes que os vínculos formados são particularmente importantes, como no caso do casamento. Se o casamento é um contrato solene, não é apenas porque as solenidades facilitam a prova, definem as datas, etc. É antes de tudo porque esse vínculo, tendo criado altos valores morais, não pode ser abandonado livremente à arbitrariedade dos contratantes. É para que um poder moral que lhe é superior venha participar da relação que se forma[1]...

1. Seguem-se seis linhas indecifráveis, que parecem poder ser suprimidas sem prejuízo. (N. ed. fr.)

DÉCIMA SÉTIMA LIÇÃO

O DIREITO CONTRATUAL (*final*)

O contrato consensual é, definitivamente, como que o termo, o ponto em que convergiram, ao se desenvolver, o contrato real, por um lado, e o contrato verbal solene, por outro. No contrato real, há tradição de uma coisa, e é essa tradição que engendra a obrigação; porque recebi determinado objeto que você me cedeu torno-me seu devedor. No contrato solene, não há prestação efetuada; tudo acontece em palavras, geralmente acompanhadas de certos gestos rituais. Mas essas palavras são pronunciadas de tal modo que, assim que saem da boca do promitente, tornam-se como que exteriores a ele; são subtraídas *ipso facto* a seu arbítrio; ele já não tem ação sobre elas; elas são o que são e ele já não pode mudá-las. As palavras tornaram-se assim uma verdadeira coisa. Mas então também são suscetíveis de tradição; também podem, de certo modo, ser alienadas, transferidas para outrem como as coisas materiais que compõem nosso patrimônio. Expressões que ainda são comumente empregadas – dar sua palavra, alienar sua palavra – não são simples metáforas: correspondem a uma verdadeira alienação. Nossa palavra, uma vez que é dada, já não é nossa. No contrato solene, essa tradição já era realizada, mas era subordinada às operações mágico-religiosas, de que já falamos, e que eram as únicas a torná-lo possível, pois eram essas operações que objetivavam a palavra e a resolução do promitente. Quando essa tradição se desvencilha, quando se liberta dos ritos que a condicionavam antes, quando constitui por si só todo o ato contratual, nasce o contrato consensual. Ora, uma vez estabelecido o contrato solene, essa redução e essa simplificação deviam operar-se por si mesmas. Por um lado, uma regressão das solenidades verbais ou outras produziu-se ao mesmo tempo por uma espécie de decadência espontânea e sob a pressão das necessidades sociais que reclamavam maior rapidez nas trocas; por outro lado, os efeitos úteis do contrato solene podiam ser obtidos (em medida suficiente) por um outro meio que não essas solenidades; bastou que a lei declarasse irrevogável qualquer declaração de vontade que se apresentasse como tal: essa simplificação foi admitida ainda mais facilmente porque, pelo correr natural do tempo, as práticas que se economizaram tinham perdido grande parte de seu sentido e de sua autoridade primitiva. Sem dúvida, o contrato assim reduzido não podia ter a mesma força obrigatória que o contrato solene, uma vez que neste último os indivíduos estão duplamente vinculados: vinculados ao poder moral que interfere no contrato e vinculados uns aos outros. Mas, justamente, a vida econômica tinha necessidade de que os vínculos contratuais perdessem um pouco de sua rigidez; para que pudessem formar-se com facilidade, era preciso que apresentassem um caráter mais temporal, que o ato que tinha por objetivo firmá-los deixasse de aparecer como marcado por uma gravidade religiosa.

Bastou reservar o contrato solene para os casos em que a relação contratual apresentava uma importância particular.

Esse é o princípio do contrato consensual: consiste, definitivamente, em substituir a tradição material do contrato real por uma tradição simplesmente oral e até, mais exatamente, mental e psíquica, como veremos. Assim, uma vez estabelecido, ele substituiu totalmente o contrato real, que, então, já não tinha razão de ser. Sua força obrigatória não era maior e, por outro lado, suas formas eram inutilmente complicadas e gerais. Por isso ele não deixou traços em nosso direito atual, ao passo que o contrato solene subsiste nele, ao lado do contrato consensual que derivou dele.

À medida que esse princípio se estabelece, ele determina na instituição contratual diversas modificações que, pouco a pouco, mudarão sua fisionomia.

O regime do contrato real e do contrato solene corresponde a uma etapa da evolução social em que o direito dos indivíduos ainda era apenas escassamente respeitado. O resultado era que os direitos individuais envolvidos em todo contrato eram escassamente protegidos. Sem dúvida, acontece com muita freqüência que o devedor recalcitrante sofra uma pena: espancamento, prisão, multa. Na China, por exemplo, ele recebe um certo número de varadas de bambu; mesmo costume no Japão; segundo o velho direito hindu, a pena é pecuniária. Mas a regra segundo a qual a verdadeira sanção consiste em obrigar os contratantes seja a cumprir sua palavra, seja a reparar o dano que possam ter causado à outra parte faltando ao compromisso assumido, essa regra é então desconhecida. Em outras palavras, o contrato só é sancionado na medida em que aparece como um atentado contra a autoridade pública, mas a maneira pela qual ele afeta os particulares não é levada em consideração. Os danos privados que ele causa não são previstos de modo nenhum. Disso resultava que o credor não tinha nenhuma garantia de obter o pagamento da dívida. É a essa situação, sem dúvida, que se deve atribuir um costume curioso observado entre diferentes povos, mas particularmente na Índia e na Irlanda, por essa razão conhecido pelo nome que, na Índia, serve para designá-lo: o *dhârna*. O credor, para coagir o devedor a quitar sua dívida, vem instalar-se à porta deste último e ameaça deixar-se morrer de fome caso não seja reembolsado. E, é claro, para que a ameaça fosse levada a sério, era preciso que o credor estivesse decidido a jejuar e, se fosse o caso, ir até o fim, ou seja, até o suicídio. Enumerando os meios legais para coagir o devedor, Marion diz: "Em quarto lugar, há o jejum quando o credor vai até a porta do devedor e lá se deixa morrer de fome." A eficácia desse estranho procedimento está ligada às crenças e aos sentimentos de que são objeto os mortos. Sabe-se o quanto eles são temidos. São forças às quais os vivos não podem escapar. Por isso, muitas vezes acontece, nas sociedades inferiores, que haja suicídios por vingança. Acredita-se que é muito mais seguro vingar-se do inimigo matando a si mesmo do que matando-o. É principalmente um meio de vingança que os fracos podem usar contra os fortes. Alguém que nada poderia nesta vida contra um personagem poderoso é sempre capaz de substituir a vingança terrestre que não pode tirar do inimigo por uma vingança de além-túmulo considerada mais terrível e, sobretudo, infalível. Até não seria impossível que, no caso do *dhârna* propriamente dito, o suicídio tivesse por objetivo comum murar o devedor em sua casa conferindo ao limiar uma característica mágica que o tornasse intransponível. É no limiar, de fato, que o credor se senta, é lá que ele morre; portanto lá irá ficar seu espírito uma vez separado de seu corpo. Ele vigiará esse limiar e se oporá a que seu proprietário atual o transponha. Pelo menos, só poderá transpô-lo correndo grandes perigos. Portanto, é como um confisco da casa pelo morto; uma espécie de tomada póstuma.

Esse costume demonstra evidentemente que, para se fazer reembolsar, o credor está abandonado a si mesmo. De resto, mesmo no direito germânico, é ele mesmo que deve fazer o confisco. A lei ordena, é verdade, que o devedor o deixe fazê-lo; mas a autoridade não intervém pelos particulares e nem mesmo lhes dá assistência. É porque, então, o vínculo preciso que está no contrato não tinha um caráter moral muito acentuado; só o adquiriu no contrato consensual, pois neste ele é a íntegra da relação que se forma. Então a sanção dos contratos consiste essencialmente não em vingar a autoridade pública da desobediência pelo devedor recalcitrante, mas garante às duas partes a realização plena e direta dos direitos adquiridos por elas.

Mas não apenas as sanções, ou seja, a organização exterior do direito contratual, foram modificadas. A estrutura interior foi inteiramente transformada.

Em primeiro lugar, o contrato solene, assim como o contrato real, só podia ser unilateral. No segundo, o caráter unilateral resultava do fato de que uma das partes cumpria prestações indiretamente; portanto, não podia estar vinculada à outra. Só havia um devedor (o que havia recebido) e um credor (o que havia entregue a coisa). Nos contratos solenes ocorria o mesmo, pois o contrato solene implica um sujeito que promete e um sujeito que recebe a promessa. Por exemplo, em Roma um pergunta: "Prometes fazer ou dar isto ou aquilo?" O outro responde: "Prometo." Para criar um vínculo bilateral, ou seja, para haver troca no decorrer do contrato, para cada contratante ser ao mesmo tempo devedor e credor, eram necessários dois contratos diferentes e independentes um do outro; pois a distribuição dos papéis era totalmente diferente em um e no outro. Havia necessariamente uma verdadeira inversão. Aquele que falava primeiro como estipulante ou credor falava depois como devedor ou promitente, e vice-versa. A independência das duas operações era tal que a validade de uma era totalmente distinta da validade da outra. Suponhamos, por exemplo, que eu tenha me comprometido solenemente a pagar para Primius uma certa quantia como preço pelo assassínio que, por sua vez, ele se comprometeu a cometer; essa obrigação recíproca irá se formar, sob o regime de um contrato solene, graças a dois contratos unilaterais sucessivos. Começarei por prometer solenemente uma quantia de dinheiro a Primius, que aceitará; aqui, sou promitente e ele é estipulante, e não se fala no assassínio a ser cometido. Depois, por um outro contrato, ele prometerá perpetrar o assassínio, a meu pedido. Ora, o segundo contrato é ilícito, pois sua causa é imoral. Mas o primeiro é perfeitamente lícito: o direito romano considerava válida por si mesma a promessa de pagar a quantia de dinheiro e era preciso recorrer a um atalho jurídico para evitar suas conseqüências. Um tal sistema, portanto, não se prestava facilmente às trocas, às relações bilaterais ou sinalagmáticas. De fato, entre os germânicos, os contratos sinalagmáticos, embora não sejam desconhecidos, só aparecem como operações à vista, e uma operação à vista não é verdadeiramente contratual. Só o contrato consensual podia, de uma só vez, criar a dupla rede de vínculos constituída por toda combinação bilateral. Pois a maior flexibilidade do sistema permite a cada contratante desempenhar ao mesmo tempo o duplo papel de devedor e de credor, de estipulante e de promitente. Como já não é imperativo conformar-se rigorosamente a uma fórmula determinada, as obrigações recíprocas podem ser contratadas simultaneamente. As duas partes declaram ao mesmo tempo que consentem na troca nas condições combinadas entre elas.

Uma outra novidade importante resulta de que os contratos consensuais se tornaram necessariamente contratos de boa-fé. Dá-se esse nome aos contratos cujo alcance, cujas conseqüências jurídicas devem ser exclusivamente determinadas de acordo com as intenções das partes.

Os contratos reais e os contratos consensuais não podiam apresentar esse caráter, ou pelo menos só podiam apresentá-lo muito imperfeitamente. De fato, tanto em um caso como no outro, a obrigação não resultava pura e simplesmente do consentimento dado, da manifestação da vontade. Havia interferência de um outro fator, cuja presença era necessária para vincular as partes. Portanto, esse fator, que era até o fator decisivo, naturalmente devia afetar profundamente a natureza de suas formas e, por conseguinte, era impossível que estas pudessem depender exclusivamente, ou mesmo principalmente, do que se poderia chamar de fator psicológico, ou seja, a vontade ou a intenção. No caso do contrato real, havia a coisa de que era feita a tradição; como era dela que vinha a força obrigatória do ato, ela contribuía em grande parte para determinar o alcance da obrigação. No *mutuum* romano, empréstimo de consumo, o prestatário devia coisas de mesma qualidade que aquelas que recebera, e em igual quantidade. Em outras palavras, o tipo, a natureza, a quantidade das coisas recebidas é que determinam o tipo, a natureza, a quantidade das coisas devidas. Ora, é essa a forma primitiva do contrato real. Mais tarde, é verdade, o contrato real foi utilizado em trocas propriamente ditas em que o devedor devia não uma coisa equivalente à que recebera, mas um valor equivalente. Aqui, o papel da coisa era de menor importância. Mas o emprego do contrato real com esse objetivo é relativamente tardio; quando ele toma essa forma é que começa a nascer o contrato consensual. Assim, como dizíamos a propósito dos germânicos, enquanto este não surgiu, a troca só se fazia por operação à vista. Enfim, mesmo nesse caso, a coisa entregue não deixava de ser uma fonte de obrigação e, por conseguinte, envolvia essa obrigação. Não há por que se perguntar o que uma das partes quer entregar, o que a outra quer receber, pois a entrega está feita, a coisa está ali, com seu valor intrínseco que determina o valor que o devedor deve ao credor. O objeto fala por si mesmo e é ele que decide. – O papel desempenhado pela coisa no contrato real é preenchido pelas palavras ou os ritos empregados no contrato solene. Neste caso são as palavras empregadas, os gestos executados que constituem a obrigação; são eles também que a determinam. Para saber o que o promitente ou o devedor é obrigado a dar ou a fazer, não são nem suas intenções nem as da outra parte que devem ser consultadas. É a fórmula que ele empregou. Pelo menos é dela que deve partir a análise jurídica. Uma vez que são as palavras que vinculam, também são elas que dão a medida dos vínculos formados. Assim, mesmo no último estado do direito romano, o contrato de estipulação devia receber uma interpretação estritamente restrita. A intenção das partes, mesmo que evidente, ficava sem efeito todas as vezes que fosse impossível depreendê-la das palavras empregadas (Accarias 213). Pois, mais uma vez, a fórmula tem valor por si mesma, sua própria virtude, e essa virtude não pode depender das vontades dos contratantes uma vez que, por sua vez, ela se impõe a essas vontades. É assim que uma fórmula mágica produz seus efeitos, mecanicamente por assim dizer, e sejam quais forem as intenções dos que a empregam. Se estes sabem a maneira mais apropriada a seus interesses, tanto melhor para eles. Mas sua ação não está subordinada aos desejos deles. Por todas essas razões, a boa-fé, a intenção das partes não era levada em conta nos contratos, fossem eles reais ou solenes. Em Roma, foi só no ano 688 da fundação da cidade que se instituiu a ação *dolo*, permitindo ao contratante enganado por manobras dolosas obter a reparação do dano causado.

Mas já não podia ser assim a partir do momento em que o contrato consensual se constituiu. Nesse caso, com efeito, já não há o que intervenha na relação contratada e que afete sua natureza. Ainda há palavras, pelo menos em geral; porém essas palavras já não têm virtude por si mesmas uma vez que são destituídas de todo caráter religioso. Já não têm valor a não ser como expressão das vontades que manifestam e, por conseguinte, finalmente é o estado dessas vontades que determina as obrigações contraídas. As palavras em si mesmas já não são nada; não são mais do que sinais que é preciso interpretar, e o que significam é o estado de espírito e de vontade que os inspirou. Dizíamos, há pouco, que a expressão dar sua palavra não é totalmente metafórica. Há de fato algo que damos, que alienamos, que nos proibimos de modificar. Mas, rigorosamente falando, não são as palavras pronunciadas que se marcam assim *ne varietur*; é a resolução que elas traduzem. O que dou aos outros é minha firme intenção de agir de determinada maneira; e, por conseguinte, é essa intenção que é preciso cumprir para saber o que eu dei, ou seja, a que me comprometi. Pela mesma razão, para que haja contrato é preciso, antes de tudo, que este esteja na intenção das partes. Quando falta a intenção seja de um lado seja de outro, não pode haver contrato. Pois o que um dá é sua intenção de agir de determinada maneira, de transferir a propriedade de determinado objeto, e o que o outro afirma é sua intenção de aceitar o que lhe é assim transferido. Se a intenção está ausente, já não resta mais do que a forma do contrato, forma vazia de todo conteúdo positivo. Já não são pronunciadas mais do que palavras desprovidas de sentido, portanto desprovidas de valor. Aliás, não precisamos definir as regras segundo as quais as intenções das partes devem ser apreciadas em sua influência sobre as obrigações contratuais. Basta-nos colocar aqui o princípio geral e mostrar como o contrato consensual devia ser um contrato de boa-fé e como o contrato só podia ser de boa-fé sob a condição de ser consensual.

Vemos até que ponto o contrato consensual constitui uma revolução jurídica. O papel preponderante que nele desempenha o consentimento, a declaração de vontade, teve o efeito de transformar a instituição. Ela se diferencia das antigas formas do contrato de que descende por todo um conjunto de características definidas. Pelo simples fato de ser consensual, o contrato é sancionado, é bilateral, é de boa-fé. Mas não é só isso. O princípio no qual se baseia a instituição assim renovada contém, além do mais, o germe de todo um desenvolvimento de que devemos agora descrever a seqüência, as causas e determinar a orientação.

O consentimento pode ser dado, segundo as circunstâncias, de maneira muito diferente e, portanto, apresentar qualidades diferentes, que fazem variar seu valor e seu significado moral. Uma vez admitido que ele era a base do contrato, era natural que a consciência pública fosse levada a distinguir as diversas modalidades que ele pode assumir, a apreciá-las e a determinar, conseqüentemente, seu alcance jurídico e moral.

A idéia que domina essa evolução é a de que o consentimento só se realiza verdadeiramente, só vincula verdadeira e absolutamente aquele que consente sob a condição de ter sido dado livremente. Tudo o que diminui a liberdade do contratante diminui a força obrigatória do contrato. Essa regra não deve ser confundida com a que exige que o contrato seja intencional. Pois posso perfeitamente ter tido a vontade de contratar como fiz e, no entanto, só ter contratado coagido e forçado. Nesse caso, quero as obrigações às quais subscrevi; mas quero-as porque uma pressão se exerceu sobre mim. Diz-se nesse caso que o consentimento é viciado e que, por conseguinte, o contrato é nulo.

Por mais natural que essa idéia nos pareça, ela só surgiu muito lentamente e esbarrando em todos os tipos de resistências. Dado que, durante séculos, supunha-se que a virtude obrigatória do contrato residisse fora das partes, na fórmula pronunciada, no gesto executado, na coisa entregue, não se podia considerar que o valor do vínculo contratado dependesse do que pudesse ter ocorrido nas profundezas da consciência dos contratantes, das condições em que fora tomada sua resolução. Foi só no ano 674 de Roma, logo depois da ditadura de Sila, que se instituiu em Roma uma ação para permitir aos que tinham sido coagidos pela ameaça a contrair compromissos prejudiciais para eles que obtivessem reparação do prejuízo que lhes fora causado. A idéia foi sugerida pelo espetáculo das desordens e dos abusos de que Roma fora teatro sob o regime de terror imposto por Sila. Ela nasceu assim de circunstâncias excepcionais, às quais no entanto sobreviveu. Recebeu o nome de *actio quod metus causa*. Seu alcance, aliás, era bastante restrito. Para que o temor provocado no contratante por um terceiro pudesse dar lugar a uma rescisão do contrato, era preciso que ele tivesse por objeto um mal excepcional, de natureza tal que afetasse o mais firme dos homens; e os únicos males que se considerava corresponderem a essa definição eram a morte e os suplícios corporais. Foi em conseqüência de um abrandamento posterior que se assimilou ao temor da morte o de uma servidão imerecida, de uma acusação capital ou de um atentado ao pudor. Mas nunca se levou em conta um temor relativo à honra ou à fortuna (v. Accarias 1079).

Em nosso direito atual, a regra tornou-se ainda mais branda. O temor que vicia o contrato já não precisa ser tal que até uma alma estóica não possa defender-se dele. Basta, segundo a fórmula consagrada (art. 112), que ele seja de natureza tal que impressione uma pessoa razoável. O texto até acrescenta que se deve considerar "nessa matéria a idade, o sexo e a condição das pessoas". A violência, portanto, é muito relativa; em certos casos pode até ser muito fraca. Saímos, definitivamente, das restrições rigorosas do direito romano.

De onde provém esse preceito jurídico, cuja importância veremos adiante? Diz-se comumente que o homem é livre e que, por conseguinte, o consentimento que ele dá só lhe pode ser imputado desde que tenha sido dado livremente. Vemo-nos aqui diante de idéias análogas às que encontraremos a propósito da responsabilidade. Diz-se que, se o criminoso não cometeu um ato livremente, esse ato não vem dele e, portanto, não lhe pode ser censurado. Do mesmo modo, no caso do contrato, há uma espécie de responsabilidade que resulta da promessa que fiz, pois sou obrigado a realizar certos atos em conseqüência dessa promessa. Mas o outro a quem ela foi feita só pode dirigir-se a mim para exigir que eu a cumpra se fui eu mesmo que a fiz. Ora, se ela me foi imposta por um terceiro, não sou eu, na realidade, o responsável por ela, e conseqüentemente não poderia estar vinculado a um compromisso que um outro, de certo modo, assumiu por meu intermédio. E, se aquele que me forçou também é o que se beneficia do contrato, não há, por assim dizer, outro responsável que não ele mesmo; ou seja, o contrato desaparece.

Mas essa explicação comete, primeiro, o erro de subordinar o funcionamento de uma instituição jurídica à solução de um problema de metafísica. O homem é livre? Não é livre? É uma questão que, de fato, nunca afetou as legislações, e não é difícil explicar que elas não devem depender dela. Poder-se-ia crer, é verdade, que o estado da opinião quanto a esse ponto de controvérsia poderia, às vezes, ter contribuído para determinar desta ou daquela maneira o espírito e o texto do direito; que este muda conforme os povos acreditem ou não na liberdade. Porém a verdade é que esse problema nunca se colocou sob sua forma abstrata diante da consciência pública. Não há sociedade que não tenha acreditado ao mesmo tempo em algo análogo ao que se chama de liberdade e em algo que corresponda ao que chamamos de determinismo, sem que nunca uma dessas duas idéias tenha excluído a outra. Já no cristianismo, por exemplo, encontramos ao mesmo tempo a teoria da predeterminação providencial e a teoria de que cada fiel é o autor de sua fé e de sua moralidade.

Se, aliás, o homem é livre, parece que ele sempre terá condições de recusar seu consentimento, se quiser; então por que não sofreria as conseqüências disso? O fato é ainda mais surpreendente e inexplicável porque, no caso que nos ocupa, o caso do contrato, violências freqüentemente leves são às vezes consideradas como alterando o consentimento. Para resistir a elas não é preciso ter uma energia excepcional. Não admitimos que um homem mate outro para escapar a uma perda de dinheiro e o consideramos responsável por seu ato. No entanto, considera-se hoje que o temor de uma perda pecuniária imerecida seja suficiente para viciar um contrato e suspender as obrigações contraídas por aquele que sofreu essa violência. Entretanto a liberdade, o poder de resistir são os mesmos nos dois casos. Por que razão aqui (no caso descrito) o ato é visto como voluntário e consentido e ali ele assume natureza totalmente diferente? Enfim, há muitos casos em que o temor é intenso, em que não deixa espaço para nenhuma escolha, em que, portanto, a vontade é predeterminada e, no entanto, o contrato é válido. O comerciante que só pode escapar à falência que o ameaça contraindo um empréstimo recorre a esse meio de salvação porque não pode fazer diferente; no entanto, se o prestamista não abusou da situação, o contrato é válido moralmente e juridicamente.

Portanto, não é a maior ou menor dose de liberdade que importa: se os contratos impostos por coação direta ou indireta não são obrigatórios, não é por causa do estado em que se encontrava a vontade quando consentiu, mas é por causa dos resultados que tem necessariamente para o contratante uma obrigação assim formada. Com efeito, se ele cumpriu por pressão exterior o procedimento que o vinculou, se seu consentimento lhe foi arrancado, foi porque esse consentimento era contrário a seus interesses e às exigências justas que ele podia ter em virtude dos princípios gerais da eqüidade. A coerção não pode ter tido outro objeto e outro resultado que não o de forçá-lo a ceder uma coisa que ele não queria ceder, a fazer uma coisa que ele não queria fazer, ou ainda a ceder uma ou a fazer outra em condições que ele não queria. Uma pena, um sofrimento lhe foi assim imposto, e isso sem que ele merecesse. Ora, o sentimento de simpatia que temos pelo homem em geral se fere quando uma dor é infligida ao outro sem que ele nada tenha feito que merecesse essa dor. O único sofrimento que achamos justo é a pena, e a pena supõe um ato condenável. Todo ato que causa a nossos semelhantes um dano, sem que nada em sua conduta seja de tal natureza que diminua os sentimentos que nos inspira tudo o que é humano, nos aparece como imoral. Dizemos que é injusto. Ora, um ato injusto não poderia ser sancionado pelo direito sem contradição. Eis por que a violência torna inválido o contrato de que ela participa. Não é porque a causa determinante da obrigação é exterior ao sujeito que se obriga. Mas é porque há, para este último, um prejuízo injustificável. É, em suma, porque um tal contrato é injusto. Assim, o surgimento do contrato consensual, combinado com um desenvolvimento dos sentimentos de simpatia humana, leva os espíritos à idéia de que o contrato não era moral, de que ele só devia ser reconhecido e sancionado pela sociedade sob a condição de não ser um simples meio de explorar uma das partes contratantes, em suma, sob condição de ser justo.

Ora, se prestarmos bem atenção, veremos que esse era um princípio novo. Na realidade, é uma nova transformação da instituição. O puro contrato consensual implica, com efeito, simplesmente que o consentimento é a condição necessária, mas suficiente, da obrigação. Eis que essa nova condição se acrescenta à que tende a se tornar a condição essencial. Não basta que o contrato seja consentido, é preciso que ele seja justo, e a maneira pela qual é dado o consentimento já não é mais que o critério exterior do grau de eqüidade do contrato. O estado em que se encontram subjetivamente as partes já não é a única coisa levada em consideração; por si sós, as conseqüências objetivas dos compromissos contraídos afetam o valor desses compromissos. Em outras palavras, assim como do contrato solene havia nascido o contrato consensual, deste último sai uma forma nova. É o contrato eqüitativo. Veremos na próxima lição como esse princípio novo se desenvolveu e como, ao se desenvolver, ele está destinado a modificar profundamente a instituição atual da propriedade.

DÉCIMA OITAVA LIÇÃO
A MORAL CONTRATUAL (*final*)

Assim como do contrato solene e do contrato real nasceu o contrato consensual, deste, por sua vez, tende a resultar uma nova forma de contrato. É o contrato justo, objetivo, eqüitativo. O fato que revelou sua existência foi o surgimento da regra segundo a qual o contrato é nulo quando uma das partes deu seu consentimento sob a pressão de uma violência manifesta. A sociedade recusa-se a sancionar uma declaração de vontade que tenha sido obtida por ameaça. Qual a razão disso? Vimos o quanto parecia pouco fundada a explicação que atribui o efeito jurídico da violência ao fato de ela suprimir o livre-arbítrio do agente. Toma-se a palavra em seu sentido metafísico? Então, se é livre, o homem pode resistir livremente a todas as pressões exercidas sobre ele; sua liberdade permanece íntegra, seja qual for a ameaça de que ele seja alvo. Entende-se por ato livre simplesmente um ato espontâneo e quer-se dizer que o consentimento implica a espontaneidade da vontade que consente? Mas quantas vezes não nos acontece consentir porque somos obrigados pelas circunstâncias, forçados por elas, sem que tenhamos a faculdade de escolher? No entanto, quando são as coisas e não as pessoas que exercem essa violência sobre nós, o contrato que se forma nessas condições é obrigatório. Pressionado pela doença, sou obrigado a me dirigir a determinado médico cujos honorários são muito altos; sou tão obrigado a aceitá-los como se tivesse um revólver apontado para a garganta. Poderíamos multiplicar os exemplos. Há sempre coerção nos atos que realizamos, nos consentimentos que damos; pois eles nunca se conformam exatamente ao que desejamos. Quem diz contrato diz concessões, sacrifícios concedidos para evitar outros mais graves. A esse respeito, na maneira pela qual os contratos se formam só há diferenças de grau.

A verdadeira razão que levou a condenar os contratos obtidos por violência é o fato de lesarem o contratante que foi objeto dessa coerção. Pois ela o forçou a ceder o que ele não queria ceder, arrancou-lhe à força algo que ele possuía. Houve extorsão. O que a lei se recusa a sancionar é um ato que teria como efeito fazer sofrer um homem que não o mereceria; isso significa um ato injusto. E, se a lei se recusa a isso, é porque os sentimentos de simpatia que todo homem nos inspira se opõem a que um sofrimento lhe seja infligido, a menos que ele tenha cometido anteriormente um ato que diminua nossa simpatia por ele e que até a substitua por um sentimento contrário. Não é porque ele não tenha sido de fato a causa do consentimento que deu, é porque esse consentimento foi doloroso que a sociedade o considera inexistente. E assim a validade do contrato se encontra subordinada às conseqüências que ele pode ter para o contratante.

Mas as injustiças impostas pela violência não são as únicas que podem ser cometidas ao longo das relações contratuais. Elas constituem apenas uma espécie do gênero. Por artimanha, por um excesso de habilidade, sabendo utilizar com destreza as situações desfavoráveis em que o outro pode estar, pode-se levá-lo a consentir em trocas absolutamente injustas, ou seja, a ceder seus serviços ou coisas que possui por uma remuneração inferior a seu valor. Sabe-se, com efeito, que em cada sociedade e em cada momento de sua história existe um sentimento obscuro mas vivo do que valem os diferentes serviços sociais e as coisas que entram nas trocas. Embora nenhum dos dois seja tabelado há, em cada grupo social, um estado da opinião que estabelece pelo menos aproximadamente seu valor normal. Há um preço médio que é considerado o preço verdadeiro, o preço que exprime o valor real da coisa no momento considerado. Como se forma essa escala de valores não nos cabe examinar por enquanto. Todos os tipos de causas interferem na maneira pela qual ela é elaborada: sentimento da utilidade real das coisas e dos serviços, trabalho que custaram, facilidade relativa ou dificuldade com que são obtidos, tradições, preconceitos de todo tipo, etc. O fato é que (e é o que importa por enquanto) essa escala de valor é real e que ela é a pedra de toque segundo a qual se julga a eqüidade das trocas. Sem dúvida, esse preço normal é apenas um preço ideal; é raro que ele se confunda com o preço real. Este varia naturalmente segundo as circunstâncias; não há cotação oficial que possa ser aplicada a todos os casos particulares. É apenas um ponto de referência em torno do qual oscilações em sentido contrário se produzem necessariamente; mas essas oscilações não podem ultrapassar uma certa amplitude, seja em um sentido ou no outro, sem aparecer como anormais. Pode-se até notar que quanto mais as sociedades se desenvolvem mais essa hierarquia de valores se fixa, se regulariza, se liberta de todas as condições locais, de todas as circunstâncias particulares para assumir uma forma impessoal. Quando havia tantos mercados econômicos quantas cidades e quase aldeias, cada localidade tinha sua escala, sua tarifa própria. Essa variedade deixava muito mais espaço às combinações pessoais. Por isso as barganhas, os preços individuais são um dos traços característicos do pequeno comércio e da pequena indústria. Quanto mais se avança, mais, pelo sistema de bolsas, de mercados controlados cuja ação se estende por todo o continente, os preços se internacionalizam. Em outros tempos, sob o regime dos mercados locais, para saber em que condições se poderia obter um objeto, era preciso negociar, agir com destreza; hoje, basta abrir um jornal competente. Também nos acostumamos cada vez mais à idéia de que os preços verdadeiros das coisas trocadas são fixados anteriormente aos contratos, e de modo algum resultam deles.

Mas então todo contrato que se afasta desses preços de maneira muito acentuada aparece necessariamente como injusto. Um indivíduo não pode trocar uma coisa por um preço inferior a seu valor sem sofrer uma perda sem compensação e sem justificação. Tudo acontece como se lhe fosse extorquida mediante ameaça a fração indevidamente retida. Consideramos, com efeito, que é esse o preço que lhe cabe, e, se o despojam sem razão, nossa consciência moral protesta pelo motivo que apontamos acima. A diminuição que lhe é infligida fere os sentimentos de simpatia que temos por ele, se ele não tem nenhum demérito. Pouco importa que ele não resista à violência indireta que lhe foi feita, que ele até se submeta a ela de boa vontade. Nessa exploração de um homem por outro, mesmo que tenha sido consentida por aquele que a sofre, que não tenha sido imposta por uma coação propriamente dita, há algo que nos ofende e nos indigna. E, é claro, o mesmo acontece quando a troca é concluída a um preço superior ao valor real. Pois então o comprador é que foi explorado. Assim, a idéia de violência passa cada vez mais para segundo plano. Um contrato justo não é simplesmente todo contrato que foi consentido livremente, ou seja, sem coação formal; é um contrato em que as coisas e os serviços são trocados pelo valor verdadeiro e normal, ou seja, em suma, pelo valor justo.

Ora, é incontestável que esses contratos nos aparecem como imorais. Cada vez mais, para que os contratos nos pareçam moralmente obrigatórios, exigimos não apenas que sejam consentidos, mas que respeitem os direitos dos contratantes. E o primeiro desses direitos é não ceder nada, objeto ou serviço, a não ser pelo seu preço. Reprovamos todo contrato leonino, ou seja, todo contrato que favoreça indevidamente uma parte em prejuízo da outra; por conseguinte, julgamos que a sociedade não é obrigada a fazê-lo respeitar, ou pelo menos não deve fazê-lo respeitar tão integralmente quanto se ele fosse eqüitativo, pelo próprio fato de que ele não é igualmente respeitável. É verdade que esses julgamentos da consciência moral permaneceram até agora sobretudo morais e ainda não afetaram muito o direito. Os únicos contratos desse tipo que nos recusamos radicalmente a reconhecer são os contratos de usura. Nesse caso, mesmo o preço justo, ou seja, o preço do aluguel do dinheiro foi fixado legalmente e não é permitido ultrapassá-lo. Por razões diversas, que é inútil examinar, essa forma especial da exploração abusiva revoltou mais depressa e mais intensamente a consciência moral; talvez porque aqui a exploração tenha algo de mais material e mais tangível. Mas, fora o contrato de usura, todas as regras que tendem a se introduzir no direito industrial e que têm por objetivo impedir o patrão de abusar de sua situação para obter o trabalho do operário em condições demasiado desvantajosas para este último, ou seja, demasiado inferiores a seu verdadeiro valor são testemunhos da mesma necessidade. Daí as propostas, fundadas ou não, de fixar para os salários um mínimo que não poderia ser ultrapassado. Elas atestam que todo contrato consentido, mesmo quando não houve violência efetiva, não é para nós um contrato válido e justo. Em falta de prescrições relativas ao mínimo dos salários, há já agora nos códigos de vários povos europeus disposições que obrigam o patrão a garantir o operário contra a doença, contra os efeitos da velhice, contra os acidentes possíveis. É principalmente sob a inspiração desses sentimentos que foi votada nossa lei recente sobre os acidentes industriais. É um dos mil meios empregados pelos legisladores para tornar o contrato de trabalho menos injusto. Sem fixar o salário, obriga-se o patrão a garantir aos que ele emprega certas vantagens determinadas. Protesta-se e diz-se que são conferidos ao operário verdadeiros privilégios. Nada é mais verdadeiro, em certo sentido; porém esses privilégios são destinados a contrabalançar, em parte, os privilégios contrários de que goza o patrão e que lhe dariam condições de depreciar à vontade os serviços do trabalhador. Não examino, aliás, a questão de saber se esses procedimentos têm a eficácia que lhes é atribuída: pode ser que não sejam os melhores, ou até que se voltem contra o objetivo que nos propomos a atingir. Não importa. Basta-nos constatar as aspirações morais que os sugeriram e cuja realidade eles provam.

Tudo demonstra que não estamos no término dessa evolução; que nossas exigências a esse respeito se tornarão cada vez maiores. Com efeito, o sentimento de simpatia humana que é causa determinante disso irá adquirir cada vez mais força e, ao mesmo tempo, um caráter cada vez mais igualitário. Sob a influência de todos os tipos de preconceitos, legados do passado, ainda nos inclinamos a não considerar com os mesmos olhos os homens das diferentes classes; somos mais sensíveis às dores, às privações imerecidas que pode sofrer o homem das classes superiores de funções nobres do que às que podem sofrer os que são destinados às funções e aos trabalhos de ordem inferior. Ora, tudo leva a prever que essa desigualdade na maneira pela qual simpatizamos com uns e outros irá aos poucos sendo eliminada; que as dores destes deixarão de nos parecer mais ou menos odiosas do que as dores daqueles; que as julgaremos equivalentes pelo próprio fato de que tanto umas como outras são dores humanas. Por conseguinte, faremos mais questão de que o regime contratual mantenha o equilíbrio entre uns e outros. Exigiremos mais justiça nos contratos. Não quero chegar a dizer que virá um dia em que essa justiça será perfeita, em que a equivalência entre os serviços trocados será completa. Pode-se dizer com razão que, a rigor, ela não é possível. Há serviços que estão acima de qualquer remuneração; aliás, uma tal correspondência nunca pode ser mais do que grosseiramente aproximada.

Mas certamente a que existe hoje já é insuficiente em vista de nossas atuais idéias de justiça, e quanto mais avançarmos mais tentaremos nos aproximar de uma proporção mais exata. Ninguém pode marcar um termo desse desenvolvimento.

Ora, o grande obstáculo com que ele depara é a instituição da herança. É evidente que a herança, criando entre os homens desigualdades natas que em nada correspondem a seus méritos e a seus serviços, vicia em sua própria base todo o regime contratual. Com efeito, qual é a condição fundamental para que a reciprocidade dos serviços contratados seja assegurada? É a de que, para sustentar essa espécie de luta de que resulta o contrato e ao longo da qual se estabelecem as condições da troca, os contratantes estejam munidos de armas tão iguais quanto possível. Então, e só então, não haverá nem vencedor, nem vencido, ou seja, as coisas se trocarão de maneira que haja equilíbrio, que haja equivalência! O que um receber equivalerá ao que ele der e vice-versa. Caso contrário, o contratante privilegiado poderá se servir da superioridade pela qual é favorecido para impor suas vontades ao outro e obrigá-lo a lhe ceder a coisa ou o serviço trocado abaixo de seu valor. Se, por exemplo, um contrata para obter do que viver e outro apenas para obter do que viver melhor, é claro que a força de resistência do segundo será superior à do primeiro, pelo próprio fato de que ele poderá renunciar a contratar se as condições que ele quiser não forem preenchidas. O outro não o poderá. Portanto, será obrigado a ceder e submeter-se à lei que lhe é imposta. Ora, a instituição da herança implica que haja ricos e pobres de nascença; ou seja, que haja na sociedade duas grandes classes, reunidas por todos os tipos de intermediários: uma que para poder viver é obrigada a fazer que a outra aceite seus serviços a qualquer preço, a outra que pode prescindir desses serviços graças aos recursos de que dispõe e mesmo que seus recursos não correspondam a serviços prestados por aqueles que desfrutam deles. Enquanto houver uma oposição tão nítida na sociedade, portanto, paliativos mais ou menos felizes poderão atenuar a injustiça dos contratos; mas, em princípio, o regime funcionará em condições que não lhe permitem ser justo. Não é apenas sobre determinados pontos particulares que se podem fechar contratos leoninos; mas o contrato é o regime leonino para tudo o que se refere às relações entre essas duas classes. É a maneira geral pela qual são avaliados os serviços dos deserdados pela fortuna que aparece como injusta, porque esses serviços são avaliados em condições que não permitem estimá-los por seu verdadeiro valor social. A fortuna hereditária lançada em um dos pratos da balança falseia o equilíbrio. E é contra esse modo injusto de avaliação e contra o estado social que o possibilita que a consciência moral protesta cada vez mais. Sem dúvida, durante séculos, ele pôde ser aceito sem revolta, porque a necessidade de igualdade era menor. Hoje, porém, ele está por demais manifestamente em contradição com o sentimento que agora fundamenta nossa moralidade.

Começamos a perceber o quanto foi importante na história o surgimento do que chamamos de contrato justo e o quanto viriam a ser extensas as repercussões dessa concepção. Toda a instituição da propriedade se vê transformada, pois uma das fontes de aquisição, e das principais, ou seja, a herança, é por isso mesmo condenada. Porém não é apenas dessa maneira indireta e negativa que o desenvolvimento do direito contratual tende a afetar o direito de propriedade; este é diretamente atingido. Acabamos de dizer que a justiça exigia que os serviços prestados e trocados não fossem remunerados abaixo de seu valor. Mas esse princípio implica um outro, que é seu corolário: o de que todo valor recebido deve corresponder a um serviço social prestado. É evidente, com efeito, que na medida em que essa correspondência não existe o indivíduo favorecido só pode obter o excedente de valor de que ele desfruta tomando-o da parte do outro. É preciso que esse excedente de que ele se beneficia tenha sido criado por um outro que não ele, sendo que esse outro foi indevidamente privado desse excedente. Para que ele receba demais, ou seja, mais do que merece, é preciso que o outro receba menos. Daí este princípio: a distribuição das coisas entre os indivíduos só pode ser justa na medida em que é feita proporcionalmente ao mérito social de cada um. A propriedade dos particulares deve ser a contrapartida dos serviços sociais que eles prestaram. Esse princípio nada tem que contrarie o sentimento de simpatia humana que constitui a base de toda essa parte da moral. Pois esse sentimento é suscetível de variar em intensidade conforme o mérito social dos indivíduos. Temos mais simpatia pelos homens que servem mais à coletividade; queremos mais bem a eles e, por conseguinte, nada protesta em nós se eles são mais bem tratados, salvo, no entanto, certas reservas que faremos adiante. Por outro lado, uma tal distribuição da propriedade é tão conforme quanto possível ao interesse social. Pois a sociedade tem interesse em que as coisas estejam entre as mãos mais capazes.

Assim, o princípio que fundamenta os contratos eqüitativos estende sua ação para além do direito contratual e tende a se tornar a base do direito de propriedade. No estado atual, a distribuição fundamental da propriedade se faz segundo o nascimento (instituição da herança); depois a propriedade assim distribuída originalmente é trocada por meio de contratos, mas de contratos que, necessariamente, são em parte injustos, em conseqüência da desigualdade constitucional em que se encontram os contratantes em virtude da instituição da herança. Essa injustiça fundamental do direito de propriedade só pode desaparecer na medida em que as únicas desigualdades econômicas que separam os homens sejam as que resultam da desigualdade de seus serviços. Assim o desenvolvimento do direito contratual acarreta toda uma transformação da moral da propriedade. Mas é preciso prestar atenção à maneira pela qual formulamos sumariamente o princípio comum do direito real e do direito contratual. Não diremos que a propriedade resulta do trabalho, como se houvesse uma espécie de necessidade lógica de que a coisa fosse atribuída àquele que trabalhou para fazê-la, como se trabalho e propriedade fossem sinônimos. O vínculo que une a coisa à pessoa, como dissemos, nada tem de analítico; não há nada no trabalho que implique necessariamente que a coisa a que esse trabalho se aplicou caiba ao trabalhador. Mostramos todas as impossibilidades de uma tal dedução. O que faz a síntese entre esses dois termos heterogêneos é a sociedade; é ela que realiza a atribuição, e ela procede a essa atribuição e a essa distribuição segundo os sentimentos que tem pelos indivíduos, segundo a maneira pela qual estima seus serviços. E, como essa maneira pode se dar segundo princípios muito diferentes, segue-se que o direito de propriedade não é de modo algum algo definido de uma vez por todas, uma espécie de conceito imutável, mas ao contrário é suscetível de evoluir indefinidamente. Até mesmo o princípio que acabamos de apontar é capaz de variações, para mais e para menos, portanto de desenvolvimento. Teremos oportunidade de voltar a esse ponto. Ao mesmo tempo, escapamos assim aos erros em que caíram os economistas e os socialistas que identificaram o trabalho e a propriedade. Uma tal identificação, com efeito, tende a fazer a quantidade do trabalho predominar sobre a qualidade. Mas, conforme dissemos, não é a quantidade de trabalho aplicado a uma coisa que constitui seu valor, é a maneira pela qual essa coisa é estimada pela sociedade, e essa avaliação depende não tanto da quantidade de energia dispensada quanto de seus efeitos úteis, pelo menos tal como são sentidos pela coletividade; pois há um fator subjetivo que não podemos eliminar. Uma idéia de gênio, surgida sem dificuldade e com alegria, vale mais e merece mais do que anos de trabalho manual.

Porém, dado que esse princípio, embora já agora inscrito na consciência moral dos povos civilizados, ainda não é formalmente reconhecido pelo direito, coloca-se uma questão prática. Por que reforma será possível fazer dele uma realidade legal? Uma primeira reforma é possível já agora, e quase sem transição. É a supressão da herança *ab intestat*, e sobretudo da herança obrigatória que nosso código admite em caso de descendência direta. Vimos, aliás, que a herança *ab intestat*, sobrevivência do antigo direito de co-propriedade familiar, é hoje um arcaísmo sem razão de ser. Ela já não corresponde a nada em nossos costumes e poderia ser abolida sem perturbar em nada a constituição moral de nossas sociedades. A questão pode parecer mais delicada no que concerne à herança testamental. Não é que ela seja mais facilmente conciliável com o princípio que colocamos. Ela fere tanto o espírito de justiça como a herança *ab intestat*; ela cria as mesmas desigualdades. Já não admitimos hoje que se possam legar por testamento os títulos e as dignidades conquistadas ou as funções que se ocuparam durante a vida. Por que a propriedade seria então transmissível? A situação social que conseguimos para nós é obra nossa pelo menos tanto quanto nossa fortuna. Se a lei nos proíbe de dispor da primeira, por que seria diferente com a segunda? Uma tal restrição ao direito de dispor não é de modo algum um atentado à concepção individual da propriedade; pelo contrário. Pois a propriedade individual é a propriedade que começa e acaba com o indivíduo. É a transmissão hereditária, seja por via testamental ou por outra forma, que é contrária ao espírito individualista. Só há verdadeira dificuldade quanto a esse ponto quando se trata de herança testamental por via direta. Nesse caso se estabelece uma espécie de conflito entre nosso sentimento de justiça e certos hábitos familiares fortemente inveterados. É verdade que, atualmente, a idéia de que poderíamos ser impedidos de deixar nossos bens para nosso filhos esbarraria em vivas resistências. Pois trabalhamos para garantir sua felicidade tanto quanto a nossa, mas nada diz que esse estado de espírito não está intimamente ligado à organização atual da propriedade. Dado que há uma transmissão hereditária e conseqüentemente uma desigualdade original entre a condição econômica dos indivíduos no momento em que eles entram na vida social, tentamos tornar essa desigualdade o menos desfavorável possível aos seres de que mais gostamos; queremos até torná-la positivamente favorável a eles. Daí a preocupação de trabalhar por eles. Mas, se a igualdade fosse regra, essa necessidade seria sentida com muito menos intensidade. Pois o perigo para eles de enfrentar a vida sem outros recursos além dos seus teria desaparecido. Esse perigo deve-se unicamente ao fato de, atualmente, alguns serem munidos dessas vantagens prévias; isso coloca os que não as têm em condição de evidente inferioridade. De resto, não é improvável que sempre se mantenha algo do direito de legar por testamento. As instituições antigas nunca desaparecem inteiramente; elas apenas passam a segundo plano e se apagam gradualmente. Essa teve um papel muito considerável na história para que seja possível supor que dela nada sobreviva. Só que dela não sobreviverão mais que formas enfraquecidas. Pode-se imaginar, por exemplo, que cada pai de família tenha o direito de deixar aos filhos partes determinadas de seu patrimônio. As desigualdades assim subsistentes seriam bastante fracas para não afetar gravemente o funcionamento do direito contratual.

Aliás, é impossível fazer qualquer previsão muito precisa a esse respeito, pois o elemento indispensável da resposta nos falta agora. Com efeito, a quem caberiam as riquezas que cada geração liberasse, por assim dizer, no momento em que desaparecesse? A partir do momento em que já não houvesse herdeiros naturais ou de direito que herdassem? Ao Estado? Quem não vê que é impossível concentrar recursos tão enormes nas mãos já tão pesadas e pródigas do Estado? Por outro lado, seria preciso proceder periodicamente a uma distribuição dessas coisas entre os indivíduos, ou pelo menos de algumas delas, como as que são indispensáveis ao trabalho, o solo, por exemplo. Mas é evidente que o Estado está longe tanto das coisas como dos indivíduos para poder cumprir eficazmente tarefas tão imensas e complexas. Seria preciso que grupos secundários menos amplos, mais próximos dos detalhes dos fatos, pudessem desempenhar essa função. Não vemos outros que fossem aptos a esse papel que não grupos profissionais. Competentes para administrar cada ordem particular de interesses, suscetíveis de se ramificar por todos os pontos do território, de levar em conta as diversidades locais, as circunstâncias territoriais, eles preencheriam todas as condições desejáveis para se tornar, de certo modo, na ordem econômica, os herdeiros da família. Se a família era, até agora, a mais indicada para garantir assim a perenidade da vida econômica, é porque ela consistia num pequeno grupo em contato imediato com as coisas e as pessoas, e porque, por outro lado, era dotada por sua vez de uma verdadeira perenidade. Mas hoje essa perenidade já não existe. A família se decompõe incessantemente; só perdura um certo tempo; sua existência é descontínua. Ela já não tem a força suficiente para ligar as gerações economicamente umas às outras. Mas, por outro lado, só um órgão secundário, restrito, pode substituí-la. Ele pode e deve ser mais amplo do que ela era, porque os próprios interesses econômicos cresceram em importância e, às vezes, se espalham por todos os pontos do território. Porém é impossível que o órgão central esteja presente por toda parte e aja por toda parte ao mesmo tempo. Assim, tudo nos leva a concluir pelos grupos profissionais[1].

1. Esta última frase representa não uma leitura que foi impossível, mas uma restituição evidente do sentido. (N. ed. fr.)

Além dessas conseqüências práticas, este estudo do direito contratual nos leva a fazer uma observação teórica importante. Na parte da ética que acabamos de percorrer – ou seja, a moral humana –, distinguem-se geralmente dois tipos de deveres muito diferentes: uns que chamamos deveres de justiça e outros que são os deveres de caridade, entre os quais admitimos uma espécie de solução de continuidade. Eles parecem proceder de idéias e de sentimentos inteiramente diferentes. Na justiça, mais uma vez se faz uma nova distinção: justiça distributiva e justiça retributiva. A segunda é a que preside ou deve presidir às trocas, e em virtude dela devemos sempre receber a justa remuneração pelo que damos; a outra se refere à maneira pela qual as leis, as funções, as dignidades são distribuídas, repartidas pela sociedade entre seus membros. Ora, do que acabamos de dizer resulta que entre essas diferentes camadas da moral só há diferenças de grau e que elas correspondem a uma mesma consciência coletiva e a um mesmo sentimento coletivo considerado em momentos diferentes de seu desenvolvimento.

E, antes de tudo, no que se refere à justiça distributiva e retributiva vimos que elas se condicionam e se implicam mutuamente. Para que as trocas sejam eqüitativas, é preciso que elas sejam justamente distribuídas; e, é claro, a distribuição das coisas, mesmo que originalmente fosse feita segundo todas as regras da eqüidade, não continuaria sendo justa, se as trocas pudessem ser contratadas em condições injustas. Uma e outra são a conseqüência jurídica do mesmo sentimento moral: o sentimento de simpatia que o homem tem pelo homem. Apenas ele é considerado nos dois casos de acordo com dois aspectos diferentes. Em um, ele se opõe a que o indivíduo dê mais do que irá receber, preste serviços que não são remunerados por seu verdadeiro valor. No outro caso, esse mesmo sentimento exige que não haja entre os indivíduos outras desigualdades sociais que não as correspondentes a seu valor social desigual. Em suma, sob uma e sob outra forma, ele tende a apagar, a despojar de todas as sanções sociais todas as desigualdades físicas, materiais, as que estão ligadas ao acaso do nascimento, à condição familiar, para deixar sobreviver apenas as desigualdades de mérito.

Mas, na medida em que se trata apenas de justiça, essas desigualdades ainda sobrevivem. Ora, aos olhos de um sentimento de simpatia humana, mesmo essas desigualdades não se justificam. Pois é o homem como homem que nós amamos e que devemos amar, e não como cientista genial, industrial hábil, etc. No fundo, será que as desigualdades de mérito também não são desigualdades fortuitas, desigualdades de nascença pelas quais não é justo, em certo sentido, atribuir a responsabilidade aos homens? Não nos parece justo que um homem seja mais bem tratado socialmente porque nasceu de uma pessoa rica ou de elevada dignidade. Será mais justo que um homem seja mais bem tratado socialmente por ter nascido de um pai mais inteligente, em melhores condições morais? É aqui que começa o domínio da caridade. A caridade é o sentimento de simpatia humana que consegue se libertar até mesmo destas últimas considerações desigualitárias, que consegue apagar, negar como mérito particular esta última forma da transmissão hereditária, a transmissão do mental. Portanto, não é outra coisa senão o apogeu da justiça. É a sociedade que consegue dominar completamente a natureza, fazer sua lei, colocar essa igualdade moral em lugar da desigualdade física que é dada como fato nas coisas. Apenas, por um lado esse sentimento de simpatia humana só chega a esse grau de intensidade em algumas consciências de elite; restam, na média, consciências fracas demais para chegar ao termo de seu desenvolvimento lógico. Não chegamos ao tempo em que o homem ame todos os seus semelhantes como irmãos, sejam quais forem sua razão, sua inteligência, seu valor moral. Também não chegamos a um tempo em que o homem tenha conseguido se despojar suficientemente de seu egoísmo para que não seja necessário atribuir um preço ao mérito, um preço sujeito a diminuir, a fim de estimular o primeiro e conter o segundo. E é isso que torna impossível, hoje, um igualitarismo completo. No entanto, por outro lado, é certo que a intensidade dos sentimentos de fraternidade humana está se desenvolvendo e que os melhores dentre nós não são incapazes de trabalhar sem esperar uma remuneração exata de suas penas e de seus serviços. A isso se deve que procuremos cada vez mais abrandar, atenuar os efeitos de uma justiça distributiva e retributiva por demais exata, ou seja, na realidade sempre incompleta[2]. Eis por que, à medida que avançamos, a caridade propriamente dita torna-se cada vez mais [ilegível...] e, por conseguinte, ela deixa de ser como que uma espécie de dever supererrogativo, facultativo, para se tornar uma obrigação estrita e para dar origem a instituições.

---

2. Aqui falta uma frase de três linhas absolutamente ilegível, que no entanto não parece romper a continuidade do desenvolvimento. (N. ed. fr.)

Impresso por :

gráfica e editora

Tel.:11 2769-9056